A espécie humana

Robert Antelme

A espécie humana

Tradução de
MARIA DE FÁTIMA OLIVA DO COUTTO

1ª edição

Editora Record
RIO DE JANEIRO • SÃO PAULO
2013

CIP-BRASIL. CATALOGAÇÃO NA FONTE
SINDICATO NACIONAL DOS EDITORES DE LIVROS, RJ

A632e

Antelme, Robert
A espécie humana / Robert Antelme; tradução de Maria de Fátima Oliva do Coutto. – Rio de Janeiro: Record, 2013.

Tradução de: L'Espèce humaine
ISBN 978-85-01-08910-6

1. Antelme, Robert. 2. Buchenwald (Alemanha: Campo de Concentração). 3. Guerra Mundial, 1939-1945 – Narrativas pessoais francesas. 4. Prisioneiros de guerra – França – Biografia. 5. Prisioneiros de guerra – Alemanha – Biografia. I. Título.

12-2977

CDD: 940.5472430943224
CDU: 94(100)"1939/1945"

TÍTULO ORIGINAL:
L'Espèce humaine

Copyright © Editions Gallimard 1957

Cet ouvrage, publié dans le cadre du Programme d'Aide à la Publication 2012 Carlos Drummond de Andrade de la Médiathèque de la Maison de France, bénéficie du soutien du Ministère français des Affaires Etrangères et Européennes.

Este livro, publicado no âmbito do Programa de Apoio à Publicação 2012 Carlos Drummond de Andrade da Mediateca da Maison de France, contou com o apoio do Ministério Francês das Relações Exteriores e Europeias.

Texto revisado segundo o novo Acordo Ortográfico da Língua Portuguesa.

Todos os direitos reservados. Proibida a reprodução, no todo ou em parte, através de quaisquer meios. Os direitos morais do autor foram assegurados.

Direitos exclusivos de publicação em língua portuguesa somente para o Brasil adquiridos pela
EDITORA RECORD LTDA.
Rua Argentina, 171 – Rio de Janeiro, RJ – 20921-380 – Tel.: 2585-2000, que se reserva a propriedade literária desta tradução.

Impresso no Brasil

ISBN 978-85-01-08910-6

Seja um leitor preferencial Record.
Cadastre-se e receba informações sobre nossos lançamentos e nossas promoções.

Atendimento e venda direta ao leitor:
mdireto@record.com.br ou (21) 2585-2002.

EDITORA AFILIADA

*À minha irmã Marie-Louise,
deportada, e morta na Alemanha.*

Sumário

Prefácio   9

PARTE I   Gandersheim   13

PARTE II   A estrada   233

PARTE III   O fim   295

Prefácio

Há dois anos, nos primeiros dias após nosso retorno, fomos todos, creio eu, tomados por um verdadeiro delírio. Queríamos falar, ser enfim ouvidos. Disseram-nos que nossa aparência física já era, por si só, bastante eloquente. Mas acabávamos de voltar, trazíamos conosco nossa memória, nossa experiência ainda viva, e experimentávamos um desejo frenético de contá-la exatamente como ela se passara. Entretanto, desde os primeiros dias, parecia impossível superar a distância que descobríamos entre a linguagem de que dispúnhamos e essa experiência que, na maior parte dos casos, ainda operava em nossos corpos. Como nos resignarmos a não tentar explicar como chegáramos àquele estado? No qual ainda estávamos. Contudo, era impossível. Mal começávamos a contar, sufocávamos. A nós mesmos, o que tínhamos a dizer principiava então a nos parecer *inimaginável*.

Essa desproporção entre a experiência vivida e o relato possível apenas veio a se confirmar com o tempo. Lidávamos então com uma dessas realidades que, dizem, superam a imaginação. Doravante era claro que tão somente pela escolha, ou seja, ainda pela imaginação, poderíamos tentar contar qualquer coisa.

Tentei relatar aqui a vida de um *Kommando* (Gandersheim) de um campo de concentração alemão (Buchenwald).

Sabe-se hoje que nos campos de concentração da Alemanha todos os degraus possíveis de opressão existiram. Sem levar em conta os diferentes tipos de organização existentes em certos campos, as diferentes aplicações de uma mesma regra podiam aumentar ou reduzir, desproporcionalmente, as chances de sobrevivência.

As próprias dimensões do nosso *Kommando* resultavam no contato íntimo e permanente entre os detentos e o aparato de comando da SS. O papel dos intermediários havia sido antecipadamente reduzido ao mínimo. Acontece que, em Gandersheim, o aparato intermediário era inteiramente constituído de presos comuns alemães. Éramos, portanto, cerca de quinhentos homens sem chances de evitar o contato com os SS e supervisionados não por presos políticos, mas por assassinos, ladrões, escroques, sádicos e traficantes do mercado negro. Estes, sob as ordens da SS, foram nossos senhores diretos e absolutos.

É preciso frisar que a luta pelo poder entre os presos políticos e os comuns nunca assumiu o sentido de uma luta entre duas facções ambicionando o poder. Era a luta entre alguns homens cujo objetivo era instaurar uma legalidade, na medida em que uma legalidade ainda era possível numa sociedade concebida como infernal, e outros homens cujo objetivo era evitar a todo custo a instauração dessa legalidade, pois eles só poderiam florescer em uma sociedade sem leis. Sob eles não podia reinar senão a lei SS, nua e crua. Para viver, e mesmo bem viver, não lhes restava outra escolha senão tornar ainda mais violenta a lei SS. Nesse sentido, desempenharam o papel de provocadores. Provocaram e mantiveram entre nós, com crueldade e lógica assombrosas, o estado de anarquia que lhes era necessário. Desempenhavam seu papel com perfeição. Assim, não somente se afirmavam, aos olhos da SS, como diferentes de nós por natureza, mas também provavam ser auxiliares indispensáveis, efetivamente merecedores de viver bem. Subalimentar um homem para puni-lo em seguida porque ele rouba os restos e, com isso, merecer a recompensa da SS e, por exemplo, obter a sopa suplementar que mais adiante matará de fome o homem, tal era o esquema tático dos presos comuns.

Nossa situação não pode, portanto, ser comparada à dos detentos que se encontravam em campos ou em *Kommandos* cujos responsáveis eram presos políticos. Mesmo quando, como aconteceu, estes se deixavam corromper, era raro não terem guardado certo sentimento da antiga solidariedade e uma raiva do inimigo comum, o que os impedia de chegar a extremos aos quais os presos comuns se entregavam sem pudor.

Em Gandersheim, os responsáveis por nós eram nossos inimigos.

Sendo, portanto, o aparato administrativo o instrumento ainda mais afiado da opressão da SS, a luta coletiva destinava-se ao fracasso. O fracasso era o lento assassinato pela SS e pelos kapos reunidos. Todas as tentativas tomadas por alguns de nós foram em vão.

Diante dessa coalizão todo-poderosa, nosso objetivo tornavase o mais humilde. Consistia simplesmente em sobreviver. Nosso combate, os melhores dentre nós não puderam conduzir senão de modo individual. Mesmo a solidariedade tornou-se um assunto individual.

Relato aqui o que vivi. O horror não é gigantesco. Não havia em Gandersheim nem câmara de gás nem crematório. O horror era a escuridão, a absoluta falta de referência, a solidão, a opressão incessante, o lento aniquilamento. A motivação da nossa luta não passou senão da reivindicação radical, e quase sempre ela própria solitária, de permanecer, até o final, um ser humano.

Não acreditamos que os heróis que conhecemos da História ou dos livros de literatura, quer tenham cantado o amor, a solidão, a vingança, a angústia de ser ou de não ser ou se revoltado contra a injustiça e a humilhação, tenham sido jamais levados a expressar como única e última reivindicação o sentimento definitivo de pertencer à espécie humana.

Dizer que nos sentíamos então contestados como homens, como membros da espécie humana, pode parecer um sentimento que descobrimos em retrospecto, uma explicação posterior. Foi isso, no entanto, o mais imediato e constantemente sentido e vivido, e foi esse, aliás, exatamente esse, o desejo dos outros. O questionamento da qualidade de homem provoca uma reivindicação quase biológica de pertencer à espécie humana. Serve, em seguida, para meditar acerca dos limites dessa espécie, sobre a distância da "natureza" e sua relação com ela, ou seja, sobre certa solidão que caracteriza a espécie, e, em última análise, sobretudo para conceber uma visão clara de sua unidade indivisível.

1947.

PARTE I   Gandersheim

Fui mijar. Ainda era noite. Outros a meu lado também mijavam; ninguém falava. Atrás do mictório ficava a fossa murada em volta, usada como latrina, onde outros sujeitos estavam sentados, as calças arriadas. Um telheiro cobria a fossa, não o mictório. Atrás de nós, barulho de tamancos, tosses — outros chegavam. As latrinas nunca ficavam vazias. O tempo todo pairava um vapor sobre os mictórios.

Não estava escuro; ali nunca ficava completamente escuro. Os retângulos de sombra dos *Blocks* se alinhavam, trespassados por fracas luzes amarelas. Do alto, quem sobrevoava devia enxergar essas manchas amarelas regularmente espaçadas, em meio à massa escura do bosque que se fechava ao redor. Entretanto, não se escutava nada do alto; na certa só se ouvia o ronco do motor, não a música que nós escutávamos. Não se ouviam as tosses, o barulho dos tamancos na lama. Não se viam as cabeças olhando para cima na direção do barulho.

Alguns segundos depois, após ter sobrevoado o campo, eles deviam ver outras luzes amarelas mais ou menos parecidas: as das casas. Mil vezes, lá longe, com uma bússola sobre o mapa, deviam ter passado acima da floresta, acima das cabeças que olhavam para o alto na direção do barulho e das que dormiam nas tábuas, acima do sono dos SS. De dia, daria para ver uma chaminé comprida como a de uma fábrica.

Voltei a entrar no bloco porque, naquela noite, não tinha motivo para ficar lá fora olhando para o alto. Não havia nada no céu, e, na certa, não apareceria nada. O bloco era o nosso lar, a nossa casa. Era ali que se dormia, ali, um dia, acabáramos chegando. Voltei a subir no meu beliche. Paul, com quem eu fora preso, dormia do meu lado. Gilbert, que eu reencontrara em Compiègne, também. Georges, no beliche embaixo.

A noite em Buchenwald era calma. O campo, uma imensa máquina adormecida. De tempos em tempos, os holofotes se acendiam nos mirantes: o olho dos SS abria e fechava. Nos bosques que cercavam o campo, as patrulhas faziam rondas. Seus cachorros não latiam. As sentinelas estavam tranquilas.

O vigia noturno do nosso bloco, um republicano espanhol, andava de um lado para o outro, de sandálias, no corredor central, entre as duas fileiras de camas. Esperava dar a hora de levantar. Fazia calor. A luz era fraca. Não havia barulho. De vez em quando alguém descia do beliche para mijar. Quando começava a descer, o vigia noturno se aproximava e esperava até que tivesse posto o pé no chão. Queria que o outro falasse com ele, mas o sujeito pegava o calçado para não fazer barulho e se dirigia para a porta. Mesmo assim, o vigia perguntava em voz baixa:

— Tudo bem?

O outro balançava a cabeça e respondia:

— Tudo bem.

Chegando à porta, punha os sapatos e saía para mijar. O vigia do bloco voltava a circular.

Nesse bloco só havia franceses, alguns ingleses e americanos. Desde que havíamos chegado, poucas semanas antes, muitos camaradas franceses já haviam partido, despachados no transporte.

Hoje era a nossa vez.

Havia dois dias sabíamos que íamos partir. Sabíamos até que nos chamariam naquela manhã, 1º de outubro de 1944.

Sabíamos que o transporte era algo ruim. Todo mundo tinha medo. Entretanto, a partir do momento em que se era designado, acostumava-se com a ideia. Principalmente nós, novatos, cujo medo do transporte era abstrato. O que podia ser pior do que essa cidade onde a gente sufocava, cidade imensa, mas superpovoada, cujo funcionamento não entendíamos? Quando o chefe do bloco, um detento alemão, dizia "*Alle Franzosen Scheisse!*", os camaradas ainda desavisados perguntavam-se em que gigantesca armadilha tinham caído. Os franceses viam-se tratados com uma hostilidade única, inexplicável, não somente pelos nazistas, como os piores inimigos do nazismo, mas também por seus "semelhantes", inimigos como eles dos nazistas. Nas primeiras semanas, sentiam-se tentados a acreditar que seus camaradas alemães tinham entregado os pontos e bandeado para o inimigo. Que, à exceção dos próprios franceses, a população de Buchenwald era feita de um bando de sub-SS, de SS inferiores, cabeça raspada ou não, mas perfeitos imitadores dos chefes, falando uma linguagem que lhes haviam pouco a pouco inculcado. Talvez, por contágio, dizíamos: o hábito. Mas essa linguagem produzia a deturpação de todas as palavras: aqui, *Scheisse, Schweinkopf*, longe de qualificarem os SS, como seria de se esperar, só serviam para nos designar — a nós, franceses. Assim, a impressão, logo na chegada, era de sermos os mais miseráveis dos detentos, o rebotalho dos presos.

A maioria de nós não sabia nada sobre a história do campo: história que, contudo, explicava bem as regras que os detentos haviam sido levados a se impor e o tipo de homem que dali saía. Pensávamos que aquilo ali era o pior da vida em concentração, porque Buchenwald era imenso e vivíamos isolados. Ignorantes dos fundamentos e das leis dessa sociedade, que a princípio se mostrava um mundo furiosamente formulado contra os vivos, calmo e indiferente em face da morte. Não passava, na realidade, com frequência, de sangue-frio diante do horror. Ainda não tivéramos tempo de tomar realmente contato com a clandestinidade, de cuja existência os recém-chegados estavam longe de suspeitar.

Mas um camarada, chegado na mesma época que nós, no mês de agosto, havia sido aterrorizado numa das primeiras chamadas no Pequeno Campo por um kapo alemão e enlouquecera. Agora, quando um de nós se aproximava dele com um pedaço de pão e uma faca, ele escondia o rosto no braço dobrado e suplicava: "Não me mate!" Aos recém-chegados, parecia que eles só podiam se entender entre si. Por isso, acreditavam que, num transporte menos numeroso, poderiam se reunir e recuperar os "seus" hábitos.

Assim, agora que o transporte era iminente, muitos desejavam partir. "Não pode ser pior que aqui", diziam. "Melhor cinco anos em Fresnes do que um mês aqui. Não quero mais ouvir falar de crematório."

Portanto, naquela manhã, após nos acordarem, quando o *Stubendienst** belga saiu do seu quarto, trazia na mão uma lista de nomes datilografados. Era um sujeito magro, cabeça miúda e olhos pequenos; sobre o crânio trazia uma grande boina. Mal alvorecera. Permanecíamos no corredor do bloco. O *Stubendienst* começou a chamar os nomes. Paul, Georges, Gilbert e eu nos apoiávamos nas traves dos estrados. Aguardávamos. A chamada não obedecia à ordem alfabética. Aqueles que já haviam sido chamados agrupavam-se na extremidade do bloco, perto da porta. Dali para a frente estavam designados: era o transporte.

Os nomes desfilavam. O grupo dos chamados engrossava. E, para aqueles que ainda não tinham sido chamados, a partida assumia uma nova realidade: ficava patente que esses colegas jamais voltariam a trabalhar na pedreira, não mais veriam fumegar a chaminé do crematório. Não sabiam para onde ia esse transporte, mas de repente ele parecia, sobretudo, e com toda a força da palavra, uma mudança. E, quanto mais o grupo dos chamados se acumulava, mais os outros se questionavam sobre a frustração de não se arriscarem na aventura, na viagem.

Paul foi chamado. Vimos quando partiu na direção dos demais. Outros mais. George, Gilbert e eu continuávamos apoiados nas traves dos beliches. Fazíamos sinal a Paul, que já desaparecia na aglomeração, atrás dos novos designados, já sumido, praticamente perdido.

---

*Detento responsável pela administração do bloco, sob o comando do detento-chefe do bloco (*Blockältester*), este por sua vez sob o comando do detento *Lagerältester* (chefe dos kapos, responsável, junto aos SS, pelo funcionamento do campo).

18

Depois o *Stubendienst* acabou chamando a todos: a mim, a Georges e a Gilbert. A lista logo terminou. Estávamos, assim, reunidos. Tive então realmente vontade de partir. Fomos agrupados lá fora. Éramos uns sessenta. Amanhecera. Os homens encarregados da faxina do bloco em frente já começavam a limpar o chão. Os *Lagerschutz* (policiais do campo) e os kapos começavam a percorrer as alas. O *Stubendienst* belga nos conduziu ao depósito de roupas. Duas horas depois voltamos ao bloco. Quando entramos, os outros, aqueles que ficariam, nos seguiram com os olhos; já nos olhavam com outra cara. Usávamos uma roupa listrada azul e branca, um triângulo vermelho no lado esquerdo do peito, com um "F" preto no centro, e calçados novos. Estávamos arrumados, barbeados, limpos, nos locomovíamos com calma. Os que, no carnaval de Buchenwald, se viram usando roupas ridículas com chapeuzinho pontudo, boné de marinheiro ou gorro russo; os que haviam carregado pedras em traje típico húngaro, quepe de ferroviário de Varsóvia na cabeça; os que tinham usado jaqueta de marinheiro, que mal chegava acima das nádegas, tendo na cabeça um chapéu de cafetão, naquela manhã haviam deixado de ser grotescos, estavam transfigurados.

Os colegas que não partiriam nos olhavam com desconforto. Sem dúvida, naquele momento, alguns sentiam a tentação de nos invejar. Íamos escapar da opressão, da incoerência daquela cidade. Mas a maioria parecia angustiada e perturbada, como diante de quem acaba de sofrer um infortúnio, mas ainda o ignora. Uma única coisa era certa para todos: não voltaríamos jamais a nos ver — pelo menos não na Alemanha.

Quanto a nós, caminhávamos pelo corredor do bloco. A atmosfera do lugar havia mudado. Os catres, o aquecedor, a "mobília" com que havíamos sonhado no Pequeno Campo não existiam mais para nós. Não experimentávamos ainda nenhum sentimento de perda, apenas um misto de amargura ao olhar os colegas, tão grotescos, tão ultrapassados em suas roupas do campo. Amanhã compareceriam de novo à chamada por várias horas; nós não estaríamos mais ali. Para eles seria ainda, todos os dias, a pedreira, a chaminé e a chamada antes de partir para o trabalho a cada manhã, sob os holofotes da Torre dirigidos sobre milhares de cabeças acinzentadas — impossível pensar em distingui-las por um nome, por uma nacionalidade, mesmo por uma expressão.

Para nós, Buchenwald inteiro já havia passado, os colegas haviam passado. Eles ficavam. Quase os lamentávamos.

Sabíamos que não iríamos a Dora nem às minas de sal; tinham até nos dito que esse não era um transporte ruim. Daí um estado vagamente eufórico e esse luxo que nos permitíamos, essa espécie de tristeza diante dos colegas.

Havíamos passado o dia zanzando pelo bloco. Somente à noite o *Blockältester* nos reuniu. Recebemos pão e um pedaço de salsicha. Fomos enfileirados de cinco em cinco no centro do bloco. Os que não partiriam nos rodeavam. O *Blockältester* nos observava tranquilo, mas como se estivesse mesmo pensando em nós. Era louro (os detentos que ali estavam há um certo número de anos podiam deixar o cabelo crescer); o rosto, bastante fino, endurecido por um ricto. Perdera metade do pé e mancava. Tinha sido outrora nudista e boxeador. Era um preso político; não falava nem entendia francês. Por isso, às vezes, ao nos ver rir, achava que debochávamos dele. A custo, conseguíamos fazê-lo compreender que não estávamos debochando, mas ele continuava desconfiado e, quando nos escutava, os olhos espreitavam sem cessar. Tinha uma expressão de crueldade incomum, um cinismo nem agressivo nem arrogante. Aparentava sempre sorrir, sorrir de uma resposta que parecia conhecer, mas querer guardar somente para si; o sorriso de alguém em permanente combate contra a ilusão. Chegara ali havia onze anos. Era um personagem, um dos atores de Buchenwald. Seu cenário era a Torre, a chaminé, a planície de Iena, tendo ao longe casinhas alemãs como a sua, que deixara onze anos antes. E os SS, sempre os SS, desde o começo — por onze anos o mesmo inimigo —, a mesma boina retirada diante da mesma boina verde com caveira. Há onze anos submisso, homem de mesmo idioma que eles, na raiva mais completa, tão completa que a nossa o fazia sorrir. E esse sorriso queria desmascarar a ilusão que acalentávamos: acreditar que conhecíamos a SS. Ele e seus camaradas podiam conhecê-los e tinham razões muito mais antigas que as nossas para odiá-los. Quando lhe falávamos da guerra e tentávamos lhe dizer que esperávamos voltar em breve para a França e que ele mesmo seria libertado, fazia que não com a cabeça e ria com um pouco de condescendência, sem cumplicidade, como quem está diante de crianças. Até 1938 esperara esta guerra, e o Pacto de Munique da Tchecoslováquia havia sido também o dos campos. Ele estava ali desde o início de Buchenwald, quando só havia a floresta, quando muitos de nós ainda frequentávamos a escola. Mal tínhamos chegado a essa cidade, que eles próprios construíram, com a chaminé erguida por eles, essa cidade que eles haviam conquistado das matas e que lhes custara milhares de seus camaradas, e dizíamos: "Em breve seremos libertados." Ele ria e dizia: "Não, não serão libertados. Vocês não sabem quem é Hitler. Mesmo que a guerra termine em breve, todos nós morreremos aqui. A SS vai bombardear, pôr fogo no campo, mas nós não sairemos vivos daqui. Milhares e milhares dos nossos foram mortos, nós também morreremos aqui." Quando falava assim, a voz fraca se elevava, a fala acelerava, o olhar tornava-se fixo, mas conservava o sorriso. Não era mais conosco que falava; envolvido pelo drama, repetia a si mesmo essa ladainha. Não conseguia mais, evidentemente, imaginar o que chamávamos de libertação. Quem dera pudéssemos lhe dizer que o que eles aguardavam há onze anos ainda era possível e aconteceria; ele, no entanto, não podia mais acreditar em nós. Olhava-nos como se fôssemos crianças.

Um dia, os colegas foram procurá-lo para falar de um camarada que estava muito doente e acabara de ser designado para um transporte. Se partisse, era grande a probabilidade de morrer durante o trajeto. Ele riu e tornou a repetir: "Então vocês não sabem por que estão aqui?" E, destacando cada palavra: "É preciso que saibam que estão aqui para morrer. Digam aos SS que seu camarada está doente e vocês vão ver só!"

Haviam pensado que a ideia da morte de um homem ainda o abalasse. Mas era como se nada que imaginasse poder acontecer a um homem fosse capaz de lhe provocar piedade ou espanto, desprezo ou indignação; como se a forma humana não fosse mais capaz de emocioná-lo. Sem dúvida isso era o sangue-frio do homem do campo de concentração. Mas esse sangue-frio, essa disciplina que se impusera, talvez a duras penas, terminara sem dúvida por fazê-lo iludir-se. A resistência de cada um tem limites difíceis de serem fixados. Provavelmente lhe teria custado muito apenas simular a indiferença. Chegara então ao ponto de não mais sentir aquilo que era impossível exprimir, e que de nada lhe teria servido exprimir.

A frase do kapo, em um de nossos primeiros dias no campo, voltava à lembrança: "Aqui não há doentes: só existem os vivos e os mortos." Era isso o que o chefe do bloco queria dizer, o que diziam todos.

O chefe do bloco havia recomeçado: "Seu camarada deve partir. Só o transporte conta; melhor os SS não se meterem em nossos problemas, porque senão vocês vão ver só uma coisa." Interrompera-se um instante, curvando a cabeça. Em seguida repetira: "Seu camarada deve partir."

E continuara: "Vocês não conhecem a SS. Para sobreviver aqui, é preciso disciplina e vocês não são disciplinados. Eu posso compreender tudo, mas não a indisciplina. Vocês fumam no bloco. É proibido. É proibido porque, se pegar fogo, vocês vão ser trancados lá dentro e vão ser assados. Não terão o direito de sair. Se saírem, serão metralhados pela SS. Cada um de vocês pega duas cobertas. Alguns as cortam para fazer chinelos; isso é um crime. Não tem carvão para fazer funcionar o aquecedor; durante o inverno, seus camaradas não terão cobertas e morrerão de frio."

Em geral falava pouco. Diziam que ele "não gostava dos franceses". Antes de nós, presos comuns de Fort-Barrault ocupavam o bloco. Roubavam pão uns dos outros. O chefe do bloco os espancava. Tentaram matá-lo. De nada adiantou terem lhe dito que agora lidava com presos políticos franceses; ele continuava cético. Por vezes, entretanto, tentava se explicar: dizia não gostar de bater, mas que em geral era necessário. Os colegas o escutavam; deixavam-no falar. Escutar as próprias palavras diante de outros que não os seus o aproximava pouco a pouco de nós. Mas o que podíamos compreender? Não éramos ainda íntimos da morte; em todo caso, não da morte dali. Sua linguagem, suas obsessões estavam todas impregnadas da morte; sua calma também. Quanto a nós, ainda acreditávamos em uma possibilidade; não se morria "assim", na hora H era possível fazer valer os direitos; sobretudo, não se podia ver um camarada morrer "sem fazer nada".

Seus camaradas estavam mortos. Ele permanecia sozinho.

A morte ali ocupava o mesmo patamar da vida, a cada segundo. A chaminé do crematório fumegava ao lado da chaminé da cozinha. Antes de nossa chegada, tinham servido os ossos dos mortos dentro da sopa dos vivos, e o ouro da boca dos mortos há muito era trocado pelo pão dos vivos. A morte estava tremendamente entranhada no circuito da vida cotidiana.

Éramos realmente umas crianças.

Tínhamos na mão o pão e a salsicha que poupávamos da primeira mordida. A luz caía sobre nós, havia zonas de sombra no bloco. O *Blockältester* nos observava sério. Nenhum cinismo em seu rosto; o sorriso desaparecera. Éramos novatos, mas partíamos no transporte. Outrora, ele também partira, mas retornara. Seguiríamos um itinerário semelhante ao seu. Não se comentou que, chegando tão tarde à Alemanha, nada conheceríamos dos campos; que seríamos franceses esquecidos e afortunados comparados aos que tinham vivido outras épocas da concentração. Ele, sem dúvida, tendo visto os transportes, soubera mesmo no que haviam se transformado. Não passava de um transporte a mais. Mesmo assim, ali, diante de nós, era ele o que ficava e nós os que partíamos. Deixara de nos desprezar.

Fomos contados várias vezes. Todas as providências haviam sido tomadas. Os que ficavam mantinham-se a distância de nós, já afastados. A diferença entre nós se impunha, e também um desejo premente de conversar. Trocávamos sinais, vencendo qualquer barreira. Os que antes haviam discutido gritavam: "Boa sorte!" Outros, que nunca trocaram mais que poucas palavras, perguntavam apressados: "Onde é que você mora?"

Tarde demais. Tarde demais para se conhecerem. Teria sido preciso conversar antes; tolice quererem se conhecer assim atabalhoadamente. Tarde demais. Mas isso mostrava que ainda podíamos nos emocionar; não estávamos mortos. Ao contrário, a vida acabava de despertar do entorpecimento gradativo dos campos de concentração. Ainda éramos capazes de nos entristecer ao deixar os camaradas; ainda éramos sadios, humanos. Isso nos tranquilizava. Já precisávamos ser tranquilizados. Por isso, talvez, alguns agissem com certa complacência.

O chefe do bloco havia enfiado o gorro e colocado o paletó com a braçadeira. Formal, mas não severo. Sabia que amanhã já teríamos esquecido os colegas. Entre os dois grupos ele era a consciência de Buchenwald; sua presença fazia desses poucos instantes a mera execução de uma regra, uma repetição, um hábito. Ele também havia passado por isso. Ali era possível despedir-se assim; amigos podiam mesmo separar-se de olhos vermelhos. Lembrava o tempo em que teria prestado atenção a isso. Era frágil. Sabia que esse minuto escaparia, como bilhões de outros na história do campo, dissolvidos nas horas da chamada e no frio. Sabia que entre a vida de um colega e a própria escolhia-se sempre a própria, e que não deixaríamos escapar o pão do colega morto. Sabia que era possível assistir, imóvel, a um colega ser moído de pancada e que, apesar da vontade de pisotear a cara, os dentes, o nariz do agressor, também experimentaríamos a *voz* do corpo, silenciosa e profunda: "Não sou eu que apanho."

— *Fertig!* — disse o chefe do bloco.

Então, os que ficavam, os que não tinham direito de se misturar a nós, romperam subitamente a distância a nos separar. Gritaram e repetiram: "Não vai demorar muito!", "Boa sorte!" Trocávamos ainda endereços: "Não esqueça!" Apertamos as mãos dos que não conhecêramos. Os que não se gostavam finalmente se encaravam. Cada um dava o melhor de si. Os rostos mais duros haviam se transformado nos rostos que eram sempre vistos lá longe onde viviam. A gentileza possível a cada um surgiu. Partíamos; sim, partíamos. Mas eles nos seguiam, íamos conhecê-los justo na partida. Fosse um alarme falso, logo voltariam a ser como antes, sabíamos. Mesmo assim era bom: a mão pousada no ombro fingia querer retê-lo. Íamos nos separar e experimentávamos a sensação de mutilação. Não tínhamos tempo. Durante alguns segundos, porém, parecia uma dilaceração. Sem dúvida, havia ali o movimento do amor impossível. Eles queriam nos reter à vida. Em pouco estaria terminado, não lamentariam nossa perda, seríamos mesmo esquecidos. Eles sabiam; nós sabíamos. Mas perguntávamos, eles e nós, se teríamos ainda forças para querer reter o outro à vida. E se, mesmo na calma relativa, não monitorados, chegássemos a não mais querer, a não mais ter forças para querer? Então teríamos, sem dúvida, nos transformado no homem adulto do campo, no chefe do bloco, numa espécie de novo homem.

———

Noite estrelada. Saímos do bloco e subimos com esforço a ladeira que conduz à praça da chamada, onde estamos agora. Ela é escura, forma um imenso retângulo. Acima e em toda a sua extensão, cárceres e escritórios dos SS, com a Torre no centro. Na altura da Torre, numa espécie de terraço, a sentinela se mantém atrás do fuzil-metralhadora dirigido para a praça. Os holofotes dispostos ao longo do terraço estão apagados. Ao pé da Torre há a arcada sob a qual se passava para ir ao trabalho ou partir no transporte.

Reunimo-nos aos outros de uniforme listrado que partem no mesmo transporte. Como nós, estão alinhados em cinco. A maioria é de franceses, mas há belgas, alguns russos, poloneses, alemães. Gilbert, Paul, Georges e eu estamos na mesma fileira.

De vez em quando sai uma voz do alto-falante. Uma voz grave, bem timbrada, quase melancólica. É a um dos nossos que fala assim? É um SS que fala. Chama calmamente um chefe de bloco, um kapo ou algum outro funcionário; mas é a um detento que ele se dirige. Já ouvimos amiúde essa voz no alto-falante do alojamento. Ela se espalha por todo o campo: "Kapos... Kapos!", com um "a" grave. É a palavra que se ouve com maior frequência. No início, parecia misterioso. Essa voz e essa palavra manifestavam na realidade toda a organização. A voz calma ordenava tudo. Impossível, a princípio, estabelecer uma ligação entre a voz e o regime imposto pela SS. No entanto, eram a mesma coisa. A máquina funcionava bem, admiravelmente azeitada, e essa voz tranquila, de uma firmeza neutra, era a voz da consciência SS reinando absoluta sobre o campo.

Os holofotes da Torre se acendem. Alguns apontam para nós, outros varrem a praça. Os SS ainda não chegaram. O chefe de bloco que nos acompanhou permanece a distância e conversa com um *Lagerschutz*. Na praça, alguns detentos andam de um lado para o outro com passos tranquilos. São prisioneiros antigos, sabem aproveitar as folgas. Passear assim à noite, após o trabalho, é um de seus direitos e eles o exercem caprichosamente.

Além do arame farpado, além da pedreira, na planície de Iena, algumas luzes brilham fracamente. Do lado oposto, atrás de nós, a chaminé do crematório.

Esperamos muito. Já devem ser onze horas. O chefe do bloco foi embora. Nada nos disse; simplesmente observou a coluna, sem fazer um sinal. Amanhã seremos substituídos em seu bloco. Não tinha qualquer motivo para nos apertar a mão. Vivia num mundo que fabricava seus homens. Ele mesmo, inimigo da SS, era um desses homens. Nunca pensei que pudesse ter nome; nunca me perguntei: "Como se chama?"

Enquanto ainda temos todas as nossas histórias frescas na memória, enquanto dizemos, como se tivéssemos saído na véspera: "Em breve, estaremos em casa!", e pensamos ter mudado de roupa apenas por um tempo, ele tem na memória onze anos de histórias do campo. Viu a SS nascer, depois se tornar SS; conhece-a profundamente. Ele mesmo, sob os olhos dessa SS que viu nascer, construiu esse campo.

Somos estranhos, satélites retardados, grupos vindo de povos que despertam e acorrem quando a batalha já está em andamento há tempos. Somos um número, nada além de um número. Para ele tampouco podemos ter um nome; somos intrusos.

Entretanto, nós também, franceses chegados nos últimos comboios do mês de agosto, teremos tempo de passar por alguns dos estágios da edificação da sociedade dos campos. A segunda noite do transporte, por exemplo, não terminará sem antes assistirmos ao fenômeno do nascimento do kapo.

Os cinco alemães na coluna riem entre si. São nossos futuros kapos. Sabem que ao chegar ao *Kommando* serão nossos chefes. Foram designados para o transporte como nossos chefes. Já se mantêm a distância. São presos comuns. Um pouco afastado, outro alemão. Louro, rosto quadrado, bastante corpulento, usa um belo foulard. A Gilbert, que fala alemão, disse ser *Schreiber* (secretário). Passará a ser *Lagerältester* (administrador do *kommando*). É um preso político.

Não sabemos ainda quantas funções já foram distribuídas.

Agora estamos sozinhos na praça. Colegas dormem nos blocos. Os de nossa barraca não pensam mais em nós; eles nos acreditam longe, embora continuemos na praça. Para eles, a partida já foi concluída. Nós os imaginamos a algumas centenas de metros dali, indo mijar ainda semiadormecidos. Estamos despertos, excitados. São eles agora os inocentes. Nós os olhamos como se olham os cegos. A vida noturna de Buchenwald se desenrola sem nós; estamos na extremidade, perto da Torre. Não existe outro motivo para estar ali à noite senão partir.

Os holofotes iluminam os rostos e os uniformes listrados. Então não nos esqueceram. Sabem que estamos ali. Os rostos são iguais aos que vão para o trabalho de manhã. Os ombros curvados. Sentimos frio. A coluna reunida, uma mancha cinzenta esmaecida; burburinho verbal de belgas, poloneses e franceses; cada um com seu colega, as duplas se formam. O homem de quem nos lembramos, agora disfarçado, cabeça raspada, despachado de um lado para o outro, viável apenas porque disfarçado, invejando os cavalos e as vacas por serem aceitos como cavalos e como vacas, ainda conserva os olhos e a boca e, sob o crânio liso, todas as suas imagens de homem de terno e as palavras de um homem de terno.

A passagem sob a Torre foi iluminada. Os SS chegam: dois de quepe; os outros, as sentinelas, de boina e fuzil. Eles nos contam. Um *Lagerschutz* chama os nomes, estropiando-os. Meu nome está lá, entre nomes poloneses, russos. Meu nome parece piada ao ser chamado, mas respondo "Presente!". Feriu meus ouvidos como um barbarismo, mas o reconheci. Fui então, por um instante apenas, designado ali diretamente, dirigiram-se apenas a mim, solicitaram a mim especificamente, insubstituível! Eu apareci. Alguém apareceu para dizer "sim" a esse ruído que era tanto meu nome quanto eu mesmo era eu ali naquele lugar. E era preciso dizer sim para retornar à noite, à cara de pedra sem nome. Se eu nada tivesse dito, teriam me procurado, os outros não partiriam sem que me encontrassem. Teriam recontado, teriam visto que um não dissera "sim", um não queria ser esse alguém. Uma vez descoberto, os SS me partiriam a cara para me fazer aceitar que ali eu era eu e me enfiar essa lógica crânio adentro: que eu era eu, esse nada que carregava o nome que haviam lido.

Após a chamada, os SS e o *Lagerschutz* nos contam novamente. Depois o *Lagerschutz* se vai. Restam os SS. Estão calmos, não gritam. Caminham ao longo da coluna. Deuses. Nem um botão do casaco, nem uma unha do dedo que não seja um pedaço de sol: o SS brilha. Somos a peste do SS. Não nos aproximamos dele, não colocamos os olhos nele. Ele queima, ele cega, ele pulveriza.

Em Buchenwald, na chamada, o aguardávamos horas. Milhares de sujeitos de pé. Depois anunciavam: "Está chegando! Está chegando!" Ele ainda estava longe. Então, não ser mais nada, sobretudo não ser nada além de um entre milhares. "Está chegando!" Ainda não chegou, mas esvazia o ar, o rarefaz, o suga a distância. Nada senão milhares, que não haja nada ali, ninguém, nada senão os milhares em formação. Ele está ali. Ainda não o vemos. Ele aparece. Sozinho. Pouco importa o rosto, pouco importa quem seja, é um SS, o SS. Os olhos veem o rosto de um qualquer. O homem. O deus com cara de conscrito. Passa diante dos milhares. Passou. Deserto. Não está mais ali. O mundo se repovoa. No *Kommando*, não passaremos de algumas centenas. Veremos sempre os mesmos SS. Nós os identificaremos. Saberemos distingui-los. Não haverá Torre. Eles também estarão condenados a viver conosco, a ver sempre as mesmas caras e mesmo a procurar entre essas caras as *boas*, as que lhes poderão ser úteis.

— *Zu fünf!* (em cinco) *Fertig!* — grita um dos SS de quepe. A coluna se organiza. Começamos a marchar. Passamos debaixo da Torre.

———

A lua surgiu. A coluna avança, silenciosa, pela estrada que sobe rumo à estação de trem do campo. Algumas centenas de metros a percorrer. As sentinelas de boina marcham de cada lado, a coronha do fuzil debaixo do braço, o cano na direção do chão. Atrás, colegas puxam uma carroça com a bagagem dos SS.

O trem está ali: alguns vagões de gado, um vagão de passageiros. A estação está deserta. Voltam a nos contar; os SS estão calmos.

Não somos muitos em nosso vagão. Encostamo-nos nas paredes; o piso está úmido e sujo. Faz frio, ficamos colados aos outros. A porta permanece aberta, a luz da lua entra e desenha um grande retângulo. Os alemães que serão nossos kapos acabam de se sentar bem no meio. Nós os enxergamos bem. São ainda detentos como nós. Ainda os olhamos como pessoas que vemos pela primeira vez. Nada têm de especial. Não fazemos perguntas. Falam sussurrando entre si; parecem se conhecer há tempos.

De cada lado do retângulo de luz, sombras agrupadas, algumas manchas turvas de rostos e mãos aparecem e se apagam. O fundo do vagão está completamente escuro.

Esse trem poderia permanecer ali muito tempo. Não estamos em um vagão, mas numa caixa; temos a impressão de que ele não tem rodas, não vai se mover. Ao redor do trem, do lado de fora, não há outro barulho além do rangido dos sapatos dos SS que passeiam. Continuamos numa imobilidade de chumbo.

Silvos. É a locomotiva. Surge do coração do bosque. Aproxima-se. Um estremecimento; alguma coisa fez mexer este vagão; a vida desperta, há sangue nas rodas. O rangido dos pés dos SS não é mais o mesmo, não permanecemos mais dentro de uma caixa; eles não comandam mais a caixa; agora é a máquina que comanda. Se eles forem mijar, demorarem demais e o trem partir, podem perdê-lo e ficarão com caras de idiotas diante do trem que se vai, idiotas diante de nós.

Vamos deslizar sobre os trilhos. O sujeito na cabine da máquina não é um SS. Talvez ele nem saiba quem arrasta, mas faz andar o trem. Se ficasse louco, se todos os chefes de estação alemães ficassem loucos, sem sair do vagão, como estamos, de pijama listrado, poderíamos entrar na Suíça...

Mas partimos de Buchenwald e não para um lugar qualquer. Não haverá erro nas bifurcações das vias, permaneceremos na direção certa, os SS podem dormir, tudo vai dar certo. Os trilhos sobre os quais rodam nas viagens de núpcias permanecerão também estáveis sob nossa passagem; durante o dia, no campo, observarão passar o trem. Mesmo se virarmos ratos, um comboio de ratos, o campo permanecerá tranquilo, as casas em seus lugares e o maquinista colocará carvão na caldeira.

Não é verdade: o mais extraordinário dos pensamentos não consegue mover uma pedra. Posso chamar os que estão lá longe, esvaziar-me e colocá-los no meu lugar, na minha pele: lá longe eles dormem enquanto estou aqui, sentado no chão. Não sou dono de um metro de espaço; não posso descer do vagão para olhar. Sou dono apenas do espaço de meus pés e ainda faltariam centenas de quilômetros a percorrer. Eles também, lá longe, devem sentir a casa sufocá-los e não conseguem pensar em nada senão nisso: mesmo o mais violento dos pensamentos não consegue mover uma pedra. Se estivesse morto e eles soubessem, não olhariam mais o mapa, não fariam mais o cálculo dos quilômetros. As colinas, os rios atrozes não emparedariam mais a casa; as distâncias infernais se anulariam, o espaço se pacificaria, eles não ficariam mais exilados da parte respirável do mundo.

Um apito da locomotiva, anódino, estranho. Para quem? Apito tranquilizador que vale para todos; o mesmo sinal para os SS e para nós. Os SS submetidos ao apito. Jamais nos livraremos dessa mania infantil de procurar em todos os lugares sinais de blasfêmia, de encorajamento. Com certeza, não podem acreditar que escutamos o mesmo apito que eles. Soa o apito: eles sobem no trem. Ah, vamos nos tornar incrédulos! Eles reinam apenas sobre nós; uma pedra pode derrubá-los... Se perderem o trem, haverá rapidamente um espaço entre o lugar de seus pés e o local onde está o trem, um espaço como existe entre o local de nossos pés e a nossa casa. Eles não reinam sobre o espaço, e o que passará por sob a fronte do SS não fará uma pedra se mover, não preencherá a distância que separa seus pés do trem que se foi...

A sentinela designada para o vagão subiu. É um velho, um sudeto. Tem bigodes compridos. Prenderam uma caveira na sua boina, mas é um falso SS. Instalou um banco perto da porta, que deixou entreaberta. Acendeu uma vela, fixou-a no banco e sentou-se, o fuzil entre as pernas.

Um solavanco interrompe o murmúrio das conversas. O guarda velho cambaleia, perdendo o equilíbrio. É isso, as rodas giram. O piso vibra. A vibração ganha os membros, esquenta-os. Algumas exclamações fariam acreditar que se trata de uma partida habitual para a guerra, para a caserna. "Ela morreu!", diz um colega, como se a vida fosse renascer. Nada era mais insuportável, é verdade, que esse vagão imóvel, mais sinistro que uma tumba. O trem agora se move; penetra no bosque que desce na direção de Weimar. O vagão sacode terrivelmente. Deixamo-nos levar, e o corpo embalado relaxa. O trem se move, temos a ilusão de vencer o espaço. Mas quando chegarmos reencontraremos intacto esse espaço que nos separa de lá. Só nos movemos no interior da Alemanha, e essa distância é neutra, e esse movimento só faz turvar o que ontem era definitivo e ainda o será amanhã. Sacodem os cadáveres.

O guarda, que se deixa balançar, fuma um cachimbo grosso que lhe cai sobre o queixo. O trem avança em declive. De vez em quando a vela se apaga, o velho volta a acendê-la e vira-se em nossa direção, gracejando; alguns de nós também gracejam. Os futuros kapos, que têm tabaco, lhe pedem fogo. Ele dá. Quem sabe tem vontade de ser generoso. Encontra-se sozinho, no escuro, é velho, acaba de ser mobilizado, foi retirado de sua fazenda; não se vira SS em poucos dias.

Os futuros kapos falam a mesma língua que ele. Um deles, um gordo chamado Ernst, levanta-se e se aproxima da porta entreaberta. O vigia o deixa se aproximar. O gordo põe a cabeça para fora e aspira o ar. O velho não reage. O outro põe a cabeça para dentro e, voltando-se para o guarda, que o olha, lhe diz qualquer coisa em alemão. O velho ri por baixo do bigode e se vira em nossa direção. O gordo também ri. É praticamente desdentado. Os outros alemães aproveitam para rir bem alto; o guarda volta-se na direção deles e balança a cabeça com um sorriso que permanece em seu bigode. Não sabemos o que disse o gordo. O velho deve se sentir levemente ameaçado, ao mesmo tempo mais e menos sozinho. Mas só os alemães riram, o vagão inteiro não riu; a língua demarcou o perigo. O gordo continua ao lado do guarda. Ele fala e o outro responde de vez em quando. Não é uma conversa. O gordo gostaria de manter uma conversa, mas o velho não sabe se deve deixar-se levar. A língua o acalma, mas, mesmo assim, estamos ali. Os outros alemães acompanham os esforços do gordo, que tenta colocar em evidência, aos olhos do guarda, a hierarquia do vagão: primeiro ele, o guarda; em seguida eles, os alemães, nossos kapos; e, por último, nós.

Rodamos há um bom tempo. Tudo está calmo. A situação dos alemães se consolida. Agora são três de pé em volta do guarda. Um colega levantou-se. Tinha um cigarro. Aproximou-se do grupo e pediu fogo ao gordo, batendo-lhe no ombro, na frente do guarda. O outro não ousou recusar, mas assumiu o ar mais impaciente, mais desdenhoso possível.

O guarda está sentado no banco, a cabeça baixa, escutando os outros, e só a ergue raramente. Quando sorri, evita olhá-los, para reduzir o impacto desse sorriso. Segura o fuzil pelo cano, entre as pernas. Os outros três não o deixam, não param de falar com ele. Do outro lado do vagão, um francês, que não vemos, começa a cantar. Voz melosa, enjoativa. Fala de uma mulher tomada por uma doença incurável. Escutamos. Ela acaba morrendo. O vagão sacoleja inteiro: nós, prostrados contra as paredes, a ilhota alemã dos três e do guarda, o sujeito da canção. Depois os mesmos, sem canção. As costas do guarda pareciam mais largas quando o colega cantava: um muro. Alguém começa outra canção. Um francês de novo. Os três futuros kapos, em torno do falso SS, se voltam; reclamam porque cantam em francês.

— Não enche o saco! — responde o colega após se interromper. Ainda não são kapos. Recomeça a canção. O velho se interrompeu quando os três intervieram, como se a intervenção lhe lembrasse que a ordem havia sido perturbada. Ficou inquieto por um instante. *Será que podemos deixá-los cantar?* Depois se voltou para a porta — não, ninguém pôde saltar —; olhou os três e ajeitou o fuzil, que havia deixado escorregar um pouco.

Um ar glacial penetra pela abertura da porta e pelas frestas das paredes. Encolho-me entre Paul e Gilbert, que cochilam. Sempre essa claridade pastosa que vem da porta; não se sabe se é o dia nascendo ou a lua. A vela praticamente consumida, os três alemães voltaram para seus lugares. O vagão dorme. A cabeça do guarda cai por vezes sobre o cano do fuzil. Levanta-a num sobressalto e a vira furtivamente em nossa direção, espiando a seguir a abertura da porta. A largura permanece a mesma. Todo mundo continua ali.

Mais tarde, o trem se detém. Outro guarda veio render o velho. É um pouco mais moço, mas tampouco é um verdadeiro SS.

Com o nascer do dia, listras aparecem no assoalho até o fundo do vagão: matéria cinza-azul-violeta, borrada na tênue manhã; as riscas seguem o movimento dos corpos, dos braços, das pernas dobradas; as riscas vão até os pés calçados com grossos tamancos de sola de madeira, a parte superior de papelão amarelo e preto, novos, recebidos para a partida. Eles brilham. As roupas riscadas são todas novas, as solas dos calçados ainda inteiras, os crânios, raspados novamente ontem, lisos. É um carregamento fresco, cada um de nós um *Häftling* (detento), arrumado e distinto. Ainda não temos lama no pijama, não apanhamos desde que recebemos a roupa. Outro cativeiro acaba de começar.

Esta noite, apenas a vela iluminava o perfil imóvel da sentinela. A meu lado, Gilbert e Paul dormiam. Eu mantinha os olhos abertos; outros, no escuro, também deviam ter os olhos abertos fixando a chama amarelada e os bigodes caídos da sentinela, sempre a chama e o bigode, esse pedaço de luz ao qual o vigia tinha direito como para vigiar a si próprio e que banhava somente a ele. Nenhum outro barulho senão o do vagão vibrando e entorpecendo o corpo. Essas vibrações, esse torpor voltavam a lhe dar provisoriamente a sensibilidade antiga. Em meio ao sono dos outros, o que tinha os olhos abertos se achava sozinho, era como se estivesse com aqueles lá longe. O simples passar da mão pelas pernas nos fazia redescobrir essa qualidade em comum com os de lá, a de ter um corpo seu do qual podia dispor, graças ao qual era possível ser uma coisa completa. Ainda graças ao corpo redescoberto, no semitorpor, parecia que seria novamente possível, ainda seria possível atingir um momento de destino individual. O olhar preso à chama, escutávamos construir-se a antiga linguagem na cabeça e, a intervalos, encontrávamo-nos na proximidade viva, insuportável, daqueles que era impossível imaginar ali. Lançávamo-nos fora das grades violeta e cinza e nos redescobríamos aquele ser reconhecido, admitido algures, lá longe. Já estávamos lá, o corpo entorpecido, os olhos na luz e, de repente, essa luz vacilava, os olhos voltavam à superfície da chama, irritavam-se com a claridade. Era a loucura. Melhor teria sido dormir. Loucura ter de abandonar os colegas, largar o SS. Agora sentíamos as riscas como se fossem pintadas sobre a pele, o crânio pinicando sob a mão, e reencontrávamos o guarda imóvel, cuja possível mulher é aceita pelos SS, bem como a sua casa, a sua doença, as suas dores, e cuja morte seria um infortúnio.

O trem rodou o dia inteiro. Comemos o pão que nos deram ontem no bloco. Levantamo-nos de nossos lugares, nos chegamos à porta e, pela abertura, olhamos o campo: a terra, a lavoura, os homenzinhos curvados no meio das plantações. O espaço queria ser inocente, as crianças também; nas ruas dos vilarejos, uma pequena luminária acima da mesa no interior de uma casa, a cara de um guarda de passagem de nível, as fachadas das casas e essa intimidade plácida que se surpreendia na Alemanha; o SS passeando por uma estrada também pretendia ser inocente. Entretanto, por toda parte havia uma maquiagem invisível, da qual apenas nós tínhamos a chave, a perfeita consciência. Perto do finalzinho da tarde, as sentinelas foram substituídas mais uma vez e o velho da noite anterior voltou. Os futuros kapos não cessavam de falar e de rir. Tentamos saber aonde íamos. Seguíamos na direção norte, rumo a Hanôver. Depois a noite chegou, voltamos a deitar no chão.

Estamos chegando. Agora o cenário de Buchenwald se recompõe inteiro na lembrança: o imenso buraco da pedreira e essa gravitação de seres minúsculos com uma pedra no ombro, diante da planície de Iena; o desfile da partida para o trabalho de madrugada, antes do alvorecer, na praça da chamada, com os vinte mil sujeitos sob os projetores e a música de circo no meio da praça; os ensaios de jazz perto das latrinas; as imensas latrinas onde havíamos algumas vezes passado a noite; o boulevard dos Inválidos, com os pernetas no nevoeiro às quatro horas da manhã, bem como os cegos, os velhos e os loucos; o tormento dos quinze dias de merda na merda e a chaminé do crematório ao amanhecer, sob o extraordinário movimento das nuvens. E, em volta de tudo, o arame farpado, a fronteira ardente da qual não nos aproximávamos e que, bem antes de chegarmos, outros homens tentaram escalar, sob o olhar de um SS plácido que, do mirante, esperava ver as mãos crispadas afrouxarem.

Muitos morreram durante os três meses que havíamos passado em Buchenwald, sobretudo velhos: dois sujeitos seguravam pelas pontas uma coberta que continha um peso. Passavam gritando: "Sai da frente!" Afastávamo-nos, eles carregavam o peso até o necrotério. Por vezes, colegas os seguiam. Iam até o necrotério, que ficava atrás das grandes latrinas; uma vidraça dava para uma larga passagem, que conduzia ao necrotério. Colavam a cara no vidro, tapavam as laterais com as mãos para cobrir o reflexo, mas nada enxergavam. Assim se separavam conhecidos de vinte anos, pai e filho, irmãos. Por vezes, o que ficava zanzava ao redor do necrotério, mas a porta permanecia fechada e, através do vidro, não se enxergava nada.

Lembro-me do primeiro que vi morrer. Estávamos na chamada há algumas horas. A tarde caía. Sobre uma elevação do Pequeno Campo, a alguns metros, diante da primeira fileira de detentos, havia quatro tendas. Os doentes encontravam-se na barraca à nossa frente. Uma aba da lona se ergueu. Dois sujeitos segurando uma coberta pelas pontas saíram e a puseram no chão. Alguma coisa apareceu sobre a cobertura estendida. Uma pele negro-acinzentada colada aos ossos: a cara. Duas varetas roxas surgiam da camisola: as pernas. Ele não dizia nada. Duas mãos se ergueram da coberta e cada um dos sujeitos pegou uma delas e a puxou. As duas varetas mantiveram-se de pé. Ele nos dava as costas. Abaixou-se e vimos uma larga fenda preta entre dois ossos. Um jorro de merda líquida explodiu em nossa direção. Os mil sujeitos que estavam ali haviam visto a fenda preta e a curva do jorro. Ele não vira nada: nem os colegas, nem o kapo que nos vigiava e que gritara *Scheisse!* ao se precipitar em sua direção, mas sem tocá-lo. Depois, ele desabou.

Não sabíamos, quando os dois sujeitos saíram, que havia alguém nessa coberta. Apenas aguardávamos o SS. Era a hora da chamada. Dormíamos em pé. Como todas as chamadas, interminável. E o jorro explodira, a merda do colega havia ecoado nessa sonolência. Mil homens juntos jamais tinham visto nada parecido.

O colega jazia do lado de fora sobre a coberta. Não se mexia. Os olhos redondos abertos. Estava sozinho no montículo. Os mil colegas de pé olhavam ora à procura do SS, ora em sua direção. Os que o haviam tirado da tenda voltaram. Inclinaram-se sobre ele, mas não sabiam se estava morto. Puxaram-lhe suavemente a manga da camisola: ele não se mexia. Não ousavam tocar-lhe a pele. Não podíamos saber se estava morto. Quem sabe se levantaria e cagaria de novo? Pela merda soubéramos que estava vivo e, se o kapo havia gritado com ele, era porque estava vivo, pois o kapo sabia identificar os mortos.

Em cima da coberta, o sujeito não se mexia. Os dois carregadores, de pé, imóveis, o fitavam.

O kapo aproximou-se. Era imenso; da cara destacava-se um enorme maxilar inferior. Tocou o corpo com o pé. Nenhum movimento. Aguardou ainda um instante. Curvou-se sobre a cara enegrecida. Os dois carregadores também se abaixaram. Os mil sujeitos observavam os três curvados sobre a coberta. Depois o kapo se ergueu e disse: *Tod!* Fez sinal para os dois carregadores. Ergueram a coberta, que afundou ligeiramente na direção do solo, e entraram na tenda.

———

Esse desfile, esse cenário agora deixarão de existir. Mas estamos formados. Doravante, cada um de nós, onde quer que esteja, transforma o cotidiano. Sem crematório, sem música, sem holofotes, bastaremos nós ali.

———

Chegamos a Gandersheim, numa via que serve uma fábrica. Descemos dos vagões; é noite fechada. As sentinelas gritam; nenhum de nós fala. Apenas os calçados fazem barulho. Entramos no depósito da fábrica. A luz se acende. Primeiro nos entreolhamos. Somos cerca de duzentos. As sentinelas nos empurram para a frente, nos amontoam.

Os dois SS de quepe chegam; são suboficiais. Um é jovem, alto, de cara suave, branca. O outro, menor, quarenta anos, com uma cara avermelhada, seca, fechada. Primeiro nos observam; o olhar passeia do início ao fim da coluna. Deixamo-nos observar. Depois, circulam pelo depósito, a grandes passos, com desenvoltura. O SS baixo se detém e dá a ordem a uma sentinela de nos contar. O guarda conta. Deixamo-nos contar. Impossível ser mais indiferente do que durante a contagem. Os futuros kapos se mantêm a certa distância. Também os contam, mas eles conversam em voz baixa e sorriem de vez em quando, olhando na direção dos SS. Querem mostrar que compreendem que, se também os contam, essa operação só lhes diz respeito parcialmente.

Ninguém fugiu. O jovem SS está satisfeito. Sorri e inclina a cabeça nos observando. Ele ri da nossa cara. Sorri como se houvesse descoberto nossa intenção de fugir e nosso fracasso. Agora está imóvel, as pernas separadas, os jarretes contraídos. Mas essa exposição de força diante de nós não lhe basta. Será preciso que alguma coisa venha de nós para que seja perfeito; que alguém lhe diga, por exemplo: "Sim, você é o mais forte, nós dizemos isso porque você merece que alguém lhe diga que é o mais forte. Nunca vimos ninguém mais forte que você. No passado, também acreditávamos em nossa força, mas agora sabemos que você é mais forte do que nós jamais fomos; é claro que não nos mexeremos. Faça o que fizer, não tentaremos nunca medir forças com você, nem mesmo na imaginação."

O outro SS passeia. Os futuros kapos contemplam os dois SS. Procuram seus olhares. Um sorriso de prontidão para o encontro com os olhos dos SS. Falam em voz mais alta agora. Seguimos a ginástica frenética desses olhos, essa ofensiva da intriga pela mímica do rosto, pela abundante e ostensiva utilização da língua alemã — essa língua que, aqui, é a do bem, seu latim —, a mesma dos SS. Mas ainda são como nós. Os SS estão a alguns metros deles. Recuados, mas ainda no grupo dos detentos, ainda não estão à margem. Trata-se de cruzar esses poucos metros.

Um gracejo dos futuros kapos em voz alta; riem e esperam o que vai aparecer na cara do jovem SS. Ele esboça um sorriso. Agora vai. Em breve o kapo vai desabrochar.

Vamos sair do depósito, um guarda nos reconta. Um colega não está no lugar. O SS baixo e ruivo o insulta. Um dos futuros kapos aproxima-se do colega e, com um empurrão, obriga-o a voltar para o lugar. O colega reage erguendo o cotovelo. O futuro kapo lança um olhar ao SS baixinho. Os demais futuros kapos estão em suspenso; o momento é decisivo. O SS baixinho grita violentamente com nosso colega. O futuro kapo é kapo.

———

Ainda não saímos. O SS baixinho distanciou-se mais de nós. Com um olhar que passeia de uma ponta a outra da coluna, impõe o silêncio. Agora fala. Sua voz é apagada, entrecortada. Quase ninguém compreende. Entretanto, ele usa todas as entonações para distinguir uma frase da seguinte, como se tivéssemos acompanhado a primeira. Se fala, devemos compreender.

Quando para, Gilbert traduz: "O SS disse que viemos aqui para trabalhar. Quer que sejamos disciplinados. Se formos disciplinados e trabalharmos, não nos encherá a paciência e vamos mesmo tomar cerveja. Falou de bônus para os que trabalharem melhor." Gilbert sorri.

"Agora vamos ganhar sopa." Lucien, um polonês que morava na França, traduz em russo.

O SS está satisfeito. Calou-se para que um dos nossos fale em nossa língua. Deixou um dos nossos falar em voz alta, não compreendeu nada, *não lhe dizia respeito*, e aceitou.

Escutamos com ar bovino. Poderiam ter dito qualquer outra coisa, e teríamos registrado do mesmo modo. Mas tem sopa. Isso gera murmúrios.

— *Ruhe!* (Silêncio!) — grita o SS alto, que há um tempo não intervinha.

Fazem-nos sair do depósito da fábrica e nos levam à cantina dos operários. É uma sala comprida e baixa de paredes brancas, com duas fileiras de mesas separadas por um corredor. Uma porta dá na cozinha. Há um guichê na porta. Na cozinha, uma mulher mexe com uma colher de pau a sopa dentro de um grande caldeirão. Os kapos se apressam. Entraram na cozinha. De repente, assumiram o poder lá onde se encontra a comida. Vão mandar para dentro várias gamelas. Servem cada um que passa diante do guichê. Os dois SS vigiam.

Gritaria na cantina. Quase todos os colegas estão sentados nos bancos diante das mesas. A sopa está quente. Água com pedaços de cenoura e de nabo. Os camaradas tentam repetir, mas não tem mais. Pelo guichê, vemos os kapos tomarem sopa.

Não tem repetição, mas tem luz; estamos sentados no banco ou no chão, é uma pausa. Temos um pouco de calor, sopa quente. É preciso administrar o momento de calma que chega, não o perder. É preciso sentar-se em qualquer lugar, instalar-se mesmo que por um instante. Esta é a arte dos russos; nisso são imbatíveis.

No fundo da sala, um *Werkschutz* (vigia da fábrica) de uniforme e quepe cinza-escuro está encostado na parede; de cara fechada, segura o fuzil pelo cano, a coronha no chão. Não é um SS. Tampouco da Gestapo, mas é um membro qualquer da polícia. Um homem de fuzil; e esse fuzil só pode dizer a nosso respeito. Mas o fuzil ainda não representa um obstáculo. No ombro do velho guarda sudeto, por exemplo, ele não impressiona mais que um bastão, e os dois SS de quepe não têm fuzil.

Aproximamo-nos do *Werkschutz*. Tentamos saber onde exatamente estamos e como funciona o *Kommando*. A princípio ele não responde; vigia o outro lado da sala, onde se encontram os dois SS. Depois, fala entre os dentes sem mexer a cabeça, olhando para a frente. Estamos perto de Bad Gandersheim, entre Hanôver e Kassel. Não sabe nada do *Kommando*, que é novo. Foi prisioneiro na França em 1918. Não é divertido ser prisioneiro. Ele compreende. Segura com força o fuzil. Outros que escutaram se aproximam, formando um círculo ao seu redor. Ele está inquieto, espreita os SS. Para de responder.

— *Antreten!* — grita um SS. Reagrupamo-nos na direção da saída. Dessa vez são os kapos que nos contam.

Lá fora está muito escuro e muito menos frio do que em Buchenwald. O céu parece menos instável. Percebemos massas imóveis, guindastes, pequenas barracas. Não dormiremos ali. Por uma estradinha ascendente, chegamos a um terreno plano onde se encontra uma velha igreja transformada em granja. É ali que dormiremos — oito dias, diz o jovem SS —, três meses na realidade.

———

A igreja está dividida em duas. De um lado, por toda a sua extensão, abre-se uma passagem bastante larga; o chão não é pavimentado, mas de terra. Do outro lado, palha.
Mergulhamos na palha. Tem muita. Palha limpa, seca, amarela, nova. Enchemos as mãos de feixes, cavamos buracos profundos sem parar de encontrar mais palha. Uma fartura. O jovem SS nos observa remexê-la, nada diz. Sabemos que ele poderia dizer alguma coisa, porque tem palha demais para nós, porque os que pegam os feixes, levando-os para o lugar em que deitarão, riem; porque ela é macia e funda, porque aquele que afunda na palha, com a cabeça emergindo, é um rei e poderia, por sua vez, olhar o SS como um rei. Porque enganamos o SS. Nós não, as coisas. Porque ele não havia previsto que sobre a palha caminharíamos assim, teríamos essa cara, que os camponeses remexendo os feixes reencontrariam a calma. Deitados assim, o sono seria abusivo.
O SS olha a palha, o estrago. A palha abundante, honesta, era para as vacas alemãs da granja alemã vizinha, que dão leite para as crianças alemãs. O belo encadeamento alemão. Agora a empesteamos e rimos na orgia.
O SS partiu. A igreja é iluminada por algumas lâmpadas. Estou deitado. A meu lado um espanhol já dorme. Estamos encostados uns nos outros. Não nos mexemos. O torpor vem, o corpo está sozinho, aconchegado na palha. Nada que o atrapalhe; nem a casa, nem a rua lá longe, nem o amanhã; só aqui, e o frio. Estamos mesmo aqui? A calma também pode se estender aqui;

é necessário um esforço para me certificar de que estou mesmo aqui, aqui exclusivamente e não alhures. O mesmo princípio de identidade que o SS queria estabelecer ontem, ao pedir que eu respondesse "sim" ao ouvir meu nome, não cessarei de tentar reconstruir para me certificar de que sou eu mesmo que estou aqui. Mas essa evidência sempre fugirá, como agora. É que, ao me mexer, a palha desperta a ferida na canela, que desperta, no crânio, a lembrança da rua lá longe, a lembrança de D. balançando os braços na volta do trabalho; a calma se rompe e então acredito que sou eu que estou ali.

Agora é preciso dormir. Temos direito ao sono. Os SS o aceitam; significa que durante algumas horas consentem em não ser mais nossos SS. Se ainda quiserem ter material amanhã para a SS, temos que dormir. Eles não podem escapar a essa necessidade. Quanto a nós, é preciso fabricar força. Logo, é *preciso* dormir; não devemos perder tempo. Temos pressa. O sono não exprime um repouso; não significa estarmos quites por um dia em relação aos SS, mas que nos preparamos para uma tarefa que se chama sono, de modo a sermos os mais perfeitos detentos.

Os SS toleram igualmente que se vá mijar e cagar. Para tal, nos reservam mesmo um local chamado *Abort*. O mijo não é chocante para os SS; bem menos do que ficar simplesmente de pé e olhar para a frente, os braços pendentes. O SS não se opõe à independência aparente, ao livre dispor de si do homem que mija: deve acreditar que, para o detento, o mijo não passa de um dever cuja realização pode torná-lo melhor, permitir que trabalhe melhor e assim torná-lo mais subordinado à sua tarefa; o SS não sabe que mijando nos evadimos. Também, por vezes, encostados à parede, abrimos a braguilha e fingimos; o SS passa, como o cocheiro diante do cavalo.

Devo ter dormido algumas horas. Há algum tempo escutam-se ruídos ritmados, agora distintos. *Auf, ab! Auf, ab!* Uma voz forte de professor de ginástica. Vem de baixo, da passagem. Nenhum som responde a essa voz. É uma aula de ginástica. A luz está acesa. O espanhol ao meu lado tem os olhos abertos. Outros, aqui e acolá, levantam a cabeça, escutam e se entreolham sem falar. Quase retemos a respiração. A porta da igreja está fechada. Ainda deve estar escuro.

Pá! Uma bofetada. É uma bofetada mesmo. Acordamos. Alguém está apanhando.

— *Auf, ab! Auf, ab!*

A voz recomeça com violência. Ninguém reagiu à bofetada, nenhuma queixa.

Retiro-me devagar do meu buraco. Tento avistar a passagem através das frestas das tábuas onde fica a palha. O jovem SS está encostado à parede, as pernas afastadas, as mãos nos bolsos. É ele quem comanda. Diante dele, três detentos de camisa e calças. Alinhados, com as mãos nos quadris, agacham e levantam sob as ordens do SS.

Um colega, com a cara vermelha, para. Uma bofetada. Levanta-se, faz duas vezes o agachamento, volta a parar. Um pontapé no joelho. O SS ri e ameaça. A boca entreaberta, os olhos pesados, parece bêbado. Os detentos têm o rosto decomposto, sem saber direito o que querem deles.

Um sujeito que acaba de mijar volta correndo e cai sobre a palha ao nosso lado.

— Ele está bêbado — diz em voz baixa. — Tem uma meia hora que está ali... Pegou os caras que saíram para mijar para obrigá-los a fazer esse negócio aí. Não me viu.

Nesse momento, outro colega, que não aguenta mais se segurar e sem compreender do que se trata, levanta-se para ir mijar. Corre na direção das latrinas.

— *Du, du, komme hier, komme, komme!* — grita o SS, mostrando os outros.

— *Los!*

E o sujeito começa o exercício. Olho o espanhol, que emergiu da palha e encostou a cara contra a tábua. Ficamos tentados a rir de nervosismo; quando não se compreende, dá para rir (por exemplo, no dia da chegada a Buchenwald, quando nos puseram disfarces e não nos reconhecemos quando nos reencontramos). Eles já conseguiram nos fazer rir. Poderíamos todos começar a rir, é a loucura, o jogo demente; deveríamos rir. Inútil compreender, não vale a pena; é um jogo sem objetivo, sem motivo, sem motivo para terminar.

Os colegas lá embaixo estão aterrados. "Por que a ginástica? Por que apanhamos? O que fizemos?" Em suas caras, só existe a pergunta: "Por quê?" Isto excita o SS. Ele bate. Dois estão caídos no chão. Não se mexem. O SS lhes dá pontapés. Eles recomeçam, exaustos e desamparados. E nós atrás das tábuas, em cima da palha, a salvo.

Por vezes o SS ri apontando um sujeito com o dedo. Este se aproveita do riso do SS para tentar fazê-lo acreditar que acha que é um jogo, e que talvez possa parar. Então o SS aproxima-se e o espanca. O colega volta ao jogo; não sabe quando isso vai parar.

— *Auf, ab! Auf, ab!*

Ele continua.

O SS parou; cansou. Os detentos estão de pé. Aproxima-se, observa-os fixamente. Não tem vontade de obrigá-los a fazer outra coisa; olha-os bem e não consegue descobrir outra vontade. Acabou se empolgando e agora depara-se com eles ali, resfolegantes, mas intactos. Não os fez desaparecer. Para que deixem de olhá-lo, será preciso puxar o revólver e matá-los. Fica um momento a observá-los. Ninguém se mexe. Conseguiu o silêncio. Balança a cabeça. É o mais forte, mas eles estão ali, e é preciso que ali estejam para que ele seja o mais forte; não tem saída.

— *Weg!*

Lançou-lhes a palavra de repente na cara; eles saem correndo. O SS permanece imóvel como diante dos quatro, que já não se encontram mais lá. Depois, virando-se abruptamente, aos berros, começa a dar pontapés no vazio.

Nós o vemos pelas frestas. Está sozinho lá embaixo. Não ouve nada. Gira sobre si mesmo, olha a lâmpada elétrica. Todos os olhos agora estão abertos. Com o silêncio, a palha encobre uma atenção tremenda. Ela pesa sobre ele, que não pode conquistá-la.

Dá alguns passos na direção da porta. *Acompanhamos* sua saída. A extremidade da igreja já respira. Entretanto, ainda não se escuta barulho. Ele se detém; vemos sua nuca, suas costas. O murmúrio se intensifica, enche toda a igreja, o empurra; ele avança. O SS não está mais lá.

Faz alguns dias que estamos aqui. No dia posterior à nossa chegada, fomos reunidos diante da igreja e os civis vieram procurar homens aptos ao trabalho na fábrica. Vimos aparecer sob as listras um torneiro, um desenhista, um eletricista, etc.

Após selecionar todos os especialistas, os civis procuraram outros para trabalhos de menor importância na fábrica. Para isso, passaram em revista os que restavam. Olharam nossos ombros, e também nossas caras; os ombros somente não bastavam, era preciso ter uma cara, talvez um olhar que correspondesse aos ombros. Detinham-se rapidamente diante de cada um. Deixávamos que nos olhassem. Se o agradávamos, o civil dizia: *Komme!* O sujeito saía da fileira e ia se juntar ao grupo dos especialistas. Vez por outra, o civil achava graça diante de um colega e o apontava para outro civil. O colega não se mexia. Fazia rir, mas não agradava.

Quanto aos SS, mantinham-se afastados. Haviam trazido o carregamento, mas não escolhiam; os civis escolhiam. Quando um colega respondia à chamada por sua profissão: *torneiro*, o civil meneava a cabeça, satisfeito, e se voltava para o SS, apontando o sujeito com o dedo. Diante do civil, o SS não compreendia de imediato; trouxera a carga, mas não imaginara que ela pudesse conter torneiros. Olhava o civil com ar sério, não admirado, mas como se olha o homem competente, aquele capaz de descobrir ali dentro um homem que podia, mesmo na Alemanha, criar alguma coisa com as mãos e que faria na fábrica o mesmo trabalho de um operário alemão. Quando o torneiro saía da forma, o SS voltava-se e o seguia com os olhos; acreditava no que dissera o civil; naquele momento, talvez não tivesse ousado bater no homem de roupa listrada, detentor desse poder misterioso que ele, SS, não detectara, mas que o tornava apto a ser notado por outro alemão.

Os selecionados para trabalhar na fábrica eram isolados dos demais. Os civis ocupavam-se deles junto com os kapos, que anotavam os nomes. Os dois SS os haviam abandonado e voltavam em nossa direção, os que sobraram, os que não sabiam fazer nada. Livres dos civis que tinham criado um julgamento de valor entre nós, com a consciência tranquila, os SS encontravam seus verdadeiros detentos, aqueles a respeito dos quais não tinham se enganado. Camponeses, funcionários, estudantes, garçons, etc. Não sabíamos fazer nada; como os cavalos, trabalhávamos do lado de fora carregando vigas e tábuas para montar as barracas nas quais o *Kommando* devia mais tarde alojar-se.

A distinção que acabava de operar-se era muito importante. Aqueles que iam trabalhar na fábrica escapariam, em parte, do frio e da chuva. Para aqueles do *Zaun-kommando*, *o Kommando das tábuas*, a prisão não seria a mesma. Os que trabalhariam do lado de fora não deviam, contudo, parar de perseguir o sonho de entrar na fábrica.

―――

Primeiros dias de outubro. O dia ainda não despontou. Os camaradas que trabalham na fábrica já partiram. Cerca de meia hora depois, o *Zaun-kommando* deixa a igreja e toma o caminho que conduz a Gandersheim. Passamos diante da fábrica, massa quadrada, teto plano, no meio de um círculo de colinas. Está iluminada e brilha no escuro.

A via férrea, pela qual chegamos, domina uma planície que se estende da fábrica até o sopé de uma colina arborizada, que os trilhos atravessam por um túnel. É nessa planície que construiremos as barracas. Os taludes da via férrea estão cobertos por vigas e tábuas soltas que será preciso triar. Já existem algumas pilhas na campina.

Deixamos a estrada de Gandersheim, ganhamos a campina. Somos uns cinquenta, a maioria franceses, três gigantes russos e alguns espanhóis. Estamos entorpecidos. A terra da campina está molhada e macia. Escondemo-nos sob uma tábua encostada a uma pilha. Estamos no escuro, espremidos uns contra os outros. Atrás de nós, a colina forma uma sombra dura que se recorta contra o céu, mais suave. Da fábrica chega o barulho do compressor começando a funcionar. Ombros curvados, mãos nos bolsos, ficamos em silêncio. Vão dar seis horas; é preciso esperar o meio-dia. Ainda não começamos. Como começar? Como fabricar o primeiro gesto desse trabalho elementar: pegar uma viga, colocá-la sobre o ombro, caminhar? Poderíamos fazê-lo de olhos fechados, mas é preciso tirar as mãos dos bolsos, dar um passo à frente, abaixar. É difícil.

A despeito disso, ainda não estamos muito fracos; mas tivemos que acordar, tivemos que entrar na forma, tivemos que chegar aqui; vamos ter que tirar as mãos dos bolsos, vamos ter que carregar as vigas, vamos ter que voltar à tarde, vamos ter que resistir à fome depois da sopa, vamos ter que esperar a noite cair, vamos ter que dormir, vamos ter que recomeçar amanhã, vamos ter que aguardar a manhã de domingo, vamos ter que recomeçar na segunda, vamos ter que esperar que eles já estejam no Reno, vamos ter que ter certeza de que isso acontecerá, vamos ter que tentar não imaginar, não sonhar com coisa nenhuma, vamos ter que saber que estamos aqui de fato e que, em cada um de nossos dias, a SS reina; saber até o último instante, até que aqueles atrás do microfone digam: "Em um mês... Na próxima primavera...", até que aqueles que têm tempo cheguem, se mostrem e digam: "Vocês estão livres!"

Tirar as mãos dos bolsos e dar um passo é fazer alguma coisa enquanto se espera; é esperar. Ainda não é o frio ou a fadiga que nos imobilizam, nem o passado: é o tempo.

Lá longe, a vida não se manifesta como uma luta incessante contra a morte. Cada qual trabalha e come, sabendo-se mortal, mas o pedaço de pão não é o que faz a morte recuar de imediato e a mantém a distância; o tempo não é exclusivamente o que aproxima a morte e leva consigo as obras dos homens. A morte é fatal, admitida, mas cada um age a despeito dela.

Nós, ao contrário, estamos todos aqui para morrer. É este o fim escolhido pelos SS para nós. Não nos fuzilaram nem enforcaram, mas cada um de nós, sistematicamente privados de comida, está marcado para morrer, só variando o prazo. O único objetivo de cada um é, portanto, prevenir-se contra a morte. O pão que comemos é bom porque temos fome, mas, além de aplacar a fome, sabemos e também sentimos que com ele a vida se mantém no corpo. O frio é doloroso, e os SS querem que morramos de frio; é preciso nos proteger porque a morte está no frio. O trabalho é extenuante — para nós, absurdo —, mas ele exaure as forças, e os SS querem que morramos de trabalhar; então é preciso economizar-se no trabalho porque a morte está ali. E, depois, há o tempo: os SS pensam que, por não comer e trabalhar, acabaremos morrendo; os SS pensam que nos vencerão pela exaustão, ou seja, pelo tempo. A morte está no tempo.

O combate, aqui, é a luta racional contra a morte. Aqui a maioria dos cristãos a rechaça com obstinação igual à dos outros. A morte perde a seus olhos o sentido habitual. Não é desta vida, aqui com os SS, mas daquela outra, lá longe, que o além é visível e talvez tranquilizador. Aqui, a tentação não é desfrutar, mas viver. E, se o cristão se comporta como se o apego à vida fosse uma tarefa santa, é porque a criatura humana nunca chegou tão perto de considerar a si própria como um valor sagrado. Ela pode obstinar-se a recusar a morte, preferir a si de modo gritante: a morte se tornou um mal absoluto, cessou de ser o possível caminho na direção de Deus. Essa libertação que o cristão, lá longe, poderia crer encontrar na morte, não pode encontrá-la aqui senão na libertação física do seu corpo prisioneiro. Ou seja, o retorno à vida do pecado vai lhe permitir voltar-se para seu Deus, aceitar a morte como regra do jogo.

Assim, o cristão aqui substitui Deus pela criatura, até o momento em que, livre, a carne sobre os ossos, poderá reencontrar sua submissão. Logo, cabeça raspada, lisa, negado como homem pelo SS, no cristão, o homem terá ocupado em importância o lugar de Deus. Entretanto, mais tarde, quando seu sangue recriar a culpa, não reconhecerá a revelação da criatura reinante que se impõe a ele a cada dia aqui. Estará sempre pronto a subordiná-la — aceitará, por exemplo, que lhe digam que a fome é abjeta — para se fazer perdoar, inclusive retrospectivamente, pelo tempo em que havia ocupado o lugar de Deus.

―――

O céu começa a empalidecer. Estamos sob a tábua. Os ombros pesam, as mãos são como chumbo nos bolsos. A transição da noite para o dia é fácil, não há traço de esforço no céu. Os rostos começam a sair da noite, mas o cigarro do kapo que nos vigia ainda brilha. Permanecemos sob a tábua. Os companheiros já saíram para as latrinas, para não estar na planície, para ficar entre as quatro tábuas que os cercam, com a pura angústia dos que se escondem.

À noite nada podem nos pedir; ninguém pode nos obrigar a trabalhar lá fora de noite, pois não poderiam nos vigiar. Então, esperam o dia clarear. Será dia quando o SS puder ver que estamos à toa, quando nossos pequenos grupos começarem a escandalizar. Esperamos a luz provocar o escândalo.

Já nos vemos melhor. Os colegas conversam em grupos de dois ou três; os três russos riem. Oferecemos uma imagem de desordem que vai se tornar incontestável. O dia nascendo nos revela; agora o SS não pode mais deixar de ver. O kapo percebe; apaga o cigarro. O refúgio foi descoberto, ficamos visíveis. Vai terminar.

— *Arbeit! Los!* — grita o kapo.

Pronto. Não é apenas um sinal, é uma injunção escandalizada, amadurecida na noite. Não haverá jamais outro sinal. Estaremos sempre atrasados. Para os SS e para os kapos, sempre, a cada manhã será preciso compensar os gritos calados à noite. Nosso trabalho não tem início; apenas interrupções. A da noite, embora oficial, é um escândalo. Do sono que nos prepara para trabalhar melhor, o SS extrai a força renovada de seu próximo grito.

— *Los!* — Uma sílaba com o vigor do estalo da língua. De *los!* em *los!* até aqui; os primeiros datam de Paris; desde Fresnes, é a mesma perseguição, interrompida à noite, retomada com indignação de manhã.

Ter as mãos nos bolsos é proibido. Isso denota independência demais. A miúde, diante de nós, os SS enfiam as mãos nos bolsos: é o símbolo do poder. De nossa parte, é um escândalo. É preciso que vejam penderem as mãos arroxeadas; em Buchenwald, ao passar sob a Torre para ir ao trabalho, não devíamos sequer balançar os braços.

Saímos agora de sob a tábua. Caminhamos devagar rumo ao cascalho em torno dos trilhos, onde se encontram as tábuas e as vigas. Já temos o andar que nunca mais nos deixará. Só o pontapé na bunda do SS ou do kapo é capaz de provocar alguns passinhos rápidos, porém não sabemos mais correr. Andamos olhando para o chão. A campina está verde e molhada. Reparamos nos dentes-de-leão. O sol traça riscos no nevoeiro. Surge por detrás da colina à frente, do lado oposto à via férrea, do outro lado da estrada, no extremo de outra planície. Seguimos nos arrastando pela campina, sem atropelo, devagar. O SS está longe, perto da fábrica. O kapo não nos olha.

Chegando junto ao cascalho, nos detemos. Há muitas tábuas e vigas, somos apenas uns cinquenta. Não podemos, por livre e espontânea vontade, tomar a decisão de trabalhar. Um primeiro *Los! Arbeit!* e andamos. Agora atingimos a base do talude e ninguém mais se mexe. O kapo chega. Baixo, cara vermelha, olhos azuis. Aparência de mendigo. É um preso comum alemão, um camponês; vendeu leitões no mercado negro, Himmler o mandou para cá. Perto dos outros, é inofensivo. Os SS o designaram para o pior *Kommando*, o *Zaunkommando*. Ele não pensava em nós;

talvez não nos tivesse visto. Fica aturdido ao descobrir a cena; continuamos parados. Então entra em transe. *Los, los, Arbeit!* Ele corre gritando, mas os gritos caem no vazio.

— Calma, calma — diz um dos nossos.

Aproximamo-nos das tábuas.

— Começamos?

O que respondeu ao kapo sobe para o cascalho perto dos trilhos. Formamos equipes. Fico com Jacques, um estudante de medicina, e outro francês, garçom de um café. Jacques é alto, magro, fala pouco. Está preso desde 1940.

O que está em cima do cascalho faz deslizar dali uma comprida viga. Nós três a colocamos nos ombros. Seguro-a bem, inclino um pouco a cabeça, ponho as mãos nos bolsos. Deixamos devagar o talude. Cada um tem o andar diferente; é preciso ajustá-lo. O trabalho todo concentra-se no ponto do ombro que carrega a viga. Caminhamos como sonâmbulos. A campina é macia. A viga nos dá uma espécie de paz. Carregá-la é tudo que podem exigir de nós. Se não carregássemos a viga e fôssemos buscá-la, o kapo gritaria: *los!* Agora temos nosso complemento necessário, nossa tarefa, estamos conformes, não chocamos.

Estou com as mãos nos bolsos. Vem da fábrica pela campina o SS baixinho, o ruivo. O kapo o vê e precipita-se na minha direção:

— *Hände!*... (As mãos!)

Tiro as mãos dos bolsos. Continuamos sem nos preocupar com o SS. O sol surgiu. As listras azuis e roxas flutuam pela planície.

O garçom está no meio. Usa óculos, tem um nariz comprido, a boina desce-lhe até as orelhas. Queixa-se; por ser o mais alto, carrega mais peso. Deveríamos ter nos posicionado diferentemente. Fala enquanto carrega. Come-se bem em sua terra, Auvergne. De manhã, café com leite, pão e manteiga. Ele serve muitos aperitivos durante o dia. Também come bem ao meio-dia. No dia de folga, toma vários aperitivos. É casado. Sua mulher faz bolos para ele. Também come bem quando vai à casa da mãe. Come-se bem em Auvergne. Tem porco, tem queijo. De vez em quando, mata-se um leitão. Como se come! Se tivéssemos uma remessa! Se recebêssemos sopa de favas ao meio-dia! Na prisão, recebia remessas: cinco maços de cigarros por remessa. Ele se virava dando um maço à sentinela, então o boche deixava passar até aguardente. Foi alcaguetado em Clermont. Ainda não terminou. Eles estão demorando, lá do outro lado. Se a mulher o visse desse jeito, choraria! Não fazem ideia! Melhor! Ele possuía tudo de que precisava. Se soubesse que seria assim, teria dado um jeito de fugir em Compiègne. O paraíso, Compiègne. Ele sempre dava um jeito para comer. Acha que foram buscar batatas para a sopa. Ontem era água pura. Em Buchenwald era mais grossa. Era boa, sobretudo a branca. Tinha um velho que não tomava a sopa e a passava para ele. Dava para se defender em Buchenwald. Era mais organizado. Ganhavam um litro de sopa. Aqui, eles não enchem a concha nem remexem o fundo do panelão. Era mais correto em Buchenwald. Não dá para trabalhar sem comer. Desse jeito, em três meses, metade do *Kommando* estará morta. Se eles se mexessem um pouco, talvez fosse possível tudo isso terminar no Natal. Poderiam estar em casa em janeiro. Claro, eu vou comer bem se for à casa dele. Estou convidado.

Ele não para de falar, de responder às próprias perguntas. Não sentimos a viga. Chegamos ao local onde já há uma pilha. Nós três balançamos juntos os ombros e a viga é derrubada. O ombro está livre. Outra nos espera. Voltamos bem devagar. Tentaremos continuar juntos, nos damos bem. Colocaremos o garçom na frente.

Assim que nos pusemos a falar, deixamos de sentir a viga. Agora acreditamos poder recomeçar daqui a pouco, esta tarde, amanhã também. Acreditamos também ser possível conversar à noite na igreja. Acreditamos mesmo. Bastará, entretanto, que daqui a pouco, por uma razão qualquer (por exemplo, que a viga seja curta demais para ser carregada por três), nos separemos e já não nos conheceremos. Cada um falou para si mesmo, para mostrar a si mesmo as riquezas, pois em voz alta as vemos melhor. Esta noite, diante do guichê, aguardaremos tão ansiosamente a sopa que, mesmo se estivermos lado a lado, talvez não nos falemos. Amanhã, talvez não nos digamos nem bom-dia.

Daqui a pouco já estaremos com outro; ele explicará como a mãe faz o pudim, pois tem necessidade de falar do pudim, do leite, do pão. Vamos escutá-lo, ver o pudim, o café com leite; trocaremos convites para comer, porque tendo convidados vemos ainda mais carne, mais pão. E, se houver sopa sobrando esta noite, aquele que tinha convidado o colega e sua mulher para comer talvez o empurre.

O trenzinho sai do túnel. A manhã vai pelo meio. O trem passa diante de nós. Já o vimos várias vezes. Liga Gandersheim a um vilarejo na linha-tronco de Hanôver, a alguns quilômetros daqui. São velhos vagões-plataformas; neles, sobretudo, crianças.

Olhamos o trem; se carregamos uma viga, paramos e nos viramos para olhá-lo. A cada vez o mesmo assombro. Os que estão no trem são mais livres que os SS. Compram um bilhete e entram. Podem até se aproximar da França, mesmo os alemães. Fazem-no naturalmente, como se sentam à mesa e deitam na cama. Quando alguém é livre, não se contenta apenas em comer, mas também se locomove. Esses alemães estão mais perto dos nossos do que nós. Se, por acaso, se encontrassem com os nossos, obedeceriam às convenções. Talvez até conversassem, se por acaso se encontrassem na Suíça.

É isso que precisamos conseguir: subir num trem, como eles. Seria preciso que viéssemos buscar; seríamos obrigados a nos livrar destes pijamas. Voltaríamos a ser gente comum, como eles. Isto aqui não tem fim. Haverá de terminar quando pudermos subir no trem. O fim da guerra é possível, mas subir no trem...

— Um vagão da SNCF!* — grita um colega.

É o último do trem, um vagão de mercadorias. Nós o seguimos com os olhos até desaparecer numa curva. "Está aí um vagão de sorte!" Olhamos o trem. Um vagão que é vagão, um cavalo que é cavalo, as nuvens vindas do oeste, todas as coisas que o SS não pode contestar são régias; até a força da gravidade que faz com

---

*SNCF (Société Nationale des Chemins de Fer) — empresa estatal francesa de transportes ferroviários. (*N. da T.*)

que o SS possa cair. Para nós, as coisas deixaram de ser inertes. Tudo fala e escutamos tudo; tudo tem algum poder; o vento oeste que bate no rosto trai o SS; assim como as quatro letras da SNCF nas quais nem reparou. Estamos em plena clandestinidade. Não é porque os SS decidiram que não somos homens que as árvores secaram e morreram. Quando vejo a orla do bosque e, em seguida, o SS, este me parece minúsculo, também ele aprisionado pelos arames farpados, condenado a nós, aprisionado à máquina do próprio mito. Não cessamos de provocar, de interrogar o espaço. Há pouco, às seis, eu estava aqui; em minha casa dormiam. E dormiam bem enquanto eu estava aqui; ao passo que ontem à noite falavam de mim enquanto eu dormia. Quando eu recebia uma paulada na cabeça, lembravam de um passeio comigo em Tamaris. Ontem, falavam de mim enquanto eu aguardava a sopa e não olhava nem pensava em nada além da concha que emergia e depois mergulhava no panelão. Eu não os amava nesse momento, só existia a sopa na minha cabeça. Eu não os amo *todo o tempo*; eles tampouco.

Uma noite eu os chamei; não deviam estar dormindo. Meus colegas dormiam. Chamei em voz baixa, muito tempo, por um instante seguro de que eles me ouviam. Completa bruxaria. Nunca absolutamente certo de que estamos aqui, de que podemos acabar aqui. Talvez seja a língua que nos engana; ela é a mesma tanto lá como aqui; utilizamos as mesmas palavras, pronunciamos os mesmos nomes. Então começamos a adorá-la porque ela se tornou a última coisa em comum de que dispomos. Quando estou perto de um alemão, eu começo a falar francês com mais atenção, como normalmente não falo lá; construo melhor a frase, articulo melhor as palavras, com tanto esmero, tanta voluptuosidade como se compusesse uma canção. Junto do alemão, a língua soa, eu a vejo se desenhar à medida que falo. Eu a faço cessar e a faço saltar no ar segundo a minha vontade, dela disponho. Dentro do arame farpado, na terra do SS, falamos como lá longe, e o SS, que nada compreende, a tolera. Nossa língua não o faz rir. Ela não faz senão confirmar nossa condição, em voz baixa, em voz alta, no silêncio: ela é sempre a mesma, inviolável. Eles podem muito, mas não podem nos ensinar uma outra língua, que seria a do detento. Pelo contrário, a nossa é uma justificativa a mais para o cativeiro. Teremos sempre essa certeza, mesmo irreconhecível para eles, de usar ainda esse mesmo balbuciar da juventude, da velhice, última e permanente forma de independência e de identidade.

O trem passou faz tempo. As vigas e as tábuas estão amontoadas. Os detentos diminuem o ritmo do trabalho. Entre cada trajeto, param no sopé do talude, ociosos.

Escondi-me atrás de um monte de tábuas. Os três russos estão sentados em uma prancha, também protegidos pelas tábuas. O kapo Alex passa diante deles; não lhes diz nada. São muito fortes, solidários, e o kapo não os ameaçaria com o Schlag para eles.

Ele me descobre atrás do monte de tábuas.

— *Los! Mensch, Arbeit!*

Saio devagar do esconderijo. Ele me olha com seus olhinhos azuis. Não sabe se deve continuar a gritar.

— *Franzose?*
— *Ja.*

Caminho ao lado dele, na direção do talude. Ele abaixa a cabeça, depois a ergue bruscamente na minha direção, como se inspirado:

— *Ach!* Alexandre Dumas?
— *Ja.*

Ele ri e eu também.

Chego ao talude. Pego uma viga pequena e desço rumo à planície. Ando bem lentamente. Alex, que ficou perto do talude, avança na minha direção erguendo o pedaço de borracha dura que lhe serve para o Schlag: *Los, los, Mensch!* Acelero um pouco o passo.

Lucien está apoiado contra um monte de tábuas; não faz nada. Acompanha a cena sorrindo. Lucien é um polonês, preso comum, que morou muito tempo na França. Fala russo, alemão, polonês, francês. É louro, tem grandes olhos azulados num rosto flácido. Ele é *Dolmetscher* (intérprete). Traduz as ordens dos SS e dos kapos. Não trabalha e ganha gamela dupla. Em breve, será *Vorarbeiter*, ou seja, será encarregado, como ele mesmo diz, de *empurrar* os outros para o trabalho. O número de suas gamelas aumentará ainda mais.

Lucien chegou como nós, simples detento. Com seu conhecimento de várias línguas, defendeu-se. Um dia, na campina, enrolávamos. Ele nos disse: "O SS está chegando, trabalhem." Não demos bola. Mais tarde, estando ali o SS, ele gritou: "Trabalhem, trabalhem, porra!", olhando o SS, que nada disse. Finalmente, um dia, denunciou ao kapo, que denunciou ao SS, um jovem espanhol que se escondia. O rapaz recebeu 25 chibatadas na bunda. Agora, Lucien está instalado em seu esconderijo. Ele compreendeu que para sobreviver não é preciso trabalhar, mas fazer os outros trabalhar e apanhar, enquanto ele manda para dentro várias gamelas. Lucien engorda. Não larga o kapo. Faz-lhe elogios, o faz rir. Já está incluído nessa categoria de detentos que será chamada de a *aristocracia* do *Kommando* — composta essencialmente de presos comuns —, porque nossos kapos não são políticos, mas presos comuns alemães. Vão comer, vão fumar, terão casacos, sapatos de verdade. Vão nos xingar se estivermos sujos, quando há apenas uma torneira para quinhentos, enquanto eles se lavam com água quente e mudam a roupa de baixo.

A porção extra de pão que comem, a margarina, a salsicha, os litros e litros de sopa são nossos, nos são roubados. Os papéis são distribuídos: para que eles vivam e engordem, é preciso que os outros trabalhem, morram de fome e sejam espancados.

Fim de novembro. O talude da via férrea foi desobstruído. Parte do *Zaun-kommando* foi designada para colocar arame farpado ao longo da via. Outra, para cavar a campina, aplainar o solo e montar as barracas.

Chovia muito. À noite voltávamos ensopados, e no dia seguinte os pijamas listrados ainda estavam molhados e gelados sobre a pele. Metíamos papel entre a camisa e o paletó. Tínhamos medo por causa dos pulmões. Um medo coletivo. Não havia nada para curar a pneumonia. Os camponeses mais aguerridos e que nunca haviam se inquietado com isso sentiam-se ameaçados pela chuva. De repente sentiam a fragilidade do corpo que havia resistido a tudo; não tinham imaginado que ele poderia fraquejar; sabiam-se à mercê dos aguaceiros. Falavam da doença como gente habituada a ficar doente, como os que se cuidam. Angustiados, olhavam as nuvens pesadas, o céu escurecendo. Essa angústia não os deixaria. Por mais que encolhessem os ombros, retesassem o corpo, esfregassem os braços lutando contra o frio, fizessem um colega esfregar-lhes as costas, o mal podia já estar ali instalado. Não confiavam mais no corpo, sabiam-no sem recursos.

Um dia de manhã, o kapo Fritz veio procurar na campina alguns detentos para o trabalho na fábrica. Fui escolhido, junto com outros. Os colegas pararam de cavar para nos ver partir. Fazia frio. As chuvas tinham cessado, a neve ia chegar.

Deixamos a campina caminhando depressa, nos entreolhávamos sorrindo. Os colegas afastavam-se, não nos voltávamos. Ao chegar perto da fábrica, olhei para trás; eles haviam recomeçado a cavar e o kapo Alex gritava: *Los, Arbeit!*

Fui designado para o depósito da fábrica. Isso sim era um refúgio. Debaixo de um teto. Os colegas que trabalhavam ali, familiarizados com o abrigo, relaxados, não se angustiavam por causa dos pulmões. Entediavam-se. Contavam as horas, pensavam estar no coração do cativeiro. Estavam no *seu* campo de concentração; eu acabava de sair do meu.

Eu havia conquistado uma liberdade, não sentia mais frio. Pouco a pouco o corpo deixava-se esquecer. Uma série de indícios tranquilizadores: os pés caminhavam com felicidade sobre o cimento. Não havia lama em lugar nenhum. Os colegas trabalhavam com as mãos pedaços de ferro ou então manejavam uma das máquinas; não havia sombra de esforço em seus rostos; não curvavam-se de dor nos rins ou nos joelhos. Era a aparição da civilização da fábrica.

Eu circulava pelo depósito como um caipira. Fritz me chamou. Ordenou-me que fosse varrer um escritório e acender o aquecedor. Ficava no andar acima do depósito.

Subi. No primeiro patamar, oculta por uma cortina cinza, a abertura de uma porta. Suspendi a cortina e entrei.

Tirei minha boina. Uma jovem morena encontrava-se sentada defronte de uma mesa; pálida, vestida de negro, com um *foulard* roxo em volta do pescoço. No vasto escritório, outra mesa com uma máquina de escrever e papéis em cima. Havia também cadeiras e uma poltrona.

Eu segurava a boina na mão e olhava a mulher. Ela se levantou, pegou uma vassoura num canto e, estendendo o braço, de longe, me entregou a vassoura. Com o indicador, apontou o assoalho.

Nesse momento, Fritz chegou. Tirou a boina. Eu segurava a vassoura na mão, a boina na outra. Fritz não tinha a cabeça toda raspada, mas nesse escritório parecia, ele também, um detento: um detento honesto, mas um detento. Deu bom-dia à mulher. Ela respondeu apenas com um aceno de cabeça.

Ele me falou de longe, formal. Era preciso que eu varresse rápido e bem e que, em seguida, acendesse logo o aquecedor; devia tirar minha boina toda vez que entrasse aqui.

Ele a olhava ao falar; ela aprovava acenando levemente a cabeça. Estava de pé, apoiada na mesa. Fritz lhe falava em sua língua e nessa língua ele me comandava; para ela, não passava de um alemão do *Lager*, nada mais. Depois ele se foi; ela nem prestou atenção.

Estava sozinho com ela e comecei a varrer. Ela continuava de pé e me olhava. Não havíamos trocado uma palavra. Ela vira o "F" em meu casaco, sabia que eu era francês. Era francês, estava em seu escritório, de cabeça raspada, e varria mal. Na verdade, varria muito devagar. Imperceptivelmente aproximava-me de seus pés; ela não se mexia. Fixava o monte de poeira que se juntava. Eu ia sempre muito devagar. Quando estava a ponto de alcançá-la, ela bruscamente deu um passo para trás. Parei, ergui a cabeça. Seu rosto estava crispado. Ela parecia tensa, continuava de pé.

Recomecei a varrer, empurrei o monte de poeira para a frente. Mais uma vez ela recuou bruscamente. Olhou ao redor, depois, não sabendo mais o que olhar, olhou a poeira. Finalmente, não conseguindo mais se conter:

— *Schnell, schnell! Monsieur* — disse ela.

Eram suas primeiras palavras.

Eu me ergui e a fitei, erguendo os ombros, impotente. Seus olhos eram duros.

Ela havia dormido numa cama, levantara-se às seis horas da manhã, chegara ao escritório e, indiferente, havia colocado sobre a mesa um pacote que devia conter fatias de pão com manteiga. Não imaginara ter esse encontro, ficar sozinha comigo. Se eu tivesse varrido rápido e bem, ela mal me veria passar; mas eu varria mal. Eu estava ali, instalado nesse escritório, atolado nesse monte de poeira, e ela se deixara surpreender ao ver de perto um de nós. Não estava preparada para isso.

Agora ela me olhava de vez em quando de soslaio; não podia mais me tolerar. Eu pesava sobre ela, eu a desestabilizava. Se tivesse tocado na manga de sua blusa, ela se sentiria mal. Poder extraordinário do crânio raspado e do pijama listrado; o disfarce multiplicava a força.

Havia recomeçado a varrer, mas não conseguia ir mais rápido. Ela apertava a beirada da mesa na qual se apoiava. Não era possível continuar assim. De repente, arrancou bruscamente a vassoura de minhas mãos e se pôs a varrer freneticamente.

Fiquei imóvel no meio do escritório, sem fazer nada. Colocara as mãos nos quadris e olhava as paredes; sentia-me tranquilo. Ela varria. Após ter feito um montinho homogêneo, devolveu-me a vassoura. Inclinei a cabeça, olhando a poeira, fitando-a em seguida: ela tinha varrido bem.

Peguei o montinho com uma pá, saí e coloquei a minha boina.

Pouco depois voltei. Havia homens no escritório. A jovem voltara a se sentar; tinha um bom punhado de machos alemães atrás dela. Eram civis de Gandersheim. Novamente tirei minha boina. Para eles, eu não existia. Fui pegar um pedaço de papel ao lado do pé de um deles. Ele retirou maquinalmente o pé, continuando a conversa com outro. Depois outro pedaço de papel, perto de outro pé. O alemão retirou o pé como quem afugenta uma mosca da testa, no sono, sem acordar. Eu zanzava em seu sono. Podia, se quisesse, fazê-los mover o pé; eles não me viam, mas os corpos se mexiam; na medida em que eu não existia para eles, eram submissos.

Ela estava acordada. Acompanhava meus movimentos; sabia que eu brincava; sabia que eu não pegava a ponta de papel do lado do pé senão para me aproximar dos deuses e fazê-los mover o pé.

Ela não podia me denunciar porque isso exigiria uma explicação. Eles não teriam compreendido de imediato. Assim, ela acabaria demonstrando não ser tão poderosa quanto eles, pois havia me percebido. Ela me faria aparecer, e então eles precisariam falar comigo, formular palavras para mim, para me fazer novamente desaparecer por completo.

Tendo terminado de juntar os papéis, me preparava para acender o fogo. Aproximei-me do aquecedor e comecei a esvaziá-lo. A jovem se deu conta, sobressaltou-se, depois calmamente me disse que bastava e que eu podia ir.

Saí do escritório e recoloquei minha boina. Na escada, cruzei com um civil bem de perto. Ele usava blusa cinza, botas, chapeuzinho verde.

— *Weg!* (Desapareça!) — disse-me com voz rouca.

Não dou a mínima. Talvez isso não tivesse grande importância aqui. Mas ali estava a expressão viva do menosprezo — a praga que assola o mundo —, que impera agora por toda parte, mais ou menos camuflada nas relações humanas, no mundo de onde nos retiraram. Mas aqui era mais nítido. Dávamos à humanidade arrogante os meios de se revelar completamente.

O civil me tinha falado muito rápido: *Weg!* Dissera isso sem diminuir o passo e a palavra o acalmara. Mas ele conseguira fazer eclodir sua verdade: "Eu não quero que você exista."

Mas eu ainda existia. E não davam a mínima.

Mesmo o mais desprezado proletário pode ter razão. Ele está menos sozinho do que aquele que o despreza, cuja posição há de se tornar cada vez mais exígua, inevitavelmente mais e mais solitário, mais e mais impotente. Seus insultos não podem nos atingir, assim como não podem se livrar do pesadelo que somos, em sua cabeça: incessantemente negados, ainda estamos ali.

René possui um pedaço de espelho que encontrou em Buchenwald após o bombardeio de agosto. Ele hesita em tirá-lo porque logo nos precipitamos e o exigimos. Queremos nos ver. Da última vez que peguei o espelho, fazia muito tempo que não me via. Era um domingo; estava sentado no colchão de palha, demorei-me. Não examinei de imediato se tinha a tez amarela ou cinzenta, nem como estavam meu nariz e meus dentes. Vi primeiro aparecer um rosto. Eu o havia esquecido. Apenas carregava um peso sobre os ombros. O olhar do SS, sua maneira de nos tratar — sempre a mesma — significavam que, para ele, não havia diferença entre este ou aquele rosto de detento. Na chamada, em fileiras de cinco, era preciso que em cada uma o SS pudesse contar cinco cabeças. *Zu fünf! Zu fünf!* Cinco, cinco, cinco cabeças. Um rosto apenas era reconhecido pelo acréscimo de um objeto: os óculos, por exemplo, que, neste sentido, eram uma calamidade. E, se alguém devesse *permanecer* reconhecido, para não perdê-lo os kapos desenhavam um círculo vermelho e um branco nas costas do paletó listrado.

Por outro lado, ninguém devia, pelo rosto, exprimir nada ao SS que pudesse ser o começo de um diálogo e que pudesse suscitar no rosto do SS algo diferente dessa negação permanente, uniforme e geral. Assim, como se o rosto fosse não apenas inútil, mas, sobretudo, perigoso a despeito de si mesmo, em nossos contatos com um SS acabamos, com esforço, por alcançar a negação da própria face, perfeitamente de acordo com a do SS. Negada, duplamente negada; ou então risível e provocante feito uma máscara — era mesmo um escândalo carregarmos sobre os ombros algo de nossa antiga face, a máscara do homem. Nós próprios acabamos por excluir o rosto de nossa vida. Pois, mesmo em nossos contatos com outros detentos, ele permanecia carregado dessa ausência; nossa vida quase se tornara a própria ausência. Com o mesmo pijama listrado, o mesmo crânio raspado, o emagrecimento progressivo, o ritmo da vida aqui, o que aparecia dos outros para cada um de nós era, em definitivo, um rosto quase coletivo e anônimo. Daí essa espécie de segunda fome que nos impulsionava a tentar nos redescobrir pelo sortilégio do espelho.

Naquele domingo, eu fixava meu rosto no espelho. Sem beleza, sem feiura, ele era fascinante. Ele me acompanhava e passeava aqui. Não tinha serventia agora, mas ainda era o mesmo, a máquina de expressão. Perto dele, a cara do SS parecia nula. Assim como permanecia reduzido ao estado determinado pelo SS o rosto dos colegas que, por sua vez, iam se olhar. Apenas o do espelho era distinto. Apenas ele queria dizer alguma coisa que não podia ser aceita aqui. Esse pedaço de vidro refletia uma miragem. Não éramos assim aqui. Não éramos assim senão no espelho, sozinhos, e o que os colegas aguardavam com inveja era esse pedaço de solidão radiante em que os SS e todos os outros deviam vir se afogar.

Mas era preciso largar o espelho, passá-lo a outro que, ávido, o aguardava. Faziam fila pelo pedaço de solidão. E, enquanto alguém mantinha entre os dedos a solidão, os outros o pressionavam.

Entretanto, mesmo que não fosse necessário entregar o vidro a outro, eu o teria abandonado porque já contaminava o rosto no espelho; ele envelhecia, ia nivelar-se ao dos colegas, abatido, miserável como as mãos que fitamos com olhos vazios. Melhor assim. Esse objeto novo, isolado, não tinha o que fazer aqui. Só podia provocar um desespero radical, fazer medir de maneira insuportável uma distância cuja própria natureza era insuportavelmente incerta: não estava ali uma situação do passado da qual podíamos apenas nos recordar, como de todas as outras situações do passado, e que teria sido, como todas as outras, simplesmente aflitiva. Era extenuante. Era o que se podia, realmente se podia voltar a ser amanhã, e isso era absolutamente impossível.

No depósito do subsolo da fábrica, trabalho com Jacques, estudante de medicina. Aqui estamos bem. Arrumamos as peças de carlinga de avião nas prateleiras. O civil que nos comanda é renano. É bem alto, louro; usa sempre um chapéu mole marrom jogado para trás. Deve contar uns 45 anos. Tem o ar triste, o andar pesado, lento, ausente, a expressão entediada. Poderia estar doente, de uma doença crônica, tenaz e não muito grave.

Um dia de manhã veio em nossa direção, entre as prateleiras. Observou-nos trabalhar por um momento, inexpressivo. Depois, aproximou-se e disse com voz calma, bastante amável:

— *Langsam!* (Devagar!)

Voltamo-nos em sua direção como se ele acabasse de acionar um sinal estridente. Olhamos sem responder, sem a menor demonstração de conivência. Ele também nos olhou; nada mais disse. Não sorriu, não piscou. Saiu.

Langsam! Era o bastante.

O que ele acabava de dizer seria o bastante para mandá-lo para um campo dentro de um pijama listrado como o nosso. Dizer *langsam* a pessoas como nós, que estamos aqui para trabalhar e morrer, significa ser contra a SS. Temos um segredo com esse alemão da fábrica que ele não compartilha com nenhum outro alemão da fábrica. Quando ele fala com os outros civis, a maioria nazista, somos os únicos a saber que está mentindo para eles. Quando não estiverem mais juntos, vai se aproximar de outros detentos e lhes dirá *langsam*. Haverá de soltar isso de vez em quando, depois de ter examinado aqueles por quem ainda guarda alguma reserva, e vai se afastar sem nada acrescentar.

Ele se entedia. Finge se interessar pela construção das carlingas. Mas sabe há tempos que isso só serve para fazer morrer outros alemães por nada. Já o sabia antes da guerra. Seu ar de enfado, sua doença devem-se a isso. Poderíamos tê-lo adivinhado. Compreendemos agora, sabendo o que sabemos, que este enfado é inteiramente revelador. Os SS poderiam mandar fuzilar todos os alemães que parecem entediados. Já é quase possível perceber que ele não toma as devidas precauções.

Amiúde se detém diante de uma janela da fábrica e observa longamente a paisagem rural. À noite, ao passar perto de nós, enquanto varremos o corredor do subsolo, evitará nos olhar. Seria preciso que dissesse *langsam*.

Cinquenta detentos poloneses chegaram de Auschwitz. São senhores. A maioria é forte; tem bochechas rosadas. Não vieram de pijama listrado. Usam sobretudos quentes, pulôveres. Alguns têm relógios de ouro. Já sabemos de onde vem tudo isso. Conhecemos Auschwitz. Naturalmente, também têm tabaco.

Falam perfeitamente o alemão. Há quatro anos estão em campos de concentração. Vão ter boa vida aqui, como antes. Estavam habituados a comer, em Auschwitz; aqui também será preciso que comam. Então, um deles já é ordenança do *Lagerführer* da SS; outro trabalha na cozinha; outro, na cantina da SS...

Três deles chegam ao depósito: um dentista, um oficial, um empresário de transportes. Este é o mais gordo; trabalhava no armazém de víveres em Auschwitz. São limpos, sorridentes. O renano lhes explica qual será o trabalho. Compreendem de imediato. Falam muito corretamente e têm um traquejo da entonação que os deixa à vontade diante do civil. Assim que recebem as instruções, mostram-se diligentes; não estupidamente, mas com interesse, até mesmo inteligência. Quando um *Meister** vem pedir alguma peça a Jacques ou a mim, antecipam-se e fazem algumas perguntas para demonstrar sua dedicação. O renano os observa com indisfarçada curiosidade.

---

* Contramestre civil.

— Somos detentos *especiais* — nos diz, alguns dias depois, o dentista, com sua voz anasalada.

O civil que comanda o subsolo chega — é um nazi. Tem a aparência de um fidalgo de província. Os três recém-chegados se descobrem e batem os calcanhares. Empertigados, encaram bem nos olhos o civil, com complacência. Este se mostra satisfeito. Olha-nos. Os outros estão mais gordos, mais arrumados.

Há demasiados de nós. O civil fala. Captamos a palavra *Zaunkommando*; significa terraplenagem e, no momento, neva. Tornou-se o *Kommando* disciplinar. O civil terminou. Não nos mexemos; ele vai embora.

— O que ele disse? — perguntamos ao dentista.

Ele sabe o que o civil disse, compreendeu perfeitamente. Como sempre, ficamos por fora do assunto, não compreendemos quase nada. Simplesmente escutamos a palavra, mas o que queria dizer na frase? Uma decisão, no entanto, fora tomada; não ousamos adivinhá-la, deve dizer respeito a nós, sempre por fora do que se faz aqui, como surdos que imploram ao outro, ao recém-chegado: "O que ele disse?"

— Acho que vocês vão para o *Zaunkommando* — responde o dentista.

Ele transmitiu a frase e, tranquilo, muito à vontade, nos deixa.

Um *Meister* vem buscar uma peça. Acaba por encontrá-la, mas permanece ali, com a peça na mão: o compartimento onde a encontrou não corresponde ao indicado no arquivo. Pergunta ao dentista quem arrumou aquilo.

— *Der Franzose* — responde o dentista.

O civil dá de ombros; já sabe que vamos embora. Vamos embora porque não falamos alemão, porque não somos desenvoltos no trabalho, porque somos feios de se ver, porque o chefe do subsolo não pode hesitar um instante entre esses novatos e nós. Para os SS e os nazi, se não falamos alemão, se somos magros e feios, se não temos serventia diante de um torno é porque representamos a quintessência do mal. Para nós, só o *Zaunkommando* é possível. É o nosso lugar.

Amanhã não nos reuniremos, como nos outros dias, junto ao armazém. Haveremos de vê-los, doravante, como os refugiados sortudos. Estaremos de novo com o pequeno grupo que trabalha do lado de fora. Os rostos já não são os mesmos; a neve e o vento deixaram sua marca. No *Zaunkommando*, os rostos são encovados, os gestos lentos, a dureza da desgraça se lê nos olhos, que não mais reagem, não se fixam. Foram deixados em paz lá fora: basta o frio. Foram literalmente postos na geladeira. De manhã, arrastam-se, em dois ou quatro, carregando uma tábua ou uma viga, ou tentando cavar um buraco na terra congelada. Muitas vezes um deles, não aguentando mais, entrou desvairado na fábrica, correndo para junto do aquecedor. Os outros, os colegas da fábrica que o tinham percebido, olhavam furtivamente, sem se mexer, temendo por ele. O encarregado de encher o aquecedor tentava rapidamente fazê-lo sair. "Cuidado, é proibido, desse jeito você vai me criar problema!" O sujeito não respondia, permanecia colado ao aquecedor, o corpo contraído, os olhos vermelhos. Nem sempre era de pronto que o notavam. Já um pouco aquecido, ousava olhar então de onde viria. E vinha. Um civil, a dez metros, punha-se a gritar, precipitava-se. Deixava-o vir, agarrando-se até o fim ao calor. Deixava-se espancar, primeiro no rosto, protegendo-se apenas com os braços; depois vinham os pontapés na bunda, os socos nas costas. O civil se excitava com essa surdez, essa teimosia animal. O colega acabava fugindo, perseguido por alguns metros. Expulso do paraíso. Os outros olhavam. Qualquer coisa, menos o *Zaunkommando*.

Já sinto angústia em todo o corpo, em todas as partes do corpo. Não sei como as protegerei, nem qual primeiro. Não sou capaz de escolher. Nem de imaginar como conseguirei, durante sete horas corridas, enfiar a pá na terra gelada com o vento penetrando por todas as aberturas, atravessando o tecido.

Houve distribuição de capotes listrados e sobretudos. A aristocracia recebeu os melhores. Uma noite, indo mijar, encontrei, no caminho, um capote jogado no chão. Peguei. Fede. É apertado, está rasgado. As calças, também rasgadas, arranham minhas coxas. Ando curvado, a cabeça entre os ombros, fiquei velho. Já faz semanas que, do meu corpo, só vejo as mãos.

A ideia do *Zaunkommando* me persegue; tentarei não ir. Tentarei me esconder na fábrica, encontrar um lugar onde fingirei trabalhar; vão acabar se acostumando com o meu rosto; o kapo vai achar que eu talvez tenha sido contratado. Tentarei não ir para o *Zaunkommando*.

O subsolo da fábrica é dividido por um corredor. De um lado, as prateleiras do pequeno depósito, do outro as oficinas de soldagem, os tornos e a forja. O pessoal civil da fábrica entra pela porta grande do subsolo, que dá para a campina e para a estrada de Gandersheim. No extremo oposto, uma portinhola vai dar numa ladeira que conduz à estrada que leva à igreja. Abaixo, à esquerda da fábrica, na direção norte, uma série de barracas: a cantina dos civis, a dos SS, os armazéns de víveres, as instalações elétricas, a sapataria etc.

No térreo da fábrica encontra-se o hall. É onde são encaixadas as peças de dural e montadas as carlingas. Paul trabalha no hall. Passa o dia na frente de um torno, martelando placas de dural. Estraga quantas pode e, às escondidas, as joga fora na sucata. Eu e Paul mal nos vemos durante o dia. À noite, na igreja, nos encontramos com Gilbert. Gilbert, que fala bem alemão, serve de intérprete entre os detentos do hall e os *Meister* que comandam o trabalho. Os *Meister* o têm em certa conta, porque ele fala a sua língua, a língua da boa e velha Alemanha, a que falam em suas camas. Ficam intrigados com esse sujeito de uniforme listrado como o nosso que os compreende de imediato e a quem podem imediatamente compreender, como a um dos seus. Como fala a língua dos *Meister*, muitas vezes Gilbert consegue evitar que seus camaradas apanhem. Em geral, as coisas se passam assim:

O preso trabalha na oficina; o *Meister* chega. Examina a peça trabalhada no torno. Está malfeita. O *Meister* lhe chama a atenção, às vezes calmamente. Este não compreende, não responde nada, simplesmente dá de ombros. O *Meister*, então, se irrita. Esbraveja.

Vai começar. O colega sente que vai apanhar. Então pede ao vizinho: — Vai procurar Gilbert! — O lugar, porém, é grande e é preciso procurar pelo intérprete. É preciso ganhar tempo.
— Um momento, um momento, *Dolmetscher* — diz ao *Meister*, apontando com o dedo a extremidade da fábrica.
— *Dolmetscher? Was Dolmetscher?* — indigna-se o *Meister*.
Então, se o colega tem sorte, Gilbert chega. Imediatamente fala em alemão com o *Meister*. Fisga-o. Com sua própria linguagem, o atrai. A primeira coisa é livrar o colega de apanhar. Agora, o *Meister* e o interprete falam em alemão. O colega não entende mais nada. O que discutem já não importa: que o colega não conhece o trabalho, que não é sua profissão e não se pode exigir que faça direito algo que faz pela primeira vez; que não compreende o alemão e não tem culpa disso. Eles falam alemão, tudo bem; não é desta vez que ele apanhará. Logo, os latidos do *Meister* se tornam resmungos; olha Gilbert de viés e acaba indo embora.

Assim, Gilbert intervém indo de uma oficina a outra; a língua alemã, que ele maneja, serve de escudo aos colegas. Com o tempo, contudo, acabam por notá-lo e atrai contra si os kapos; sobretudo Fritz, com quem já brigou. Isto, é bem verdade, foi antes de os SS declararem oficialmente que seria enforcado quem encostasse num kapo. Os kapos não admitem que o *Dolmetscher*, que goza naturalmente de uma grande influência junto aos detentos — Gilbert é o único político francês que tem uma responsabilidade oficial —, não se comporte como eles. Gostariam que ele espancasse os colegas em vez de defendê-los. Gostariam que ele entrasse no jogo da aristocracia. Mas como Gilbert não espanca nem participa do tráfico, será acusado de provocar agitação. Haverão de denunciá-lo ao *Lagerältester*, que, por sua vez, ficará de sobreaviso para entregá-lo aos SS quando lhe convier. Em todo caso, mais tarde, Fritz usará este pretexto para tentar se vingar do soco recebido.

Outros trabalham num grande prédio atrás da fábrica, o depósito central, bem na margem da via férrea. É lá que chegam da matriz da Heinkel, em Rostock, as peças principais. Há igualmente, neste depósito, uma infinidade de pequeninos objetos preciosos: pregos, caixinhas que podem servir para guardar a porção de margarina, sacos de papelão contendo pregos e onde podemos manter a salvo qualquer tira de papel, pedaços de arame para atar o que resta de nossos calçados, papel de alcatrão que serve para o pessoal do *Zaunkommando* se proteger da chuva. Muitas vezes vagueamos por lá. É um lugar silencioso e pouco vigiado. Um detento russo, encarregado do inventário do material, fica ali permanentemente. De vez em quando, enfiando o nariz em uma fileira de prateleiras, percebe um sujeito agachado, ocupado. É um homem que rouba. O russo não diz nada.

Por vezes, segurando na mão um saco cheio de grampos pequenos, sonhamos que essa coisa tão pesada e tão cheia possa ser um saquinho de semente. Mas aqui é impossível encontrar outra coisa senão ferro.

Estamos ainda, Jacques e eu, no pequeno depósito do subsolo. Breve será meio-dia e meia, hora da sopa. Ainda temos sopa ao *Mittag*, mas isso não vai durar. Breve só teremos de manhã, pão com a ração de margarina, e sopa à noite. À espera do toque da sirene, escondi-me num vão entre estantes. Estou ali há alguns minutos quando chega uma alemã. Procura uma peça. Finjo que também procuro, vigiando-a pelo canto do olho. É jovem, magra, bem alta, tem cabelos claros e olhos azulados num rosto pálido.

Ela olha na minha direção; continuo fingindo procurar. Para ter o ar mais natural, paro de vigiá-la, perco-a de vista por alguns segundos. Ela se afastou para perto da saída do vão. Estica o pescoço, dando-me as costas, parece vigiar o corredor. Vira-se, em seguida caminha na minha direção, detém-se e se apoia contra o rebordo de uma prateleira, onde eu também me apoio, a uns dois metros. Não sei o que ela quer. Continua olhando na minha direção. Hesita. Depois se aproxima, andando de lado, sempre de frente para a prateleira. Não me mexo. Chega perto de mim. Continuo imóvel. Ela olha de relance na direção do corredor. Enfia a seguir a mão esquerda no bolso do avental e a retira, fechada sobre alguma coisa. O rosto se crispa. Estende a mão fechada.

— *Nicht sagen* (Não diga nada) — fala em voz baixa. Apanho o que ela tem na mão.
— *Danke.*
O que havia em sua mão é sólido. Aperto; estala. Seu rosto se distende.
— *Mein Mann ist gefangene.* (Meu marido é prisioneiro.) Vai embora.
Deu-me um pedaço de pão branco.
Enfio a mão no bolso, não largo o pão.
O acontecimento me põe agitado. Deixo as estantes, a mão no bolso. Os colegas da solda estão curvados sobre o maçarico. Nada aconteceu com eles. É como se eu os olhasse de fora do arame farpado.

É uma mulher da fábrica. Trabalha com as que riem quando um *Meister* espanca um preso. O renano também trabalha com elas. Os outros não sabem o que se passou entre mim, que sou um deles, e essa mulher. Não lhe viram o rosto quando estendeu o pão nem após tê-lo largado. Miolo e casca: ouro. Os dentes vão estragar o pão, dele farão uma bola que logo será engolida. Não é o pão da fábrica Buchenwald — pão = trabalho = Schlag = sono —, é pão dos humanos. Devo ir bem devagar; mas, mesmo indo mais devagar que de hábito, este pão também será comido; e é porque isso se come que ela disse *"nicht sagen"*. Logo, *devo* comê-lo. Depois, acabou; não haverá outro pedaço deste pão.

Tal como o que aconteceu com o renano, o que aconteceu com essa mulher permanecerá impreciso. Apareceram por um instante, nas sombras de uma fileira de estantes. Deram um sinal. Na soldagem, no hall, lá fora, à luz do dia, continuaremos a afugentá-los. Quando passarmos pela mulher, ela talvez faça um imperceptível aceno de cabeça; quando cruzarmos com o renano nos corredores da fábrica, ele dirá entre os dentes: *"Guten Morgen, monsieur."* Eis tudo. Devemos nos contentar em saber, mas nosso poder de atenção tornou-se formidável. As convicções se fazem a partir de sinais. *Nicht sagen, langsam*: pela linguagem nada mais saberei deles.

Como o pedaço de pão, tais palavras fornecem a chave dessa caverna negra, dessas catacumbas quase totalmente inacessíveis para nós: a consciência — o que então havia de consciência na Alemanha. E espreitaremos, farejaremos o alemão clandestino, aquele que pensa que somos homens.

A sirene tocou. Corremos para pegar os primeiros lugares da fila, para estar entre os primeiros a ganhar sopa. Se houver sobra depois, teremos tempo de arriscar a sorte.

Formamos fileiras de cinco na encosta que vai dar na estrada da igreja. Fritz conta, dá o número ao SS ruivo, que concorda. Descemos a encosta em fila, atravessamos a cerca de arame farpado. Caminhamos rápido. Hoje: sopa de favas. Como sempre, em meia hora tudo terminará; mas, por enquanto, ainda não começou: é preciso esforçar-se, como de hábito, em banir um pensamento com o outro.

O céu está cinzento. A estrada, coberta de neve lamacenta. Hoje não há vento, não faz muito frio. Chafurdamos subindo a ladeira que leva à esplanada da igreja. O *Lagerältester* e o jovem SS que obrigara os presos a fazer ginástica nos esperam. Na esplanada, Fritz torna a nos contar. Conta-nos, por sua vez, o *Lagerältester*. A operação é precisa. Ao sinal, nos precipitamos para o pátio cercado de arame farpado.

O cozinheiro trouxe o panelão de sopa fumegante. O SS chega, sobe na mesa encostada no tabique da cozinha. Estamos alinhados em filas; um burburinho sobe da multidão.

— *Ruhe!* — grita o SS.

Não se escuta mais nada. O cozinheiro serve os primeiros da fila. Ao passar pelo SS, é preciso tirar a boina. Enfiá-la, em seguida, debaixo do braço e depois, diante do cozinheiro, estender com as duas mãos a gamela contra o panelão. A concha emerge e desce na gamela. Ficamos na ponta dos pés para ver a sopa.

— Está boa? — perguntam atrás.

— *Ruhe!* — grita o SS.

Quem já foi servido não se dá ao trabalho de responder; apressado, refugia-se na igreja com sua gamela.

O cozinheiro é poderoso. Se quiser, daqui a pouco, pode encher outra gamela de alguém que voltou. Basta mergulhar a concha uma segunda vez, retirá-la, e o sujeito vai encher duas vezes a barriga.

Minha vez se aproxima. Eu a vejo agora. Escura, espessa. A concha mergulha e sobe como uma draga. É para o que me precede. A sopa é pesada, oleosa, transborda. A superfície permanece imutável no panelão; nenhum reflexo, nenhum respingo, um aglomerado compacto. Chego diante do panelão, a boina debaixo do braço. O cozinheiro me olha. Mergulha a concha lá no fundo. Coloco a gamela contra o panelão; ele retira a concha. É extraordinário: favas, favas, uma substância de consistência insondável. Ao sair, a concha faz um barulho de lama; ele a segura firme, não deixa nada cair. Verteu-a na gamela, que fica pesada e cheia até a borda. Impensável que este prato de sopa possa derramar.

Já há quem tenha terminado. Aglomerados na porta da igreja, eles esperam as sobras. É preciso proteger a gamela e também berrar para que se afastem. Ficam olhando a minha, ainda cheia.

— Foi bem-servido — dizem.

A deles já está vazia. Com os olhos grudados na minha, precisam dizer alguma coisa.

Chego ao meu lugar. René já está lá. Quase terminou a sua. Os dois da cama vizinha também, dois auvernenses, um dos quais quase ficou cego na fábrica. Sento-me com precaução sobre a palha. Eles terminaram. Não se mexem. Olham a gamela cheia que equilibro sobre os joelhos. Pego minha colher e começo lentamente a mexer a sopa.

— Ela está ótima hoje — diz René, sem desgrudar os olhos dela.

Os outros não dizem nada. Eu tampouco. Após algumas colheradas, paro um instante. Olho. O nível baixou. Tomei quase todo o caldo. René olha o nível que baixou. Em breve estarei como ele. Isso o tranquiliza.

Agora é a parte espessa. Essa sopa empanturra; o rosto se congestiona. Você não se pergunta se ela está ou não boa: está ótima.

Como devagar, entretanto ela abaixa. Paro novamente. Sobram poucas colheradas. Recolho primeiro a pasta de favas grudada nas laterais. A gamela está quase vazia, os dois não olham mais. Ataco o que resta. A colher raspa no fundo, eu o sinto. Agora o fundo aparece, é tudo o que se vê. Acabou a sopa.

Gritam lá fora exigindo as sobras. René acaba de sair. Eu *preciso* ir lá. Sei que não ganharei, mas é preciso tentar.

Uma centena de sujeitos cerca o cozinheiro, que os ameaça com a concha. O kapo da cozinha sai da barraca para colocá-los em fila.

— *Keine Dizipline, kein Rab*! — grita o kapo.

Os presos sabem o que isso significa, disciplina; sempre a disciplina dos kapos, presos comuns. Isso quer dizer que o marceneiro que faz uns servicinhos para o *Lagerältester* e lhe confecciona brinquedos para o Natal, assim como aquela bichinha, o *Stubendienst* francês, preso comum que dorme com esse *Lagerältester*, e também os outros amiguinhos, todos já receberam as sobras. Quer dizer que Lucien já veio buscar algumas gamelas, tanto para si quanto para aqueles com quem troca comida por tabaco. Sem contar os próprios kapos. Então, como sobram poucos litros de sopa, os presos não dão a mínima para a disciplina. Tumulto geral. O kapo intervém e dirige um jato d'água sobre eles, que fogem berrando, ensopados. O jato parou. Voltam ao ataque do panelão. É a vez do Schlag do kapo, das colheradas do cozinheiro, indignado em toda a sua boa consciência.

Os sujeitos se atracam tentando encostar as gamelas no panelão. Os que estão atrás giram em torno do aglomerado tentando encontrar um espaço.

— *Keine Suppe!* — grita o kapo.

Os que não podem passar a gamela por cima de um ombro tentam alcançar o panelão por baixo. Batem em sua cabeça.

— Não vou servir mais nada! — grita o cozinheiro.

— Filhos da puta, estão com a barriga cheia — gritam os que se espremem contra o panelão e se pisoteiam.

O kapo ordena ao cozinheiro que guarde a sopa.

— Vocês são uns animais! — grita o cozinheiro.

Terminou. Não haverá mais sobras!

— *Scheisse!* — pontua o kapo olhando a massa dos presos.

O cozinheiro guardou o panelão na cozinha; o kapo também entrou e trancou a porta. Os presos ficam colados à porta. Ainda à espera. O kapo sai e volta a molhá-los com o jato. Então, agarrados às gamelas, voltam para a igreja.

Lucien, apoiado na porta, come tranquilamente sua segunda gamela. Alguns permaneceram no pátio. Sabiam que não haveria sobra. Ainda seguro minha gamela na mão e olho a porta da cozinha. Nada virá, sabemos; um último olhar para a gamela.

— Merda!

Vibrei-a contra a mesa encostada ao tabique da cozinha.

— *Antreten!* — grita Fritz.

Voltamos para a fábrica.

À noite ouvimos por muito tempo os aviões. O barulho é regular, constante. Passam sobre nós, o barulho enche a igreja e nos mantém acordados. Tão forte quanto a noite, o barulho reina, penetra em tudo, vai zumbir nas orelhas dos SS, que se tornam tão minúsculos quanto nós. Assusta o SS gordo, aquecido em suas cobertas. Mas nos acaricia, acaricia nosso corpo deitado sobre a palha.

O tempo durante o qual cada avião sobrevoa o *Kommando* é muito curto. Nosso universo é estreito, algumas dezenas de metros quadrados. Não sabem que nos sobrevoam. À noite, na Alemanha, existem apenas estações de trens, fábricas e, espalhados aqui e acolá nessa rede de pontos sensíveis, campos como o nosso. As bombas, lançadas a curta distância, ressoam, aterrorizam. Começamos a nos sentir menos abandonados. Estão ali, o barulho continua. Ficamos exaltados, escutamos; são poderosos, inatingíveis. O SS treme. Não temos medo. E, se temos, é um medo que ao mesmo tempo desperta o riso. Em sua pequena gaiola, eles vieram passar uma hora sobre a Alemanha; jamais nos conhecerão, mas interpretamos o bombardeio como um ato em nossa intenção. Saboreamos o fruto do terror do SS.

Quando passam durante o dia e os SS estão por perto, um novo muro se ergue entre eles e nós. Levantam a cabeça para o céu e, em seguida, nos observam. Os aviões lhes lembram o sentido de nossa presença aqui; cessamos então de ser *bandidos*. Quem sabe se, por um instante, nos percebem como inimigos, até mesmo adversários?

A melodia desse barulho na noite. Calma, comprida. Estamos sob o seu teto. E então começa; há uma hora estavam lá longe, mas em uma hora voltarão. O sonho: um avião aterrissa na campina, nos recebe a bordo e levanta voo; duas horas depois, bato na minha porta. Serão duas horas da manhã. Às duas horas da manhã, daqui a pouco, hora em que estarei aqui, poderia estar lá. Várias vezes à noite, fazemos esses cálculos. Agarramo-nos a tudo que elimina a distância, a tudo que a mostra transponível, que não estamos realmente em outro mundo: cinco dias a pé e estamos na Holanda; oito dias a pé, em Colônia. No percurso de uma distância com minhas próprias pernas, numa simples caminhada a pé, assim como estou aqui, em mais ou menos tempo, posso ainda me tornar aquele que, às duas da manhã, teria tocado a campainha em sua porta, caso o avião o tivesse levado. As possibilidades são infinitas.

Nem sequer é necessário transpor quilômetros. Lá, do outro lado dos arames farpados, alguns passos e estou na estrada. Pronto. Basta seguir essa estrada e me guiar pelas estrelas: voltei ao universo de todo mundo. Tudo é possível esta noite. Os obstáculos a que me oponho — o uniforme listrado, a falta de comida, a fraqueza, todas as possibilidades de fracasso, o possível enforcamento se for pego — não passam de obstáculos. Posso vencê-los. Nada é impossível, pois sei que o oeste existe e sei aonde quero ir. Porém, no mesmo instante em que sei disso, sei também que, ao acordar, esse equilíbrio entre o possível e o impossível será rompido. Já neste momento não sei se é ao despertar ou se é agora que tenho razão. Meu poder, redescoberto na noite, se desvanecerá ao despertar. A estrada será apenas o fim do caminho que conduz à fábrica; o oeste será o pequeno bosque que a domina.

O resto será apagado. Por toda parte haverá arame farpado, uma sentinela, minha condição. Pensarei e me movimentarei tendo em mim o arame farpado, o kapo, a fome, as feridas; terei a cabeça nos ombros, estarei curvado, já um produto do cativeiro, não do que eu era antes. Além disso, falo francês e deve acontecer comigo o mesmo que com os outros, ainda exibir algumas vezes *boas maneiras* e me desculpar se esbarro em um camarada; é isto sobretudo, ao despertar, que me faria acreditar que estamos loucos. Porque o que é, é; o que somos, somos. E um e outro são impossíveis.

Se um observador ingênuo acompanhasse nossa vida durante alguns dias, talvez duvidasse de estarmos todos do mesmo lado da batalha e que tivéssemos sido combatentes.

Na fábrica, veria um francês fabricar brinquedos para os filhos do *Meister*, pequenos tanques "Tigre"; um *Vorarbeiter** gritar com outro francês porque ele não está trabalhando; o primeiro francês continuar a fabricar os brinquedos, o *Meister* lhe dar um tapinha no ombro e lhe oferecer pão, para em seguida esbofetear um russo que está ao lado e não trabalha direito; ao lado do russo, outro detento tcheco dedicar-se também a um brinquedinho e receber pão; um outro francês ser ameaçado por trabalhar mal, e um russo tomar a terceira tigela de sopa.

Antes do amanhecer, durante a distribuição de pão, no pátio da igreja, escutaria nossos berros; berros de italianos, franceses e russos que se atropelam e se atracam para não serem os últimos, e veria o kapo fazer reinar a ordem.

Pois não basta aos SS terem raspado a cabeça dos detentos e os feito vestir fantasias. Para que seu desprezo seja totalmente justificado, é preciso que os detentos se atraquem para comer, que apodreçam diante da comida. Os SS se empenham um bocado para tal. Assim, contudo, demonstram não passarem de simples idealistas, pois os presos que partem para o ataque às sobras de comida oferecem, sem dúvida, um espetáculo *sórdido*, mas não

---

*Detento encarregado de controlar o trabalho de uma equipe.

se humilham, como pensam os SS, como pensaria esse observador e como cada um aqui pensa quando não é ele que parte em busca das sobras.

É preciso não morrer; aqui, é este o verdadeiro objetivo da batalha. Cada morte é uma vitória da SS. Os detentos, no entanto, não decidiram explorar-se mutuamente para viver. São antes explorados pelos SS e pelos kapos, presos comuns. Para o observador, a contradição devastadora entre a guerra que se desenrola lá longe e esta efervescência daqui é, em primeiro lugar, a cara gorda do kapo (ele manteve a *forma humana* — nunca ela terá sido tão insolente, tão ignóbil quanto aqui, nunca terá encerrado tão gigantesca mentira) e, em segundo, o sorriso do SS, que lhe fornece a chave.

Os que se atracam e se insultam assim não são inimigos. Entre si, chamam-se justamente de *camaradas*, pois não decidiram esta luta, ela é o seu estado.

Fui diretamente ao hall da fábrica. Eram seis e meia da manhã. Lá fora estava escuro e nevava. Perambulei um tempo no hall, pelas oficinas. O barulho do compressor martelava pela fábrica. O kapo gordo, Ernst, guarda do hall, encontrava-se sentado à sua mesa, perto da caldeira. Na igreja, tinha terminado seu quarto de broa da manhã, primeiro desjejum. Agora, atacava um grande pedaço de pão civil e um pote de geleia.

Os colegas que estavam curvados sobre os tornos o observavam. "Esse porco gordo." Ernst, que ria bastante com os civis, às vezes com os SS e com seus colegas kapos, escancarando a boca desdentada, comia hoje de um jeito quase lúgubre. Sentado numa cadeira, apoiava os cotovelos na mesa e curvava o peito para a frente. Ninguém, nem mesmo um civil, sonharia em impedi-lo de comer durante o horário de trabalho. Tinha, entretanto, o cuidado de ocultar seu pão atrás das mãos. Na gaveta da mesa, entreaberta, punha o pote de geleia. Cortava um pedaço, molhava-o no pote e o enfiava na boca. Não era kapo há muito tempo; ainda não ousava ostentar o pote sobre a mesa e comer à vontade. Essa massa enorme — era simplesmente um pouco gordo, mas aqui era realmente uma massa enorme — fazia pequenos gestos rápidos que contrastavam com o seu peso. Ao enfiar um pedaço na boca, erguia rapidamente a cabeça, os olhos espreitando em busca de um perigo que não vinha. Quando tinha na boca o pedaço de pão, Ernst ficava ainda mais lúgubre, talvez por ter perdido a ansiedade. Da boca, não podiam lhe tirar o pão, era um lugar seguro. Então as bochechas se inflavam, os maxilares trituravam seriamente, os olhos não mais se mexiam. Ernst cumpria o seu dever. Não tinha vontade de rir. *Essen, essen!* Nem todo mundo o merecia, e ele desprezava os que não comiam, os magros; não eram do seu nível.

Saí um instante da fábrica; o dia nascia. As luzes do hall brilhavam mais pálidas. A planície se cobria de neve; os do *Zaunkommando* chegavam.

Nas latrinas — um espaço cercado de quatro tapumes altos com uma fossa no meio —, os presos patinavam na lama de neve e urina. Não iam ali simplesmente mijar ou cagar; iam ali para descansar por um tempo, as mãos nos bolsos. Era nas latrinas que pela manhã se davam bom-dia pela primeira vez e se perguntavam:

— Alguma novidade?
— Nenhuma.

Uns poloneses e russos fumavam uma guimba ao pé da fossa de merda coberta por uma camada de neve. Outros chegavam. Do alto do talude, ao longo da via férrea, dominávamos o cercado de tapumes. O dia fazia surgir os pijamas listrados, reunidos em grupos de três ou quatro, perto da fossa. Então, um sujeito anunciava Fritz ou Alex. Os que fumavam a guimba e os de mãos nos bolsos desapareciam. Quem estava cagando permanecia; a estes não se podia dizer nada. Estavam tranquilos, uma vez agachados à beira da fossa. Falavam da sopa em voz baixa. Fritz entrava bruscamente no cercado. Estavam cagando, não se mexiam. Fritz os observava. Cagavam mesmo. Ia embora.

Na fábrica, como não podia me ajeitar em nenhuma oficina, apanhei uma vassoura. Precisava de alguma coisa na mão, embora a vassoura fosse reservada aos velhos. Passei um bom tempo no hall e, quando um civil caminhava na minha direção, eu começava a varrer. A princípio, não prestaram atenção; depois, perceberam que eu não era velho. Entreolhavam-se como se eu, com a vassoura, debochasse deles; estava trabalhando menos que eles. Varrendo, eu os afrontava e debochava da carlinga que construíam. Os colegas estavam em suas oficinas. Cada *Meister* encarregava-se de alguns; trabalhavam para a carlinga e eu passeava. Eu passeava com um instrumento de mulher, enquanto suas mulheres manuseavam o ferro para a carlinga; elas não passeavam.

Abandonei a vassoura quando vi que me tornava muito escandaloso, antes que berrassem comigo. Peguei um cesto grande e comecei a recolher as aparas de dural espalhadas pelo chão. Era preciso abaixar-me, erguer-me, dar alguns passos, abaixar-me de novo. Não trabalhava na carlinga, mas essa tarefa devia acalmar os civis porque eu não cessava de me curvar e recolhia as aparas. Como eu não fosse lá um detento extraordinário, torneiro ou mecânico, era o detento-detrito que avança com os pés, e com as mãos recolhe os detritos. Coincidência perfeita entre a tarefa e o homem; essa harmonia os acalmava, com certeza.

Tinham consideração por quem trabalhava em seu posto, debruçado à sua máquina, porque este fabricava metodicamente uma coisa útil; deviam achar que o bom trabalhador era também o mais livre.

Não sabiam que, recolhendo ao acaso as aparas, curvado, perfeitamente ignorado, acontecia de estar feliz, como quando mijava.

Outro detento agia como eu. Era um alemão de uns 50 anos, bem alto, louro, ligeiramente encurvado. Havia sido preso como *objetor de consciência*; era um pregador evangélico. Trazia um triângulo roxo.

Os nazistas haviam tratado de distinguir os religiosos alemães pela cor do triângulo. O tratamento não era diferente, mas o triângulo roxo significava *objetor de consciência*. O objetor era o que opunha Deus a Hitler. A esses reconheciam uma *consciência*. Eram inimigos por essa consciência oposta, da qual não podiam se desfazer. Os presos políticos, triângulo vermelho, não eram considerados inimigos pela consciência. A eles a questão da consciência não se impunha. Na mitologia nazista, o aparecimento de Hitler havia revelado o mal e todos esses triângulos vermelhos tinham vindo à tona, um a um, através da Alemanha e, depois, de fora, à força do exorcismo.

Entre esses objetores, em Buchenwald, alguns eram sensíveis a essa distinção realizada pelos nazis. Sentiam-se uma consciência, quase uma boa consciência; amiúde, para eles, a dos presos políticos representava um elemento impuro, de desordem. Mesmo lá longe, alguns alimentavam naturalmente essa hierarquia das consciências, considerando a sua consciência número um.

O pregador que ali estava não se sentia uma consciência de natureza distinta da nossa.

Não trazia um cesto; veio na minha direção e decidimos formar uma equipe. Não falava nem compreendia francês; eu, muito pouco de alemão.

Caminhamos devagar pela fábrica, segurando o cesto cada um por uma alça. De vez em quando parávamos, recolhíamos um pedaço de dural, jogávamos no cesto e saíamos.

A fábrica estava imersa no barulho do compressor e das rebitadeiras. Nossa tarefa era silenciosa, a menos útil. O pior servente de pedreiro não teria passado a vida a recolher assim aparas de dural; era abaixar-se, evitar que pendessem inúteis os braços; película de trabalho, trabalho quase inventado: nada mais que isso.

O religioso não falava, mas, quando parávamos, me fitava, e esse rosto, próximo, na minha frente, era tão surpreendente quanto o que eu encontrara no caco de espelho. Mas ele não podia se fazer compreender. Eu tentava lhe falar em alemão e dessa enorme vontade de falar surgiam fragmentos de frases crivados dos mesmos barbarismos que me serviam para os kapos e os *Meister*. Ele respondia. Eu o fazia repetir várias vezes a mesma frase; de vez em quando acabava entendendo. "A Alemanha perdeu a noção de Deus", "Ao acordar, a alegria que sinto é Deus que está em mim". Eu compreendia com dificuldade a língua da qual os SS teriam compreendido cada termo, a língua do objetor que dizia estar feliz.

Após um grande esforço para nos compreendermos, permanecíamos em silêncio, um e outro de cada lado do cesto, impotentes. Seu rosto não cessava de querer se expressar, e com essa fala que ele fabricava e que eu não compreendia ele se evadia. Nesse pântano da linguagem, eu captava também vez por outra: *Musik, Musik*; ele a pronunciava como os SS a teriam pronunciado. Falava de Mozart. Ao redor, os colegas debruçavam-se sobre o trabalho. Um *Meister* dava pontapés num colega. O compressor crepitava. *Musik* ressoava em minha cabeça e cobria o barulho da fábrica. Eu percebera a palavra e não o fazia repetir a frase. O evangélico continuava a falar sozinho, os olhos azuis e doces. Deixara de compreendê-lo, entretanto a palavra que captara iluminava toda a frase. Quando ele terminava, eu fazia que não com a cabeça e, por minha vez, falava em francês. Ele respondia em alemão e nos calávamos, desesperados, como envergonhados por não chegar a lugar algum.

Tínhamos dado a volta na fábrica, pousando vez por outra o cesto no chão. Estava quase cheio. Saíamos para esvaziá-lo atrás do depósito principal, ao longo da via férrea.

O sol estava muito pálido sobre a neve; o vento, frio. Caminhávamos lenta e regularmente. Não nos compreendíamos, mas o que poderia haver a explicar? Não sentíamos o frio do corpo, nem a fome, nem os SS. Ainda éramos capazes de nos olhar pelo simples prazer de nos olhar e de nos apertar as mãos. Era preciso não deixar esse homem. Sem dúvida, nunca tínhamos tido tanta vontade de gritar assim de alegria, enquanto os SS passeavam sua caveira pela planície. Tentávamos reter essa alegria, calcular como conservá-la o máximo possível e não nos separarmos.

Paramos atrás do depósito onde se encontravam os montes de resíduos de dural e de ferro oxidado. Não havia ninguém. Viramos o cesto sobre um dos montes e o colocamos no chão. A pouca distância, na via férrea, as sentinelas caminhavam. Abaixo, Fritz inspecionava as latrinas.

Permanecemos um momento perto do cesto, sem nos mexer. O religioso olhava os bosques, a planície e a colina do outro lado da estrada. Depois, virou-se na minha direção:

— *Das ist ein schön Wintertag* — disse.
Seu rosto era agradável. Os bosques, muito bonitos. Voltamos a admirá-los. Em seguida, pegamos o cesto vazio cada um por uma alça e voltamos para a fábrica.

———

É um domingo, início de dezembro. Ainda estamos na igreja. Nesta manhã, Karl não está gritando. Retornamos sempre da noite, em que diariamente voltamos para casa. Não sonhei — sonho muito raramente —, mas despertei com a imagem do meu quarto na cabeça. Com o sono havia reencontrado o torpor, dobrado as pernas, e o despertar deixou-me dividido, atordoado; não reconheci nada. Depois, senti o corpo de René e lentamente a imagem foi corrigida, o quarto se transformou, a igreja reapareceu.

Já passou da hora de acordar. O breve momento subsequente de ansiedade, em que nos perguntamos sobre a benesse de um simples atraso de Karl, também já passou. Inquietante surpresa não ter quem nos apresse. Somos, por um momento, perturbados pela anarquia que reina na igreja. Essa desordem não passa da ruptura da cadência habitual. Um, com andar tranquilo, vai se lavar. Seu vizinho ainda está deitado. Outro se veste devagar. Outros, ainda, põem-se a conversar. Esta lentidão é preciosa. Levar todo o tempo para se calçar, ter o prazer de se dar bom-dia, ir devagar às latrinas, demorar-se em tudo. É a armadilha do domingo de manhã, pois não nos deixarão em paz. Os SS suportam com dificuldade esta igreja onde uns estão deitados, outros de pé e outros ainda tentam escrever. Este dia não deve ser a tal ponto diferente dos outros para nós. Os *Meister* não vão à fábrica aos domingos, mas nos arranjarão outro trabalho.

Apesar disso, os SS querem dormir um pouco mais e nos basta ter passado da hora habitual de acordar para que este dia seja de natureza diversa dos outros. Os SS não podem vencer por completo o domingo, como não podem vencer o sono. Conservamos certa cadência da semana e também temos nosso calendário. Em primeiro lugar, nosso grande calendário, que dividimos em fases. Onze de novembro; depois, o Natal. A seguir, a Páscoa: as grandes datas mitológicas do final. Mas há refúgios mais modestos: os domingos. Graças a eles, sabemos que quatro, cinco domingos transcorreram e que, com certeza, o tempo tem passado; ganhamos tempo. O período de folga é tão reduzido em nossas vidas, estamos tão alijados do mundo onde alguma coisa acontece que a terça-feira é totalmente calcada na segunda, a quarta na terça e assim por diante, sem qualquer distinção. Apenas o domingo pode nos desgrudar dessa cola homogênea, nela introduzir quebras, de modo que uma parte possa ser irremediavelmente relegada ao passado. Acariciamos este passado à medida que ele se estende. A única certeza possível se acha atrás de nós.

Tal como o dia termina, a semana também termina, o mês termina. Mas esse intervalo pode ser mais reduzido. Nove horas da manhã na fábrica; três horas já se passaram, falta metade para chegar o meio-dia: meio-dia, a metade do dia. Depois do meio-dia, as horas se tornam mais e mais preciosas, engolimos literalmente as horas; quatro horas: duas, ainda. Nove horas da manhã, era um outro mundo. Como pudemos estar aqui às nove horas da manhã tendo ainda pela frente dez horas de trabalho na fábrica? Como pôde cada hora passar? Para começar, a primeira hora, das seis às sete, durante a qual foi preciso aceitar o dia, entrar nele. Uma espécie de segurança nos invade por termos conseguido. A hora que se segue é muito comprida; não é possível ainda avaliar o que ficou para trás, é muito pouco. A pausa às nove horas etc. Seria possível, assim, imaginar que se permanece tão alheio ao que se faz que se atravessa o dia a calcular os quartos de hora passados e futuros, e que se passa o tempo a contar o tempo. Na realidade, é nos momentos de descanso que o tempo aparece nu, tão impossível de transpor quanto o vazio. Mas, olhando a peça, o tempo passa; martelando, o tempo passa; apanhando na cabeça, o tempo passa; indo à latrina, o tempo passa; espiando o rosto odiado, o tempo passa.

— *Alle raus!* (Todos para fora!)
Os kapos foram à barraca dos SS. Receberam as ordens.

— *Alle raus!*
Ninguém se mexe. A porta está aberta, vemos a luz do dia. Devem ser mais de sete horas. Já transpomos os limites do proibido. Pouco importa que o kapo grite. Ficamos duas horas a mais na palha, extraímos alguma coisa do impossível. Ele berra de uma ponta a outra da igreja: *Alle raus! Alle raus!*, mas não nos mexemos. Apesar do Schlag, não é o suficiente. Só alguns vão apanhar, os demais não se mexerão.

Então o SS tornou-se necessário. O SS vem. Deu-se mesmo ao trabalho. O seu poder delegado não conseguiu nos fazer levantar. Foi preciso que ele mesmo aparecesse. A máquina enferruja. Então não sabemos? Mas também sabemos muito bem o que vai acontecer se quisermos bancar os engraçadinhos.

Desta vez, nos levantamos. Lá está ele. Não entra. Fica na porta, meio de lado, de modo que o vejamos, seu Schlag na mão, mas sem bloquear a passagem. Não parece furioso. Mas, quando um sujeito, retirando a boina, passa às pressas perto dele, ele o põe em ação. Bate com uma força fria que nem a cólera poderia aumentar. Para atingir o agrupamento, na praça, é preciso passar por ele. Ficamos então cá dentro, tentando nos camuflar, à espera de que ele se afaste ou se vire. Mas o kapo, que espancava os presos no fundo da igreja, vem em nossa direção: *Raus! Los!* É preciso sair. O SS continua lá. Se passarmos sozinhos, apanharemos com certeza. Quanto mais demoramos, porém, mais riscos corremos. Cinco ou seis precipitam-se em bloco, aos empurrões. Ele bate. Mas só pode atingir um de cada vez. Enquanto desfere o golpe, os outros passam. A operação se repete.

Aos poucos todo mundo sai, exceto os doentes, sempre estendidos sobre a palha, no fundo da igreja. Ficamos na praça mais de meia hora. Frio e vento terríveis. Não tem trabalho, mas mesmo assim não entraremos. É preciso que não tenhamos ocasião de mostrar o menor sinal de surpresa e contentamento. Como demora! Não voltaremos para o bloco de manhã. Iremos às pedras.

É fácil identificar os domingos no campo. A estrada, as campinas e os arredores dos bosques ficam desertos. O céu está muito escuro. O pequeno círculo de colinas se fecha ao derredor. Devem nos ver como bonecos mecânicos. Vistos de perto ou de longe, não pesamos, não exercemos influência sobre as coisas.

Aquele que, ladeando os arames farpados, vem pela estrada, pequenina silhueta negra sobre a neve, é uma força da natureza. Se ele, porém, nos vê atrás dos arames farpados, se acaso lhe ocorre imaginar que é possível ser outra coisa na natureza além de um homem que caminha livre pela estrada, se embarcar nesse pensamento, arrisca-se rapidamente, então, a se sentir ameaçado por todas essas cabeças raspadas, por todas essas cabeças das quais ele não tem qualquer chance de vir a conhecer uma sequer, e que lhe são o que há de mais desconhecido na terra. Para ele, esses homens talvez contaminem as árvores que cercam de longe o arame farpado, e o que vem pela estrada correrá o risco de se sentir sufocado pela natureza inteira, como se esta se fechasse sobre ele.

O reino do homem, agente ou significante, não cessa. Os SS não podem mudar nossa espécie, trancafiados eles próprios nesta espécie e nesta história. *É preciso que tu não sejas*: uma enorme máquina foi montada a partir dessa absurda e idiota vontade. Queimaram homens e há toneladas de cinzas. Podem pesar às toneladas essa matéria neutra. *É preciso que tu não sejas*, mas não podem decidir, em nome daquele que em breve será cinzas, que ele não é. Devem prestar contas de nós enquanto vivermos, e depende ainda de nós, de nossa obsessão em ser, que, no momento em que acabarem de nos fazer morrer, tenham a certeza de terem sido completamente roubados. Tampouco podem deter a história que há de tornar essas cinzas secas mais fecundas que o gordo esqueleto do *Lagerführer*.

Nós tampouco podemos fazer com que os SS não existam ou não tenham existido. Eles terão queimado crianças, queimado deliberadamente. Não podemos fazer com que não o tenham desejado. São uma potência, assim como o homem que caminha pela estrada e assim como nós, pois mesmo agora não podem nos impedir de exercer nosso poder.

Certa manhã, com efeito, já faz um mês — alguns dias depois de nos ter dito *langsam* —, o renano entrou num dos vãos entre as fileiras de estantes do depósito do subsolo. Estávamos lá, eu e Jacques, na triagem das peças. Ele nos estendeu a mão. Isso também merecia o *Lager*. Nós a apertamos. Alguém vinha e ele a retirou. Naquela manhã, ele tinha certamente necessidade de nos apertar a mão. Cuidou de fazê-lo logo após sua chegada à fábrica. Aproximou-se de nós. Vinha sombrio, tímido. Senti seu odor de homem limpo, de terno limpo, e esse odor incomodava. Estávamos muito perto dele. Para qualquer outro, além de nós três, era um alemão que dava aos *Haeftling* instruções sobre o trabalho; olhos mortos que passavam pela roupa listrada, uma voz que dava ordens às mãos cativas.

Tínhamos nos tornado cúmplices. Mas, ao se aproximar, seu intuito era mais buscar uma segurança, uma confirmação, do que nos encorajar. Vinha compartilhar nosso poder. Nada podia prevalecer sobre esse aperto de mão: nem os latidos de milhares de SS, nem todo o aparato dos fornos, dos cachorros, do arame farpado, nem a fome, nem os piolhos.

Era diante de nós que o âmago da alma SS podia se mostrar melhor. Por outro lado, este outro alemão talvez nunca, em anos, tenha se sentido tão ele mesmo quanto ao apertar a mão de um de nós. E esse gesto secreto, solitário, não tinha, no entanto, um caráter privado, em oposição à ação pública, imediatamente histórica dos SS. Qualquer relação humana entre um alemão e um de nós era sinal de uma revolta deliberada contra toda a ordem SS. Não se podia fazer o que o renano havia feito — isto é, agir como ser humano em relação a um de nós —, sem com isso classificar-se historicamente. Negando-nos como homens, a SS havia feito de nós objetos históricos que não poderiam mais, em hipótese alguma, ser objeto de meras relações humanas. Essas relações podiam ter graves consequências, dada a impossibilidade de sequer sonhar estabelecê-las sem tomar consciência da enorme interdição contra a qual era preciso rebelar-se para fazê-lo. Era necessário ter se abstraído tão completamente da comunidade, reforçada ainda pela luta, ter a tal ponto aceitado incorrer na desonra, na ignomínia da deserção, na própria traição que, mal esboçadas, essas relações se tornavam imediatamente história, como se fossem os próprios caminhos, estreitos, clandestinos, que a história era aqui forçada a tomar.

É uma espécie de pedreira, não longe da igreja, mais abaixo. É preciso extrair as pedras e transportá-las numa carroça até o campo em construção, perto da fábrica.

Uma parte dos detentos deve extrair as pedras; outra, empurrar a carroça. Não há, contudo, enxadas suficientes. A maioria dos que não empurram a carroça bate os pés no chão, de frio. Nada temos que fazer, mas é preciso permanecer do lado de fora, apenas isso importa. Devemos permanecer aqui, aglomerados em pequenos grupos, trêmulos, os ombros encolhidos. O vento penetra nos uniformes, o maxilar se paralisa. É magro o feixe de ossos, já não há quase carne por cima. Apenas a vontade subsiste no âmago, vontade desolada, mas a única que nos permite aguentar. Vontade de esperar. De esperar que o frio passe. O frio ataca as mãos, as orelhas, tudo o que se pode matar do seu corpo, sem fazer você morrer. O frio, SS. Vontade de ficar de pé. Não se morre de pé. O frio passará. É preciso não gritar nem se revoltar ou tentar fugir. É preciso adormecer por dentro, deixar o frio passar como a tortura; depois seremos livres. Apenas até amanhã, até a sopa. Paciência, paciência... Na realidade, depois da sopa, a fome substituirá o frio; depois o frio recomeçará e há de suplantar a fome; mais tarde os piolhos vão substituir o frio e a fome; depois a raiva sob a pancadaria substituirá os piolhos, o frio e a fome; depois a guerra que não termina vai substituir a raiva, os piolhos, o frio e a fome; e haverá um dia em que o rosto no espelho voltará a berrar "Ainda estou aqui". E todos os momentos que, em sua língua incessante, encobrirão piolhos, morte, fome, rosto; e o espaço intransponível terá, por sua vez, encerrado tudo no círculo das colinas: a igreja onde dormimos, a fábrica, as latrinas, o lugar dos pés e o da pedra que, pesada, congelada, é preciso descolar com as mãos insensíveis, entorpecidas, erguer e jogar na carroça.

Tornamo-nos muito feios de se ver. Culpa nossa. É porque somos uma peste humana. Os SS daqui não têm judeus nas mãos. Nós ocupamos seu lugar. Eles têm o frequente hábito de lidar com os culpados de nascença. Se não fôssemos a peste, não seríamos roxos e cinzentos, ergueríamos corretamente as pedras, não ficaríamos vermelhos de frio. Enfim, ousaríamos encarar o SS, modelo de força e de honra, sustentáculo da disciplina viril, que apenas o mal tenta elidir.

A dona da granja que vive ao lado da igreja pôs um vestido de domingo e botas. Ela é corada, forte, sempre ri quando nos vê... Nunca imaginou que um dia, ao lado da granja, haveria um grupo de sujeitos tão ridículos. Graças aos seus SS ela pode ver isso.

Seu filho, da Juventude Hitlerista, veste hoje o uniforme com o punhal e a braçadeira de suástica. Manca um pouco, isso o enrijece. Tem uma carinha inacabada de imbecil imberbe. Raramente vimos uma tão bela. Ele também se orgulha de seus SS.

Vez por outra, a dona da granja mata um frango para o *Lagerführer*. O pescoço, a cabeça e a crista do frango estão no chão, jogados perto do muro da granja.

O filho traz o frango para o SS. Conversa seriamente com ele enquanto nos observa. Estende a perna e cruza os braços. Deve ter uns dezesseis anos. Pela primeira vez na vida vê russos, poloneses, franceses, italianos...

"A Alemanha é um grande país. Conseguimos trazer muitos homens como esses para a Alemanha. Claro que o Führer poderia ter mandado matá-los. Mas o Führer é um homem bom e paciente. De qualquer modo, é repugnante ser feio desse jeito. Que razões pode ter o Führer para deixar vivos sujeitos tão feios? Quando tem um panelão de sopa no meio do pátio, eles pulam todos em cima, gritam, se atracam. *Scheisse, Scheisse!* Quando os homens deixam de ser disciplinados, dá para pensar que merecem viver?

Os inimigos da Alemanha são isso aí? Uns parasitas, não inimigos. A Alemanha não pode ter inimigos assim. Será que pensam alguma coisa? Quando eu faço perguntas ao SS a respeito deles, ele faz uma careta — às vezes ri — e responde *Scheisse!* Se insisto, ele responde que não tem grande coisa para dizer. Parece não pensar muito neles, na verdade, parece não pensar nada deles."

O pequeno imbecil nos olha, amontoados na pedreira. Vai falar com uma sentinela, um velho, que preferia estar em casa. O imbecil não compreende como a sentinela não tem um monte de coisas a lhe contar e nos deixa assim, como um rebanho, ruminando o nosso trabalho. Entretanto, ele usa o uniforme da Juventude Hitlerista, pode-se lhe contar as coisas. O velho olha um pouco enviesado. O pequeno imbecil diz a si mesmo que não deve ser divertido fazer a guerra assim, como guardador de rebanho. O velho não pensa nada da guerra. Tem nas costas um casaco de pele do front russo. O fuzil no ombro, não tem vontade de atirar em nós, nem mesmo de nos chatear. O imbecil passeia a mão sobre seu punhal; não consegue desgrudar os olhos de nós. A sentinela devia ter vontade de mandá-lo se foder, mas talvez a granjeira tenha um pedaço de porco sobrando e o garoto é da Juventude Hitlerista.

O imbecil pensa que a sentinela o toma por um pirralho e se vai, teso.

No buraco da pedreira, uns dez homens se juntam num aglomerado compacto para se proteger do frio. Os que estão por fora tentam se aprofundar na massa humana. A mandíbula paralisada de frio. Quando se tenta falar, a língua enrola as palavras. Travamos uma minúscula batalha para ganhar ou defender centímetros, para entrar no meio do bolo ou ali se manter. Coagulados. Esfregamo-nos uns contra os outros, não cessamos de tentar expulsar o que está no meio, numa luta surda — sem reclamar, sem dizer senão um eventual "babaca!" a ele —, até que ele, por sua vez, sirva de para-vento, pegando o frio fora do aglomerado. De vez em quando escutamos alguém começar a rir de frio. É como se seu rosto estalasse. Na parte de fora, nos sentimos nus. Sempre a angústia por causa dos pulmões. Nunca tínhamos pensado nisso assim. Não dá para saber se estamos prestes a pegar a doença. Os pulmões não registram a mordida do frio. O reino do frio se estende em silêncio e sem brutalidade. Não é de pronto que saberemos se estamos condenados à morte; mais tarde, constataremos que não podemos mais resistir. Não mandamos, nada podemos exigir dos pulmões. Nem o desejo nem a prece podem nada contra o frio. O frio tem mais poder que a SS.

O *Blockführer* SS — assistente do *Lagerführer* — veio ao nosso encontro. É um sujeito grande de ombros largos, a clássica cara do ariano das estátuas gigantes produzidas pelos nazis.

A aglomeração se desfez. Vamos para junto da parede da pedreira e, com a ponta dos dedos inchados — mal se consegue fechar as mãos —, pegamos uma pedra e carregamos até a carroça, que aguarda. A sentinela se aproxima. *Los, los!*, diz, sem grande convicção. Não tem o hábito de gritar. As pernas abertas, os jarretes retesados, o chicote na mão, o quepe com a caveira sobre os olhos, o SS observa.

"Pobre idiota, você não enxerga nada. Se eu pudesse, neste momento, agarrá-lo pelo colarinho, sacudi-lo, a primeira coisa que gostaria de fazê-lo compreender é que eu, em minha casa, tenho uma cama, tenho uma porta que posso fechar à chave e onde alguém pode bater, se quiser me ver. E que, entre esses sujeitos que você vê aqui, não existe um sequer cujo nome já não esteja numa lista, lá longe, aguardado, que alguém não queira beijar, b-e-i-j-a-r. Inimaginável, hein? E são moças, iguais às moças alemãs, pelas quais alguns homens estariam dispostos a morrer, cujas imagens foram fixadas em fotografias e que alguém olha, neste momento, em casas aquecidas, que agora são velhotas de uniformes listrados, todas parecidas com este parasita à sua frente. E há velhas como sua avó, e mães como a sua, que pariram como a sua, de cujo ventre você saiu, que se atracam para comer e que tinham cabelos grisalhos antes de serem raspados. Que fomos crianças que berravam e por quem se enterneceram, tanto

por você quanto por mim! Que alguém um dia pudesse dizer que você era 'engraçadinho', pequeno SS! Se lhe dissessem isso, você responderia, brincalhão: *Ja wohl!*, e diria que agora você é um SS e que os da sua idade são SS."
A crença é a de que se teria prazer em matar o SS. Mas, ao se refletir um momento, constata-se o engano. Não é tão simples. O que se gostaria é de começar por virá-lo de pernas para o ar. E rir, rir muito. Os homens, nós, os seres humanos, também gostaríamos de brincar um pouco. Logo nos cansaríamos, mas é disso que gostaríamos: virá-lo de ponta-cabeça, os pés para cima. É o que tínhamos vontade de fazer aos deuses.
A carroça, que havia partido para o campo, está de volta. Que se há de fazer? Uns escavaram, arrancaram pedras que outros jogam na carroça, que outros ainda empurram até o campo. É o que fazemos, sem mal perceber. Sabem-no os kapos e os que vão pela estrada; é isso o que devem ver. Quanto a nós, já esquecemos. A sentinela também.

Ao voltar da pedreira, tomamos a sopa. Uma das mais aguadas desde nossa chegada. Sempre o mesmo processo: primeiro, tomamos o líquido, os poucos pedaços de batatas ficam no fundo; após ter bebido o líquido, esperamos um instante, olhamos o montículo de batatas no fundo da gamela e depois o atacamos. Depois sobra apenas o fundo da gamela, o metal que raspamos e que ressoa.
Na tarde deste domingo, nos deixaram tranquilos. Fazia muito frio na igreja; espichei-me no colchão de palha, enrolado em minha coberta; René, sentado no mesmo colchão, escrevia seu diário.
O cego, que dorme na cama vizinha à minha, colocou uma coberta nas costas e foi até um amigo que cochilava um pouco mais adiante. Fez-lhe uma verdadeira visita. Esperava que ele tivesse coisas a lhe contar. Mas o outro quase imediatamente se pôs a comer um pedaço de pão que guardara desde a manhã. Olhava o pão diminuir e não via mais nada.
Quase não saiu de seu mutismo senão para confirmar que Colônia ainda não tinha sido tomada, que o Natal tinha ido para

o caralho. Ele ainda não ousava prever a que altura da primavera aquilo terminaria. Não sabia se ainda estava muito longe ou bem perto.

— Mas quantos aviões, naquela noite! Devem ter soltado um bocado de bombas a julgar pela cara dos *Meister* no dia seguinte!

O cego escutava avidamente. Não havia visto a cara dos *Meister*. Teria gostado se o outro lhe contasse mais. Mas o colega tinha sono. Deixava morrer a conversa. Então o cego se irritou.

— Você é um frouxo — disse-lhe.

O cego fica sozinho o dia inteiro na igreja. Deixam-no quieto no seu canto. Passa o tempo a nos aguardar, esperando que alguém lhe traga uma novidade. Para ele, fazemos parte do mundo lá fora. Mesmo que um sujeito, para se livrar dele, conte uma história do arco-da-velha, agarra-se à história passando-a adiante, perguntando as opiniões. Dizemos a ele que é mentira, que já estamos de saco cheio, que não queremos mais acreditar em nada a não ser no comunicado alemão; que já fazia três meses anunciaram que Colônia tinha sido tomada e até agora a cidade continuava nas mãos dos alemães. Então ele resmunga, chama-nos de derrotistas. Diz que, na certa, nos divertimos aqui, que nenhum de nós deve ter vontade de ir embora, não temos nada na barriga porque assim queremos, temos olhos para ver e mesmo assim não tentamos fugir. Ele não quer mais ficar aqui. Prometeu pão a um eletricista para que lhe faça uma bússola, haverá de se evadir com um parceiro. Ainda não encontrou esse parceiro.

Repetiu isso tudo ao outro, que nem respondeu. Então disse que estávamos todos completamente embrutecidos. Depois disso, o outro não mais reagiu.

Louro, ainda não muito magro, a cabeça curvada na direção das mãos, o cego ficou sentado um momento na beirada da palha. A coberta que trazia nas costas subia-lhe pela nuca. Não dizia mais nada. Mais uma vez, talvez por ser domingo, e por achar que os colegas, por terem um pouco mais de tempo, não o dispensariam, alimentara a esperança de que fazer uma visita resolveria alguma coisa. Era-lhe impossível não crer que aquele que enxergava tivesse mais motivos para ter esperança; que devesse pelo menos estar mais a par do futuro imediato da guerra do que ele, que era cego e precisava imaginar. Como se, graças a nossos olhos, pudéssemos ter percebido a guerra e o tempo melhor que ele. Mas o outro estava com vontade de dormir: segunda-feira, fábrica; terça-feira, fábrica; fábrica-sopa, fábrica-sopa-cama; ele abandonava o cego.

Este, cabisbaixo, acabou se afastando. Tateando, voltou ao seu lugar. Sentou-se. Eu continuava deitado. Não me mexia. Nada disse. Mas deve ter sentido, pela minha respiração, que eu não dormia.

— E você, que acha da guerra? — perguntou, esticando a cabeça na minha direção.

— Nada, sério, não sabemos de nada.

René continuava escrevendo, não escutava.

— Eu acho que em dois meses termina.

Nada respondi.

Ele recomeçou:

— Que nojo, vocês estão cada vez mais desanimados, vocês todos!

Era cansativo, mal respondíamos. Para escapar às perguntas, perguntei se enxergava melhor. Disse que distinguia a luz e, onde eu estava, via uma sombra.

Pelo corredor da igreja circulavam alguns sujeitos curvados, a coberta nas costas. Quase todos, contudo, estavam deitados. No domingo, não ganhávamos sopa à noite. Naquele dia nada mais havia a esperar, até o pão da manhã seguinte.

O cego levantou-se e foi até a extremidade de seu colchão de palha. Tateou a caixa na qual guarda o pão. Abriu-a e pegou o pedaço que sobrava. Sentou-se, em seguida, e tirou do bolso o canivete. Eu o observava. Seus gestos eram lentos, exatos, tão precisos como se visse o que fazia, como eu mesmo o via. Era como se dividisse o pão.

Abriu o canivete, cortou o pão em três. René continuava escrevendo. Eu olhava os pedaços de pão em suas mãos. Apalpou-os para calcular o volume. Nada dizia. Era angustiante. O que esperava? Apalpava o pão. Aquilo ia se tornando terrível. Estendeu um pedaço. Peguei-o. Estendeu mais um, dando uma cotovelada nas costas de René. Este se virou e viu a mão do cego estendida, o pão entre o polegar e o indicador. O rosto de René se descompôs. Pegou o pão. O cego não disse nada; o rosto inalterado. Ele era poderoso. Tal como uma mãe.

Cortei um pedacinho; René e o cego também. A princípio não nos olhamos, cada um comia, mas era a mesma coisa para cada um. Mastiguei devagar. O pão resistiu um pouco. Eu mastigava, mastigava com todo o meu corpo. Colônia tomada ou não, eu mastigava. O fim da guerra em dois meses ou em um ano, naquele momento eu mastigava. Sabia que a fome não me deixaria, que sempre teria fome, mas mastigava; era o que importava, nada mais.

O pão se tornou úmido, uma pasta se formava na língua. Eu olhava o que ainda restava na mão. Depois, comecei a engolir aos poucos o que tinha na boca. Custou.

Já nada sobrava na boca. Parei um instante. Em seguida, cortei um pedaço menor, mas, antes de enfiá-lo na boca, olhei o que restava na minha mão. Recomecei a mastigar.

René parou um instante; após ter olhado o pão que segurava, olhou o meu e, em seguida, novamente o seu. Eu também olhei o dele. Vigiávamo-nos, tentávamos manter o mesmo ritmo de mastigação para que um não ficasse sozinho, sem pão, enquanto o outro ainda mastigava.

O cego já havia terminado. Comera o seu pão em pedaços grandes, sem tanto cuidado. Deitara.

Eu estava imóvel; mastigar era como um sono profundo. Dali a pouco, só teria a faca na mão. Não teria mais pão, e pão não se pode criar, não se pode encontrar em lugar nenhum, por nenhum meio. Mesmo as migalhas de pão, o pão que sobra na mesa depois da comida, o pão que certas mulheres não comem, o pão jogado nas lixeiras, o pão muito velho, duro como pedra, não se pode

inventá-lo. Esperei um momento. Perguntei-me se devia cortar em dois cubinhos o pedaço que me restava. Hesitei. René disse:
— Quando acabar, acabou.
E engoliu o último pedaço.
Não cortei o meu em dois. Achei que, no final, valia mais a pena ter um pedaço grande na boca. Mastiguei-o muito tempo, a cabeça imóvel, depois o amassei entre a língua, o palato e as bochechas; desagregou-se pouco a pouco e acabei engolindo. Fechei o canivete na mão direita. Na esquerda, não tinha mais pão. Não tinha mesmo. Podia procurar pelo chão, pigarrear, imaginá-lo tal como foram jogados fora, visualizá-lo nas côdeas que os frangos comem, na casca onde metemos veneno de ratos, nas migalhas que limpamos da toalha com a mão ou sacudimos das calças. O pão não existia. Não havia mais nada para mastigar. Nada. Nenhuma outra falta evoca tanto esta palavra: nada.

A fome já nos aprisiona. Não sofremos mais. Não dói em lugar nenhum, mas estamos obcecados pelo pão, pela quarta, pela quinta parte de um pedaço de pão. A fome não é outra coisa senão uma obsessão.

Quando chegamos a Fresnes, durante dois dias não pudemos comer; alguns dias depois, já catávamos as migalhas.

Também ao chegar a Buchenwald não tínhamos muita fome. Depois, pouco a pouco, nos pusemos a preservar o pão. Quando um colega bem-servido dava metade da sua sopa, esta metade nos tornava ricos, esse dia ganhava toda a aparência de um dia bom. Ao acordar, então, quando recebíamos o pão, o cortávamos em fatias que cobríamos de margarina e comíamos; mas ainda não nos torturávamos imaginando que, alguns instantes mais tarde, já não teríamos pão. A fome era suportável; um halo, dentro do qual ainda não nos sentíamos muito desconfortáveis.

Começou aqui, em Gandersheim. A sopa de Buchenwald era magnífica comparada a esta daqui. Mas não existe um momento preciso em que isso deslanchou. A fome foi ganhando espaço, pouco a pouco, secretamente, e agora estamos obcecados. Quando o marceneiro volta da cozinha com uma gamela cheia de batatas, olhamos a gamela, não vemos outra coisa. É preciso tomar a decisão de não mais olhá-la, o que exige um verdadeiro esforço. Agora, nos acotovelamos na fila do pão. É preciso esforço para preservar ao menos uma fatia para a noite. Ao recebê-lo, antes mesmo de tocá-lo, sabemos que é perecível, já acabrunhados por ter de comê-lo. O pão não envelhece como a carne e a beleza, ele não dura, destina-se apenas a ser destruído. Está condenado antes de nascer. Eu poderia calcular a quantidade que seria preciso destruir para viver cinco, dez anos... Há montanhas de pão, anos-pão entre nós e a morte.

A aparição do pedaço de pão é a aparição de certo futuro garantido. O consumo do pão é o próprio consumo da vida; rejeitamos o risco, o vazio, a fragilidade de cada segundo.

Seria preciso guardá-lo, olhá-lo, conseguir esperar. Se pudéssemos sempre guardar um pedaço na caixinha de madeira atrás do colchão de palha, poderíamos nos acalmar. Mas quase nunca o guardamos. E, se isso acontece, o colega que comeu o seu todo de uma vez, pela manhã, fica amargo e diz: "Você é um idiota de guardar seu pão. Eu o como todo de uma vez e depois não penso mais nisso. Os que cortam pequenas fatias, cubinhos, me fazem rir. Isso não é digno de um homem. Eu o como deliberadamente em dentadas normais. Assim, ao menos, sentimos alguma coisa enquanto comemos, e depois não se pensa mais nisso."

À noite, ele olha o pão que o outro guardou. Não tem mais nada, enquanto o outro ainda tem alguma coisa. Acha o cara um medroso, um aproveitador, que capitaliza o pão; gostaria de acreditar que é um desses sujeitos que não têm fome, ou que talvez se vire de outro jeito, que têm conluios. De todo modo, acha que o outro é um canalha por tirar o pão diante do colega que teve a "coragem" de comer o seu de uma só vez. Naturalmente, não lhe dará um pedacinho. Não é ele o filho pródigo. Não é ele que correrá o risco de não ter nada à noite. Não é o tipo que diz: "Merda, quando acabar, acabou!" Esse aí nunca tem as mãos vazias. Quase merecia ser roubado. É preciso comer o pão de uma vez, pensa o colega, porque temos fome e um homem são, quando tem fome, come seu pão. Depois, é preciso ser como os outros, não ter tesouros escondidos, é preciso não ter mais nada na mão; é preciso ter fome como os colegas; nada, como eles.

"*Nicht gut Kamerad*", disse-me um dia um russo, porque à tarde eu ainda tinha um pedaço do pão da manhã no bolso.

Esperamos a sopa no pátio da igreja. Conversamos.
— Estava ótima ontem. Fui bem-servido: cinco pedaços de batata — diz um sujeito.
— Eu só ganhei água — responde outro. — Um único pedaço de batata. É a quarta vez que só ganho água.

Um terceiro:
— Ontem não fui malservido. Mas anteontem era Jeff, eu não me dou com ele, e ele não revirou o fundo. Sempre pega a parte de cima quando me serve.

O primeiro retoma:
— Parece que chegou farinha.
— Não se anime, não é para a gente.
— Se continuar deste jeito, em três meses metade estará morta.
— Lucien não vai morrer. Ontem, mandou para dentro quatro gamelas.
— E os kapos? O gordo, Ernst, enche a barriga de sopa ao meio-dia na cozinha e depois, na fábrica, come pedaços de salsicha deste tamanho.

Eles se calam.
— Sopa de leite esta noite — recomeça um deles, lentamente.
— Merda, vamos mijar a valer. Não vamos conseguir dormir. Da última vez levantei seis vezes de madrugada.
— É preciso tentar ser o último para pegar a sopa mais grossa.
— Agora não tem mais sopa de favas — comenta aquele que anunciara a sopa de leite.
— Puxa, era gostosa. Com ela dava para aguentar.
— Em Buchenwald era mais grossa.

— Não vai dar para se aguentar com essa comida.
Este falou calmamente.
— Melhor cinco anos em Fresnes do que um mês aqui — recomeça outro.
— Só um idiota para fazer essas comparações.
— Você viu como os polacos comem? Eles se viram bem na cantina dos SS.
— Todos os dias repetem.
De perto intervém uma voz forte:
— Calem a boca um pouco. Não encham. Sabemos que não vamos comer. Sabemos que temos fome. Esperem para ver como vai ser daqui a três meses. Fechem a matraca, vão ficar loucos. Querem comer? É mole: vão lamber o cu dos kapos; lavem os lenços deles e tudo o mais. Na fábrica, puxem o saco do *Meister*, mostrem a ele que o colega não trabalha. Não estão interessados? Então não vão comer. Mas não fiquem falando disso o tempo todo. Vocês são prisioneiros políticos, porra. Não compreendem que a Resistência continua? Vocês estão deixando todo mundo deprimido.

O que fala assim também tem fome. É bem alto, largo. Nós o chamamos de Jo. Os ossos aparecem em seu rosto. Um quarto de fatia de pão e caldo de sopa para sustentar esse tronco imenso. Seu corpo começa a se devorar.

Quando chegamos aqui, a maioria ainda conseguia pensar em outra coisa além da fome. Agora viramos sonâmbulos. Uma massa envelhecida, empurrada adiante, de um lado para outro; do pão à fábrica, da fábrica à sopa, da sopa ao colchão de palha.

Sempre o peso da barriga vazia, os maxilares imóveis, a opressão dos ossos. Os dentes continuam brancos, prontos para mastigar o que lhes derem, o aparelho continua engrenado e calmo como as máquinas a vácuo que não se movem. Só vai parar na morte.

À noite, de vez em quando, antes de se deitar, alguém dá umas voltas no pátio, diante da barraca da cozinha. Não sabe bem o que espera. Vai até o pátio para ficar perto da cozinha. Talvez alguém

saia de lá. O sujeito se aproximará de quem sair e, num momento de loucura, pode lhe perguntar se ele não tem nada para comer. É simples perguntar a um cozinheiro se ele não traz um pedaço de pão. Mas ao outro só restará olhá-lo como quem olha um louco. O mais gordo, o de barriga cheia, o que não tem fome, também conhece o preço do pão; sabe seu preço para aquele que tem fome e atribui ao seu o mesmo valor; não é simples dar um pedaço. Assim, aquele que tem fome e pede de comer ao que não tem fome é um louco, pois a comida — mesmo se alguém está satisfeito e trabalha lá dentro — é rara e deve ser conquistada por "mérito" (lá longe também o dinheiro é sempre considerado por aqueles que o possuem como algo "merecido").
  Se um kapo sai da cozinha e vê o sujeito, pergunta o que ele faz ali. O sujeito não responderá. Não poderá, de qualquer modo, responder que tem fome. O kapo o agarrará pelas costas do casaco e o empurrará para dentro da igreja. O sujeito se encontrará no corredor; caminhará devagar rumo ao seu colchão de palha olhando para o chão.
  Não há solução. Ele não sofre. Nenhuma dor. Mas o vazio está no peito, na boca, nos olhos, entre os maxilares que se abrem e se fecham sobre o nada, sobre o ar que entra na boca. Os dentes mastigam o ar e a saliva. O corpo está vazio. Nada além de ar na boca, na barriga, nas pernas e nos braços que murcham. Procura um peso para o estômago, para escorar o corpo no chão; está leve demais para se manter de pé.

Não se deve ficar diante desse muro. Não se deve falar disso. A fome não é outra coisa senão um dos meios da SS. Contra a fome, a revolta seria tão vã quanto contra o arame farpado, contra o frio. Ela deforma o rosto, arregala os olhos... O rosto de Jacques, o estudante de medicina, não é mais aquele que conhecemos ao chegarmos aqui. Está encovado, cortado por duas largas rugas e por um nariz afilado como o dos mortos. Ninguém imagina lá longe, na casa dele, as esquisitices que esse rosto podia esconder. Lá longe, olham sempre a mesma fotografia, esta fotografia que não é mais de ninguém. Os colegas dizem: "Eles não fazem ideia", e sonham com os inocentes lá de longe com seus rostos inalterados, que habitam um mundo de abundância e de solidez, cujos sofrimentos consumados parecem um luxo extraordinário.

Transformamo-nos. Cara é corpo à deriva, bonitos e feios se confundem. Em três meses, estaremos ainda mais diferentes, distinguiremos ainda menos uns aos outros. E, no entanto, cada um continuará a conservar, vagamente, a ideia de sua singularidade.

E, como aqui é impossível não entender essa singularidade, poderíamos algumas vezes acreditar estarmos fora da vida, numa espécie de férias horríveis. Mas é uma vida, nossa verdadeira vida e não temos outra para viver. Pois é exatamente assim que milhões de homens e seu sistema querem que vivamos e que outros aceitem. É aqui que se cumprem e se interrompem destinos verdadeiramente singulares. A última visão dos que morrem é daqui. Já agora, quando pensamos, tiramos todo o material desta vida, não da antiga, da "verdadeira". Logo, é preciso lutar também para não se deixar cair no anonimato, para não cessar de exigir de si o que não se exige do outro. Descobrimos que podemos nos abandonar como antes jamais imaginaríamos possível.

Jacques, preso desde 1940, cujo corpo apodrece, coberto de furúnculos, nunca disse e não dirá jamais "para mim chega"; sabe que, se não se virar para comer um pouco mais, vai morrer antes do fim. Jacques, que já caminha como uma caveira e que assusta mesmo os colegas (porque nele veem a imagem do que serão em breve), nunca quis e não quer jamais fazer o menor tráfico com um kapo para comer. Jacques, que os kapos e os médicos militares odiarão cada vez mais porque está cada vez mais magro e seu sangue apodrece. Jacques é o que, na religião, chamam de santo. Ninguém jamais imaginara, em sua casa, que ele podia ser um santo. Não esperam o retorno de um santo, mas de Jacques, o filho, o noivo. Eles são inocentes. Se ele voltar, terão respeito por ele, pelo que sofreu, por aquilo que todos sofremos. Vão tentar recuperá-lo, transformá-lo em marido.

Sujeitos, talvez lá longe respeitados, tornaram-se horríveis para nós, mais horríveis que nossos piores inimigos de lá. Há também aqueles de quem não se esperava nada, cuja existência lá longe era a de um homem sem história e que aqui se mostraram heróis. É aqui que conheceremos tanto a estima mais completa quanto o desprezo mais definitivo, o amor e o horror pelo ser humano, com uma certeza mais absoluta do que nunca em nenhum outro lugar.

Os SS que nos confundem não podem nos levar a nos confundir. Não podem nos impedir de escolher. Aqui, ao contrário, a necessidade de escolher é desmesuradamente crescente e constante. Quanto mais nos transformamos, mais nos afastamos de lá, mais os SS nos acreditam reduzidos a uma indistinção e a uma irresponsabilidade da qual apresentamos a aparência incontestável, e mais nossa comunidade contém de fato distinções, e mais estas distinções são restritas. O homem dos campos de concentração não é a abolição destas diferenças, mas, ao contrário, sua efetiva realização.

Se fôssemos procurar um SS e lhe mostrássemos Jacques, poderíamos lhe dizer: "Olhe para ele, vocês fizeram este homem apodrecer, amarelar, o que deve ser mais parecido com o que vocês acham que ele é por natureza: o dejeto, o rebotalho. Vocês conseguiram. Pois bem, vamos lhe dizer o seguinte, que deveria fazê-lo cair morto, se 'o erro' pudesse matar: vocês lhe permitiram tornar-se o homem mais completo, mais ciente de seus poderes, dos recursos de sua consciência e do alcance de seus atos, o mais forte. Não porque os infelizes são os mais fortes, tampouco porque o tempo está a nosso favor. Mas porque Jacques um dia deixará de correr os riscos que vocês o obrigam a correr e vocês cessarão de exercer o poder que exercem; já nos é possível dar uma resposta à pergunta: se, num momento qualquer, puder ser dito que vocês ganharam. Com Jacques, vocês jamais ganharam. Queriam que ele roubasse, ele não roubou. Queriam que ele lambesse o cu dos kapos para comer, ele não o fez. Queriam que ele risse para se fazer notar, quando um *Meister* batia num colega, ele não riu. Queriam, sobretudo, que ele duvidasse se valia a pena apodrecer assim por uma causa, ele não duvidou. Vocês se divertem diante desse dejeto que se mantém de pé sob seus olhos, mas vocês é que foram enganados, humilhados até o tutano. Só lhes mostramos os furúnculos, as feridas, os crânios cinzentos, a lepra, e vocês só acreditam na lepra. Vocês afundam mais e mais, *'Ja wohl!* Tínhamos razão, *ja wohl, alles Scheisse!'*. Sua consciência está tranquila. 'Tínhamos razão, basta olhar para eles!' Vocês foram mistificados, e por nós, que os levamos ao limite do seu erro. Não desfaremos o engano, fiquem tranquilos, levaremos vocês ao limite da sua enormidade. Deixaremos nos levarem até a morte e ali vocês verão o parasita que morre.

"Não esperamos mais a libertação dos corpos, assim como não contamos com a ressurreição para ter razão. É agora, vivos e como dejetos, que nossas razões triunfam. É verdade que isso não se vê. Porém, quanto mais razão, menos ela é visível; quanto mais razão temos, menor a chance de vocês perceberem o que quer que seja. Não apenas a razão está do nosso lado, mas somos a razão condenada por vocês à existência clandestina. E assim podemos, menos do que nunca, nos inclinar diante dos aparentes triunfos. Compreendam bem o seguinte: graças ao que fizeram, a razão se transformou em consciência. Vocês refizeram a unidade do homem. Fabricaram a consciência irredutível. Condenando-nos, não podem jamais esperar chegar a conseguir que estejamos ao mesmo tempo em seu lugar e em nossa pele. Jamais ninguém aqui se tornará seu próprio SS."

Nesse mesmo domingo de dezembro, fui ao *Revier** visitar um amigo que está doente. O *Revier* não passa do fundo da igreja. Estamos separados apenas por um fino tabique. Aliás, é a parte mais fria da construção. Pelas aberturas sem vitrais, mal tapadas pelo papel alcatroado, entra um ar glacial.

Há uma dezena de beliches e os doentes estão deitados dois em cada colchão, como nós, cada um enrolado em sua coberta. Quase todos são italianos recém-chegados num transporte de Dachau. Também há alguns franceses. A maioria com pneumonia.

---

*Abreviação de *Krankenrevier*, palavra usada para designar as enfermarias nos campos de concentração. (N. da T.)

O único remédio no *Revier* é a aspirina; algumas vezes um tijolo ou uma pedra que esquentaram na cozinha.

Os beliches ficam colados uns aos outros, mal se consegue circular entre eles. O cubículo é mal iluminado por uma luz fraca. O chão é irregular. Não tem assoalho, é de terra.

Um italiano com febre alta, empapado de suor, mantém os dois braços nus, muito magros, fora da coberta. No rosto afilado, cuja barba escurece ainda mais a pele colada aos ossos, a boca está aberta, o mandíbula pende; os olhos brilham arregalados, fixos. De vez em quando balbucia palavras incoerentes. O corpo está sozinho com a febre. Nada há a fazer. Apenas podemos ver a febre seguir seu curso. Deixamos que aja, mas não podemos ficar perto dele. É tão insuportável quanto ver um homem se afogar. Muitos deliram e se agitam. O camarada que serve de enfermeiro tenta acalmá-los, falando-lhes baixinho. Também não pode fazer muito mais. Compreende que a maioria dos que ali estão morrerá diante dele. Ajuda-os a ir mijar e não os maltrata quando gritam; na verdade, gritam raramente. Às vezes lhe dão um pedaço do próprio pão. Graças ao pão dos doentes e dos que morrem, ele tem um pouco mais de bochechas do que os que trabalham.

Os doentes, toda manhã, ganham pão, até a morte. Os com muita febre não o comem logo. Guardam o pão debaixo do travesseiro do colchão de palha. Se um sujeito roubasse o pão de um doente, todo mundo acharia isso tão desprezível quanto roubar o leite de uma criança. Pouquíssimos seriam capazes de fazê-lo. Mas, quando vamos ao *Revier* e vemos um sujeito à morte segurando displicentemente o pão, como alguém esquecido de ter um pão, esquecido do que é aquilo, olhamos. O pedaço secou. É mais amarelo do que aquele que recebemos de manhã. Não lhe serve para nada, é visível. É terrível, terrível para o pão. Ele o segura frouxamente entre os dedos. É por isso que temos certeza de que vai morrer. Ele é alguém daqui, um de nós, para quem o pão se tornou inútil.

Nem o enfermeiro, nem os menos doentes tocam nesse pão que veem. Simplesmente esperam. Agora que ele vai morrer, o pão é sagrado, não mais como o leite de uma criança, e, sim, como uma herança. Talvez ele vá legar esse pão dado pelos SS que o matam. Se morrer sem doá-lo, sempre terá um para pegá-lo primeiro. Entretanto, com frequência, outros o terão visto. A contestação se dá então, breve, em voz baixa, porque o colchão de palha onde jaz o morto não fica longe.

— Ele não deu o pão para você. Vai ter de dividir.

E aquele que o pegou o dividirá em dois ou três, para os principais reclamantes, ou ainda responderá em tom abafado:

— É meu amigo; é a mim que pertence.

— A mim também; ele é meu amigo — poderá contestar o outro. Se decidiu guardá-lo, se tem muita fome, se esperou ansiosamente não ser visto para suportar a decepção de dividi-lo, o primeiro dará de ombros e ficará com o pão. Vai agarrar-se a ele e enfiá-lo no bolso. Sabe que a disputa não pode se prolongar, pois o colega morto jaz ali do lado.

Aquele que vim visitar não está muito doente. Sentei-me na beirada de sua cama. Seu vizinho de leito, um político francês, está à morte. Do outro lado do tabique, alguns sujeitos cantam — é domingo. O enfermeiro para perto do que agoniza e o olha. Os outros pacientes também acompanham a agonia.

Tiraram-lhe a boina; o rosto está ensopado.

— Não, Colônia não foi tomada. Mas não tem só Colônia. Seguem avançando. Não vai durar muito tempo. Em breve tomaremos um *café crème* no balcão, pode apostar.

É com o amigo, que não está muito doente, que falo assim. Sorri e retoma:

— É claro que não vai durar muito mais. Continuam descendo. Como avançam...

O moribundo geme. Ouvimos sua respiração. Meu amigo se interrompe. Lança uma olhada ao leito vizinho, aponta com a cabeça e comenta:

— Eles até podem matar todos nós, já ferraram esse aí. Mas a minha pele eles não terão. Eu sempre disse que voltaria para casa.

— O outro se contorce no colchão, a cara suada. Parece que a pele dele eles já a têm.

Os outros doentes falam em voz baixa. Meu amigo se ergue um pouco e diz:

— Isto aqui é nojento. Eles nos dão a parte de cima da sopa, é água pura. Não servem o litro inteiro e os pedaços de pão são menores.

Os gemidos do moribundo aumentam. Atrás do tabique, três ou quatro sujeitos continuam a cantar. O fedor de urina mistura-se aos gemidos, à canção. O sujeito se contorce de modo atroz. Sua cara se desmancha, os olhos negros parecem afogados. Meu amigo diz devagar, em voz baixa:

— Um dia vai acontecer, você sabe. Eles serão derrotados, compreende? Derrotados.

Não houve muitas mortes, desde que estamos em Gandersheim. O primeiro foi um francês. Era imprudente. Com frequência, de manhã, ia à torneira no pátio, o torso nu, em pleno outono, quando já começava a esfriar. Broncopneumonia; não durou. Os SS mandaram colocar o corpo na granja na frente da igreja. Deixaram-no lá três dias. Já começava a se decompor. Dois amigos do morto se ofereceram para enterrá-lo.

Era noite, chovia, fazia menos frio. Enrolaram-no numa coberta e estenderam-no em cima de uma maca.

O velho que nos vigiava na pedreira partiu com eles, fuzil a tiracolo, lanterna na mão. Ao voltar da fábrica, cruzamos com o cortejo. Três homens: dois para levar o morto e a sentinela. Um a mais e teria sido uma cerimônia. Os SS não permitiriam. O morto não pode nos servir de símbolo. Aqui, onde não existe crematório, nossos mortos também devem desaparecer. Nossa morte natural é tolerada, como o sono, como o mijo, mas é preciso não deixar vestígios. Nem em nossas memórias, nem em nosso espaço. Não é permitido que o lugar onde o morto jaz possa ser localizado.

Os dois colegas foram enterrá-lo na mata. Voltaram uma hora depois, encharcados de chuva. Nós os cercamos. Um deles, um sujeito de Aisne, esquentava as mãos na gamela de sopa que

acabara de ganhar. O outro tomava a sua e parecia não ter pressa. Aproximava a gamela da cara para esquentá-la com o vapor da sopa.
— Vocês foram longe? — perguntaram.
— Na mata — respondeu o sujeito. Parou e tomou um gole de sopa. Esperávamos. Continuou com a voz abafada:
— Cavamos o buraco e o enterramos.
Parou de novo. Não tomava sua sopa. Com as duas mãos mantinha a gamela à sua frente.
Alguém perguntou:
— Você sabe onde exatamente?
— Sei, a sentinela se virou, então eu bati a pá com força na árvore ao lado do buraco. Depois olhei bem ao redor.
— E a sentinela?
— Era o velho. Ele nos disse para fazer como bem entendêssemos. Afastou-se, deixando-nos sozinhos.
O sujeito interrompeu-se por um instante:
— Ele fez uma saudação.
Nada mais havia a escutar. Ficamos um momento ao seu lado, nada mais havia a ser dito.
Ele pegou a gamela em uma das mãos. Com a outra, tirou a colher do bolso e se pôs a remexer a sopa. Parecia calmo. Parou de misturar a sopa e nos fitou:
— Ah! Desgraçados! Filhos da puta.
As palavras foram extraídas lentamente, num tom de imenso tédio, raiva e asco.
— Não podem ser homens — disse um sujeito com o mesmo tédio.
Em seguida, o colega de Aisne recomeçou a raspar o fundo da gamela de sopa na tentativa de engrossá-la. Colocou uma colherada na boca, depois outra, e mais uma. Raspava o fundo e não vinha nada. Então, como se estivesse no limite da paciência, sempre com a mesma raivosa lentidão, disse enfaticamente:
— Merda. É água pura.

Fim do domingo. Daqui a pouco, o francês que se retorce no *Revier* estará morto. Escapará da marcha da semana que começa amanhã de manhã. Isso não lhe diz mais respeito. Vão deixá-lo em paz. Podemos nos sentir tentados a compreender os que se atiraram nas cercas eletrificadas. Assim agiram tanto para retirar do SS o que ele tem nas mãos como para cessar de sofrer. O morto é mais forte que o SS. O SS não pode perseguir o colega na morte. Mais uma vez, o SS é obrigado a um cessar-fogo. Chega a um limite. Há momentos em que poderíamos nos matar, só para forçar os SS a se confrontar com o limite, diante do objeto impassível em que nos transformamos, do corpo morto que lhe dá as costas, não dando a mínima para a sua lei. Em breve, o morto será mais forte que ele, assim como as árvores, as nuvens, as vacas, tudo o que chamamos de coisas e não paramos de invejar. A empreitada dos SS não se arrisca a negar as margaridas das planícies. Assim como o morto, a margarida não dá a mínima para a lei dos SS. O morto tampouco lhes oferece desafio. Se eles atacassem com brutalidade seu rosto, se lhe cortassem o corpo em pedaços, a impassibilidade inerente ao morto, sua perfeita inércia lhes devolveria todas as pancadas que lhe dão.

É por isso que não temos absolutamente medo de morrer. Há momentos em que, por uma súbita fresta, a morte aparece apenas como um simples meio de se ir embora daqui, de dar as costas, de se lixar para tudo isso.

O francês vai morrer como eles queriam. Cada vez que estamos diante de um SS ou de um *Meister*, sabemos que ele deseja a nossa morte. A ilusão imperdoável seria esquecer isso. Lembramos o sorriso do chefe de bloco de Buchenwald quando os camaradas intervieram para impedir a partida daquele que poderia morrer no transporte. Relembramos a incongruência dos esforços. No entanto, ainda agora, apesar do lugar que ganhamos no inferno, dos hábitos que adquirimos, ainda acontece de nos conduzirmos como se estivéssemos prontos para acreditar que, quando um homem está em perigo, todos os outros devem tentar salvá-lo. Ainda agora, na fábrica, quando um sujeito não tem forças para suspender uma peça pesada demais, acontece de ele dizer ao *Meister*:

— *Ich bin krank.*
Ou, então, de um colega:
— *Er ist krank.*
Ele tenta acreditar que o outro vai se deter, ficar constrangido, quem sabe dizer: *Langsam*...
Mas ele responde, automaticamente:
— *Was, krank?*
E, empurrando o sujeito, grita:
— *Los, Arbeit.*

Um dia, uns camaradas disseram ao seu *Meister* que o italiano, que ele havia espancado alguns dias antes, estava morto: seu rosto iluminou-se num grande sorriso. Um desses civis alemães da fábrica, entretanto, nos disse *langsam*. Aconteceu uma vez. Ele anda sozinho pela fábrica. É o oposto do que são os homens da fábrica.

O medo da morte tornou-se um fato social absolutamente não dissimulado, demonstrado por qualquer um de nós. É visível que todos os quinhentos sujeitos aguardando na chamada têm medo de morrer.

Quando falamos com um colega sobre a libertação, não empregamos simplesmente o futuro simples. Dizemos: "Se sairmos dessa..." A condição, a restrição, a angústia estão sempre no centro do diálogo. E, se nos aventuramos a fazer projetos, se nos excitamos falando do mar, se esquecemos de reconhecer o domínio do aniquilamento, ele se impõe, retorna, lançando a sua rede, para abarcar ainda mais o bloco de futuro que acabamos de produzir: "Enfim... Se a gente se safar..." Melhor colocar o seu *se* antes. Aqueles lá de longe, cujo temperamento permitia viver a vida de modo mais generoso, impetuoso, extrovertido, tornaram-se humildes e discretos.

O maxilar ávido pendendo, a barriga vazia afundando; a morte do colega é uma catástrofe. Mas a catástrofe não representa apenas a morte *desse* colega. É que *um* de nós morre, a morte se abate sobre nós. Aquele ali está morto. Seus amigos particularmente se darão conta, mas o esquecerão depressa. A morte não faz barulho, nada interrompe. Ele morre, é a chamada; ele morre, é a sopa; ele morre, somos espancados; ele morre sozinho.

Ao chegar a Buchenwald, quando vimos os primeiros homens de roupa listrada carregando pedras ou puxando uma charrete à qual estavam atados por uma corda, os crânios raspados sob o sol de agosto, não esperávamos que falassem. Esperávamos qualquer outra coisa; talvez um mugido, um grunhido. Entre eles e nós havia uma distância intransponível, que os SS havia muito preenchiam com o desprezo. Não sonhávamos que nos aproximaríamos deles. Riam olhando para nós, e ainda não podíamos reconhecer, nomear esse riso.

Mas era preciso acabar por fazê-lo coincidir com o riso do homem, sob pena de em breve não mais reconhecer a si próprio. Isso se operou lentamente, à medida que ficávamos como eles.

Sempre recearemos não passar de tubos de sopa, alguma coisa que enchem de água e que mija muito.

Mas a experiência daquele que come restos é uma das situações extremas de resistência. Também não é outra senão a experiência extrema da condição do proletário. Tudo ali está presente: primeiramente, o desprezo por parte de quem o obriga a este estado e que se empenha para nele mantê-lo, de modo que tal estado aparentemente preste contas de toda a pessoa do oprimido e, ao mesmo tempo, o justifique. Do outro lado, a reivindicação — na obstinação de comer para viver — dos valores mais elevados. Lutando para viver, ele luta para justificar todos os valores, inclusive aqueles que seu opressor, aliás, falsificando-os, tenta reservar para sua exclusiva satisfação.

Aquele que despreza o colega que come os restos que jogam fora na lixeira da cantina despreza-o porque esse colega "não se respeita". Ele acha que comer restos não é digno de um político. Muitos comeram restos. Certamente não tinham consciência, na maioria das vezes, da grandeza que é possível encontrar em tal ato. Eram, sobretudo, sensíveis à degradação que tal ato representava. Mas não podíamos nos degradar recolhendo os restos, como não se pode degradar o proletário, "materialista sórdido", que se obstina em reivindicar, em não cessar de lutar pela obtenção da liberdade sua e de todos. As perspectivas da libertação da humanidade em sua totalidade passam aqui, por essa "degradação".

Quanto mais contestado como homem pelo SS, maiores as chances de ser confirmado como tal. O verdadeiro risco que corremos é de começarmos a odiar o colega por inveja, de sermos traídos pela concupiscência, de abandonarmos os outros. De tais riscos ninguém está livre. Nessas condições, há degradações formais que não conduzem a qualquer integridade e há também fraquezas infinitamente mais graves. Podemos nos reconhecer ao nos vermos farejando como um cachorro os restos podres. Ao contrário, a lembrança do momento em que não dividimos com um colega o que devia ser dividido virá nos fazer duvidar mesmo do primeiro comportamento. O erro de consciência não é de "degradar", mas de perder de vista que a degradação deve ser de todos e por todos.

———

Na fábrica, trabalho agora na oficina de um *Meister* chamado Bortlick. Tem o rosto magro e rosado, cabelos negros grudados e brilhantes; usa um jaleco cinza. A oficina fica num canto da fábrica, perto de um grande vão. Quando chegamos de manhã, ainda está escuro: a fábrica está toda iluminada e cortinas negras estendidas cobrem as janelas.

Até as luzes serem acesas, trabalhamos num dia virtual. Ainda estamos na mesma noite que veio nos libertar na véspera. Devemos primeiro ganhar o dia, pois apenas por meio dele poderemos aguardar uma nova noite.

Espreitamos, entre as frestas das cortinas, os primeiros clarões púrpura. Bortlick, num canto, desperta. Colocou em cima da mesa seu pacote de fatias de pão com manteiga; estica os braços e as pernas. O kapo Ernst, curvado sobre sua mesa, come. Tudo toma seu lugar. Cada um diante do seu torno; o pedaço de dural é preso no torno e os martelos de madeira começam a bater. Os sujeitos de uniforme listrado martelam o dural alternadamente, três, quatro marteladas bem fortes, e depois param. O martelo pende ao longo do braço ou então é colocado no torno enquanto outros batem. Não há silêncio. Entretanto, apesar de todo o barulho, um martelo parado produz seu próprio silêncio. Mas Bortlick está sentado à sua mesa, comendo sua primeira fatia de pão; é possível esperar sem risco. O martelo está em repouso. O homem de uniforme listrado continua de pé diante do seu torno ou diante do seu pilar, não a um metro, mas encostado nele. Caso Bortlick ou Ernst, de boca cheia, virassem a cabeça, seus olhares não se chocariam, seus maxilares não parariam, eles não engasgariam. Cada pilar tem seu homem, ninguém está com os braços pendentes a um metro do trabalho.

Bortlick continua comendo; mais um martelo para, depois outro. Quatro ou cinco ainda ecoam na oficina e protegem os que silenciaram. Bortlick está terminando a fatia de pão; os quatro ou cinco batem cada vez mais forte, mas o silêncio dos outros penetrou em suas orelhas. Mastiga o último bocado e observa sua oficina e os martelos repousados nos tornos.

Levanta-se devagar e enfia as mãos nos bolsos. Deixa a mesa e dirige-se despreocupadamente à oficina, como se passeasse.

Então, um a um, os martelos recomeçam, cada vez mais numerosos, cada vez com mais força. Não há mais um intervalo de silêncio. Bortlick passa entre duas fileiras de costas imóveis; atravessa seu ateliê frenético, seu ateliê fabuloso.

Está tranquilo agora, os ouvidos satisfeitos, e, passeando, retorna à sua mesa para terminar suas fatias de pão com manteiga.

Um detento polonês secunda Bortlick; é o *Vorarbeiter* da oficina. É pequeno, magro. Não usa uniforme; não por ser *Vorarbeiter*, mas porque fazia parte do comboio dos cinquenta poloneses que chegaram de Auschwitz. Veste um paletó marrom com uma cruz cor de tijolo nas costas. Mantém-se na extremidade de uma comprida bancada e tem também um torno diante dele. É muito hábil. Não faz o mesmo trabalho que nós. Faz brinquedinhos para o filho de Bortlick; e nos vigia. O diretor da fábrica não sabe que Bortlick e outros *Meister* mandam os detentos fabricarem brinquedos para eles.

O *Vorarbeiter* deixa sempre a gaveta da bancada entreaberta para poder esconder imediatamente a peça do brinquedo que lima no torno e substituí-la por um pedaço de dural. Quando Bortlick passeia em sua oficina, os colegas curvam-se enfiando o nariz no torno e batem ou limam com mais força. O *Vorarbeiter* passeia o olhar sobre eles. Quando Bortlick para atrás de um sujeito, o *Vorarbeiter* também para de limar a peça do brinquedo e, ao ver que a situação toma forma, aproxima-se de Bortlick. Bortlick esbraveja com o colega que não compreende; o *Vorarbeiter* também esbraveja contra o colega, que continua sem entender, e *Meister* e detento-*Vorarbeiter* divertem-se.

Se Bortlick não se detém diante de um torno, o *Vorarbeiter* acompanha com os olhos sua caminhada e, quando Bortlick dele se aproxima, o *Vorarbeiter* vigia o que se passa atrás de Bortlick — e lhe demonstra estar vigiando — para ver se o diretor não está chegando. Se não correm perigo, sorri para Bortlick por ele, um detento, ter protegido o *Meister* do diretor. Bortlick permite parcialmente essa cumplicidade, preciosa para o *Vorarbeiter*. Inclina-se sobre o brinquedo que está no torno, examina-o. O detento-*Vorarbeiter* sente-se confortável perto de Bortlick. A cumplicidade avança bastante. Há muito ele não está mais preso ao torno; pode sair, entrar, olhar de longe os demais, aprisionados aos seus, a floresta de suas costas, de onde ele se evadiu.

Bortlick fala com aquele que fala sua língua e cujas mãos são hábeis. Este homem não pode ter nada em comum com os escravos que não falam sua língua, cujas mãos não são hábeis, que são magros. Eles não passam de vermes, mas vermes preciosos, vermes que perseguiram durante anos, que nunca tinham visto de tão perto e que estão ali, naquela fábrica, com quem convivem e a quem conservam, tesouro do mal.

A meu lado, Lanciaux. Tem uns quarenta anos. Por mais de vinte foi mineiro em Pas-de-Calais. Passou seis meses no hospital de Saint-Quentin, depois de sua passagem pela Gestapo. Os alemães em seguida o levaram a Compiègne em uma maca, depois a Buchenwald.

Ele é hábil, mas não quer trabalhar. De vez em quando dá umas marteladas e se interrompe. Pálido, tem o rosto fechado, pequenos olhos azuis. Sua voz é muito baixa. Ele diz: "Só a moral me sustenta" e me olha.

Algumas vezes, quando se chateia demais, apoia a mão em meu ombro, os olhos brilham um pouco mais e começa a bater devagar o martelo. Depois, pouco a pouco, começa a cantar "Le Chant du départ"* com sua voz baixa e ciciante. Eu também martelo mais forte e canto. Martelamos com todas as nossas forças, nos animamos, gritamos em meio à algazarra do compressor, e Bortlick, de sua mesa, acredita que trabalhamos. Nós rimos.

Bortlick também ri com outro *Meister*. Logo, todo mundo começa a rir. Mas, se eu me aproximar para levar a peça, ele vai parar de rir. Quando ele se aproxima de nós, também paramos de rir. Podemos rir ao mesmo tempo, mas não juntos. Rir com ele seria admitir que alguma coisa entre nós pode ser objeto de uma mesma compreensão, assumir o mesmo sentido. Mas a vida deles e a nossa têm sentidos completamente opostos. Quando rimos, é do que lhes faz empalidecer. Quando riem, é do que odiamos.

As relações de trabalho, as ordens, até mesmo as pancadas não passam de camuflagem. A organização da fábrica e a coordenação do trabalho mascaram o verdadeiro trabalho que tem lugar aqui. O verdadeiro trabalho opera sobre nós e nos faz perecer. Às vezes, eles se distraem, cochilam. Mas basta que um sujeito desmaie de fraqueza em sua bancada para despertá-los e o *Meister* encher o sujeito caído no chão de pontapés para obrigá-lo a se levantar.

O *Revier* que ficava no fundo da igreja foi transferido para uma barraca do campo, perto da fábrica.

---

*Canção revolucionária, escrita em 1794. Foi o hino oficial do Primeiro Império. Sobreviveu à Revolução e ao Primeiro Império e se tornou um símbolo da vontade de defender a pátria durante a Primeira e a Segunda Guerras. Até hoje é cantado pelo exército francês. O hino é considerado "o irmão da 'Marselhesa'". (*N. da T.*)

Ocupamos as camas que os doentes tinham deixado. Uns sujeitos instalaram, no cubículo, um pequeno aquecedor que alimentamos com carvão roubado ao lado da fábrica, trazido todas as noites. Somos uns vinte lá — franceses e italianos. Quando voltamos à noite, o aquecedor ronca. Foi aceso pelos que ficaram na igreja para alguma faxina. Tem três bancos em volta do aquecedor. Esprememo-nos para ocupar um lugar; os que não conseguem ficam de pé atrás e por fim acabam por se apoiar nos ombros dos que estão sentados. Não tiramos os olhos do aquecedor. Tostamo-nos no aquecedor; o rosto fica vermelho, hibernamos, poderíamos ficar ali para sempre; despir-nos no calor, dormir no calor, esquecer o campo de concentração no calor.

Alguns conseguiram tirar batatas do silo e as cortam em rodelas que grudam em cima do aquecedor. Quando começam a tostar, espetam a faca na rodela e a retiram. Estes não olham o aquecedor do mesmo jeito que os outros; estão ocupados, observam assar a fatia que meterão na boca. Vão mastigar. Por um momento acalmados pela fatia de batata quente e por aquela que já tosta, enquanto a outra ainda não foi engolida. Portanto seus olhos não estão vazios, tampouco as mãos.

Os outros, os que não têm batatas, observam as dos colegas assarem. Esquentam as mãos vazias no aquecedor, contentam-se com o calor. Ao lado dos outros, parecem sozinhos, abandonados, deserdados, sob o golpe da mais cruel injustiça; sentados uns e outros no mesmo banco, há os que têm rodelas e os que não as têm. Mas, entre os que não as têm, há alguns sérios; não olham o colega colocar a rodela na boca; os cotovelos apoiados nos joelhos, a cabeça curvada sobre o aquecedor incandescente, embriagam-se de calor. Os que estão atrás bem que gostariam de estar ao menos no lugar dos que estão sentados e que não têm batatas, enquanto os que estão na parte mais afastada da igreja bem que gostariam de estar no lugar daqueles que estão de pé e recebem um pouco de calor no rosto.

De vez em quando chega um kapo. Vê, na parede do aquecedor, os traços de ventosas das rodelas. Revista debaixo dos colchões, debaixo das camas; não encontra nada. Ficamos parados no mesmo lugar, o nariz sobre o aquecedor, indiferentes à agitação do kapo. Ele pergunta quem tem batatas, de quem são as batatas; ninguém responde. Desconfiado, fica ali plantado um instante, impotente, a olhar as costas curvadas sobre o aquecedor. Depois, se cansa. Vai embora.

Outras vezes, aqueles que conseguiram batatas suficientes passam um fio de ferro numa dezena de batatas e lançam o "rosário" dentro do aquecedor. O kapo chega, manda alguém levantar a tampa do aquecedor e encontra o rosário escurecido. Relincha de prazer. De quem é? Ninguém responde. Ele leva o rosário; orgulhosamente o exibe no corredor. Alguns sujeitos riem para se fazer notar e, majestosamente, o kapo distribui as batatas negras aos que mais riram.

Acontece de o assunto terminar de modo diferente. Aquele a quem o rosário pertence se entrega. De pronto, o reflexo do kapo entra em ação; Schlag; dá golpes secos, o sujeito abaixa a cabeça, foge na direção do corredor da igreja. O kapo o persegue e continua a bater. Sujeitos riem no corredor. O kapo também se põe a rir e, às vezes, até o que apanha. Os golpes continuam, o kapo é rei, é o circo. Isso acontece quase todas as noites, por razões diversas.

Depois de amanhã é Natal. Os dias passados desde o primeiro de outubro colados uns aos outros: o desenrolar das tarefas, os gritos dos kapos, a sopa, sempre a fome e também a gravitação de coisas preciosas, o vento, o movimento das nuvens empurradas pelo vento oeste, o círculo das colinas, as silhuetas dos homens livres na estrada, a locomotiva, o automóvel, a bicicleta, todas as coisas que reinam no espaço e que atraem o olhar de crianças.

Durante três dias, vamos nos encher de imagens; imagens fulgurantes em nossa cabeça. Será a festa. Não a festa das mãos, nem das mandíbulas, nem dos lábios, mas a festa sombria da mente, a festa das naturezas-mortas.

Uns sujeitos dizem que receberemos uma fatia de pão cada um, uma maçã, talvez uma sopa grossa com um pedaço de carne. "Olha aqui, eu deixo para eles o pão e o guisado se eles me deixarem partir..." Bobagens crônicas. Ficamos animados, nos concedemos liberdades como a um cachorro que soltaram da coleira, mas sabemos que estamos acorrentados e que ficaremos bem contentes de receber a broa. A broa é a orgia de pão. Ter o que comer por um bom tempo; vamos nos empanturrar; apesar de estarmos cheios, ainda sobrará; estaremos cheios, dormiremos cheios. Cortaremos as primeiras fatias como quem corta um bolo; depois, à medida que a broa diminuir, ela se tornará pão; poderemos mesmo mastigar e falar ao mesmo tempo, teremos menos medo de chegar ao fim da broa.

O aquecedor está vermelho, estou afogueado de calor. No colchão, pertinho, faz frio. René já se despiu.

É preciso que eu também me deite. Tirei meu paletó e meus sapatos e me enfiei debaixo das cobertas. René só irradia um leve calor. Aguardamos este momento desde o amanhecer. Tão logo soe o grito de despertar amanhã, pensaremos na noite. Contudo, este momento que espero desde cedinho não vem. Também no sono entro como um sonâmbulo. Mais ou menos pesado, cada hora tem seu peso determinado, e nunca estarei em hora mais pesada do que ao dormir. Este sono que aguardei, este repouso, só me fecha os olhos.

Nesta manhã a neve cai, espessa. Os bosques e as colinas estão cobertos por um feltro deslumbrante. Os passos já não ressoam — nem os dos SS nem os nossos. O céu encerra um baú do tesouro, não tem horizonte para ninguém.

Nas latrinas, dois poloneses fumam uma guimba; dois franceses estão sentados sobre a barra na borda da fossa. Tirei os cordões que seguram minhas calças e as abri, assim como meu calção rasgado. Praticamente só vejo minhas coxas nas latrinas; estão arroxeadas, a pele enrugada; as de um francês sentado sobre a barra são mais brancas. Estamos habituados a nos vermos cagando, embora sempre reste um pouco de curiosidade. Os mais silenciosos se revelam aqui, os mais temidos também. O kapo gordo, Ernst, que espanca, também tenta rir conosco quando caga. Aqui, ele não pode manter sua dignidade (é por isso, aliás, que, na fábrica, as cabines são reservadas aos civis), e ele tenta agir como se, por um momento, escolhesse a humildade de sua situação, falando amigavelmente com os que ali se encontram. Às vezes é justamente aquele que ele acaba de espancar. Mas não há nada que Ernst possa fazer para não parecer indecente: suas cuecas são brancas, suas coxas enormes. Mesmo cagando, é forte. Ele não pode virar um sujeito de coxas cinza ou roxas, de joelhos pontudos. É mais gritante que nunca o fato de ele botar para dentro ao menos três rações de pão por dia, uma série de gamelas de sopa etc.

A fossa está cheia e recoberta de flocos de neve. Demoramo-nos um instante, sentados sobre a barra.

— Quais são as novidades? — pergunta um dos franceses.

— Nenhuma — responde o outro.

O que fez a pergunta suspeitava de que não houvesse nada de novo. Desde que estamos aqui, desde o dia primeiro de outubro, nunca ocorreu qualquer novidade. Mas todas as manhãs fazemos a mesma pergunta. O que a faz agora não está em condições de responder. Já sabe o que constata, que é sempre a mesma coisa: o pão da manhã, a fábrica, as latrinas. Desde que está preso, tudo que não seja o pão e a fábrica lhe é oculto.

O outro respondeu "Nenhuma". Está na mesma situação que o que lhe pergunta, mas não disse "Não sei". Disse "Nenhuma", embora não saiba se há alguma novidade. Respondeu segundo o que constatou, e todos temos a mesma experiência. O outro não insiste, pois acredita que o colega, ao dizer "Nenhuma", revelou seu segredo.

— Você acha que ainda vai demorar muito? — pergunta o indagador.

— Não, acho que não.

O primeiro se tranquiliza; basta que o outro não seja muito tagarela e não responda "Não sei". Desde que permaneçam assim, em área nebulosa, desde que não se permitam perguntar "Como você sabe?", ficarão tranquilos. Cada um dá ao outro o que ele espera, como um irmão, a própria mãe; alguém que não seja ele próprio e que não ameace, alguém que responda.

"Não, acho que não" — isto é tudo o que pode dizer o colega. Ele fala com segurança, isto basta. O outro não perguntará mais nada. Tais perguntas, tais respostas não têm sentido, mas é a linguagem que usamos nas latrinas e, neste momento, é o essencial do que temos a nos dizer.

Levantaram-se. De pé no banco, fecharam suas coxas nas calças presas com corda, tudo bem devagar. Depois desceram do banco e se detiveram por ali um instante, as mãos nos bolsos, os ombros encolhidos, entre as quatro tábuas das latrinas. Nada ficaram sabendo de novo.

— Alguma novidade?

— Nenhuma.

Então nada mais há a fazer nas latrinas; é preciso ir embora.

Mal são dez horas, falta ainda o dia inteiro passar. Amanhã é Natal. O que isso significa? Agora é a memória que vai pensar nisso seriamente; se a memória não existisse, não existiria campo de concentração. Mas agora era só o que faltava: escutarmos "Natal" entre as tábuas das latrinas, a patinar na merda. Eles também dizem "Weihnachten" e continuamos de pijama listrado. Quem sabe esta noite haverá trégua nos fornos em Auschwitz? Será esta noite do ano a noite de suas consciências? A broa de pão para quatro, talvez a broa para dois, ou, por que não, uma broa para um? A broa do seu medo, a broa para um e a trégua dos fornos. Talvez esta noite suas consciências festejem: "Esta noite não mataremos. Não, esta noite não." Só amanhã. Será que esta noite os kapos dos fornos se embebedam? Esta noite todo mundo canta sobre toda a terra, mesmo em Auschwitz? A broa para um, a reconciliação universal, a união da espécie humana alcançada. Esta noite, portanto, todos vão rir ou chorar pelo "mesmo" motivo! Vergonhosa espera. Merda de verdade, latrinas de verdade, fornos de verdade, cinzas de verdade, vida de verdade aqui. Não vamos neste dia ser *mais* homens do que na véspera ou amanhã.

Instalaram um pinheirinho ao pé de uma carlinga; fizeram-no seriamente. Varreram a fábrica com mais cuidado do que de hábito. Estavam distraídos, conversavam entre si. As mulheres riam. Nós os olhamos como se alguma coisa importante fosse acontecer antes de nosso próximo encontro. Essa coisa importante era o fim do ano que chegava sobre nós.

A sirene soou às quatro horas e deixamos a fábrica. Não nevava mais, o céu abrira, havia mesmo um resquício de sol sobre os bosques. Detivemo-nos diante da igreja, nos deixamos contar. Esperamos. Ainda era preciso chegar lá, ao colchão de palha e ao dia de Natal.

Primeiro dormir; que nos deixassem dormir em nossos colchões e já seria o suficiente.

Lá longe dizem "Vou sair". Descem as escadas, estão do lado de fora. Dizem "Vou me sentar"; dizem "Vamos jantar juntos". Eles dizem: "Vou..." e saem, e sentam e jantam. "Vou" representa o pão, a cama, a rua. Aqui, só podemos dizer: "Vou às latrinas." Aqui isto é, sem dúvida, o que melhor corresponde ao que chamamos comumente lá longe de liberdade.

Os kapos nos obrigaram a entrar no pátio da igreja e novamente aguardamos, mas, desta vez, para ganhar comida. Acreditamos que receberíamos uma maçã de bônus; um sujeito havia dito isso e a notícia se espalhara. Acreditávamos na maçã. Ela teria postergado o momento em que não teríamos mais nada na mão; poderíamos comer o pão tranquilamente, pois depois haveria a maçã. Podíamos acreditar na maçã. Teria sido, da parte deles, uma maneira de marcar o dia, e eles pareciam ter tal intenção, pois não iríamos trabalhar no dia de Natal.

O guichê foi aberto. Começa a escurecer, a luz amarela ilumina a abertura. Apareceu a cabeça do cozinheiro; os sujeitos o encaram com insistência.

— O que tem hoje? — perguntaram.

Ele riu.

— Nada.

Nada de mais. E a distribuição começou. Não obstante, ficamos na ponta do pé para ver o que tinha.

— O quarto de broa e carne moída — disse alguém.

Nem maçã, a bola de carne talvez um pouco maior do que a que ganhamos algumas poucas vezes. Então ficamos impacientes, nos empurramos para passar diante do guichê e terminar logo com aquilo.

Aquele que passou na minha frente abaixou a cabeça; o braço esquerdo parcialmente estendido para a frente segurava bem seu quarto de broa na mão e parecia mais ansioso do que nós, que ainda não tínhamos chegado ao guichê. Ele não via mais ninguém; não passava do quarto de broa na mão; curvado e apressado, avançou na direção da igreja.

Chegou minha vez. O quarto de broa, a carne moída em cima; eu a peguei com a mão esquerda. O outro quarto de broa erguido pelo cozinheiro é para outro. Vejo um bocado de pedaços, olho-os; cada um pertence a um sujeito. Os colegas não são mais ricos que eu, só tem um para cada, mas o monte de quartos de broa é enorme.

Os cozinheiros se irritam. É normal. A coisa que trituram, manipulam, não é dural nem pedras; é comida. Vivem enfiados na cozinha o dia inteiro. As cestas de dural aqui se tornam cestas de pão, de batatas. No depósito principal, há saquinhos de pregos, e durante o dia inteiro os colegas têm pontas de ferro na mão; nada a fazer, lá os montículos, os montes, os fardos são de ferro. Onde trabalham, os cozinheiros têm farinha nos sacos; nas caixas, margarina etc. Rodeados de sacos, há um rastro atrás deles. Têm a cara vermelha, músculos nos braços, são relativamente respeitados pelos SS. Naturalmente, todos tentamos ficar bem com eles, rimos de suas tolices, até concordamos que o trabalho deles é penoso, nos compadecemos. Ao mesmo tempo pedimos que descrevam a sopa do dia seguinte. Eles falam de quilos de farinha, de cestos de batatas. Pegam uma concha, a mergulham no panelão e isso enche uma gamela; outro mergulho da concha e uma segunda gamela se enche. Tudo na maior calma. Os colegas os observam, boquiabertos. Deuses, ora.

Em nosso cubículo, havia muitos em volta do pequeno aquecedor. Os primeiros a chegar imediatamente instalaram-se nos bancos. Cada um segurava o pão na mão. Alguém disse:

— Até que estamos bem-servidos. Uma véspera de Natal e tanto!

Olhavam o pão intermitentemente e pareciam refletir. Com todos os bancos ocupados, não pude me sentar. Encostei-me atrás de um banco; o rosto recebia em cheio o calor do aquecedor. Cortei uma fatia de pão, espalhei um pouco de carne moída em cima, estendi o braço sobre o ombro de um colega, que se inclinou sem reclamar, e coloquei a fatia em cima do aquecedor. Outros faziam o mesmo. O aquecedor estava muito quente. A gordura derreteu bem rápido e a camada de carne vermelha ficou marrom. O aquecedor estava coberto de fatias. Alguns sujeitos disputavam um lugarzinho para a sua fatia; empurravam o pão do colega, que tolerava, mas, quando eles empurravam um pouco demais a fatia e a faziam escorregar no vazio, o colega protestava. Voltava-se, encarava os outros, que pareciam pedir desculpas, mas que, ainda assim, mantinham a fatia no mesmo lugar. Então o que protestava empurrava a fatia de um outro para ajeitar a sua sobre o aquecedor; este outro se punha a reclamar também, o tom de voz subia um pouco.

— Não enche o saco! Por que não chegou antes? São sempre os mesmos que ficam à toa e depois querem passar na frente.

— Ah, está bem. Não se irrite. Não vamos brigar esta noite.

— Não estou brigando, mas não exagera.

A discussão não ia muito longe. O cheiro subia, cheiro de padaria, de carne assada, de café da manhã dos ricos. Mas eles, os de lá de longe, se comiam toucinho, torrada, não tinham noção de como isso se transformara, começara a mudar de cor, a assar e, sobretudo, a cheirar, a exalar esse forte odor. Mas nós tínhamos ganhado um pão cinza, cortado uma fatia e posto a fatia sobre o aquecedor e agora observávamos o pão se transformar em bolo. Nada nos escapava. A carne que gotejava, brilhava e exalava o odor fantástico de coisa comestível. Não havíamos esquecido o gosto do pão, das batatas que mastigávamos. Mas tínhamos esquecido aquela coisa comestível que estimula o paladar a distância com seu odor, o odor em si.

Retirei minha fatia. Estava bem quente, era um brioche. Mais que uma joia, uma coisa viva, uma alegria. Estava ligeiramente fofa, a gordura da carne penetrara no miolo do pão, brilhava. Dei a primeira dentada; entrando no pão, os dentes fizeram um barulho que encheu meus ouvidos. Era uma gruta de perfume, de sumo, de alimento. Tudo para se comer. A língua e o palato estavam alagados. Eu receava perder alguma coisa. Mastigava, sentia os sabores por toda parte, nos lábios, na língua, entre os dentes; o interior de minha boca era uma caverna, o alimento passeava lá dentro. Acabei engolindo. Acabou, foi engolido. Quando não tinha mais nada na boca, o vazio ficou insuportável. Mais, mais; a palavra tinha sido feita para a língua e o palato; mais uma dentada; mais uma dentada; era preciso que não parasse. A máquina de triturar, de sentir, de lamber entrara em funcionamento. Nunca, como naquele momento, minha boca se sentira como algo que não podia ser preenchido, que jamais poderia ser definitivamente satisfeito, que sempre precisaria de mais.

Todos comiam solenemente. Alguns não queriam correr riscos: comiam o pão frio, tal como o haviam recebido. Não queriam mudar de mundo, não queriam se expor a tentações. Ali não deviam entreter-se despertando tantas exigências, gostos enterrados. Comer qualquer coisa de parecido — ali não podia haver nada melhor — era perigoso. Estes tinham a expressão mais desapegada; não cortaram meticulosamente o pão em fatias, mas em pedaços, ao acaso; seguravam o pedaço na mão como o fariam lá longe, o cotovelo apoiado no joelho, graves, austeros. Eram os últimos bocados. Eu encontrara um lugar no banco. Agora só me restava esquentar-me, a cabeça inclinada para a frente, as mãos estendidas na direção do aquecedor.

O pão terminou, vamos entrar, afundar, atolar em nós mesmos olhando as mãos, observando o aquecedor ou o rosto de um sujeito sentado ali, afundar até me aproximar do rosto de M., de D., lá longe. Vou me lembrar que falavam comigo. Na verdade, se dirigiam apenas a mim. Lá longe eu parecia outro na rua. E a fartura, a gentileza, os sorrisos... Estávamos no paraíso lá longe. Em casa, passava-se de um aposento a outro, sentava-se, deitava-se, sem espera, sem interrupção, com a facilidade dos nadadores na água. Seres de uma calma superior me chamavam — sempre me chamavam sorrindo —, como na água, como mergulhados em uma substância deliciosa.

Lá longe apenas me vejo de costas, sempre de costas. O rosto de M. sorri para aquele que só vejo de costas. E ela ri. Ela ri, mas não é assim, acho que ela não ria desse jeito. O que é esse novo riso de M.? Nele reconheço o riso de uma mulher da fábrica. Sempre que a vejo ela está rindo. Ou será René que ri desse jeito? Não sei mais. Ela fala e soa artificial, é a voz de outra pessoa, uma voz desagradável. Que voz é essa? Poderia ser a voz de um homem. Seu rosto é aberto, ela ri. Uma matraca. É o riso daquela que me disse Schnell, schnell!, monsieur. Sua voz é morta. Sua boca se abre e é outra voz que escuto. Esqueço, todos os dias eu esqueço mais um pouquinho, nos afastando, à deriva. Não ouço mais nada. A voz está enterrada sob as vozes dos colegas, sob as vozes alemãs. Eu não sabia que já estava tão longe. Saber é tudo o que me resta. Saber que M. tem uma voz, a voz que reconheço como sua. Saber que seu rosto se abre e que ela ri um riso que reconheço como seu. Saber como um surdo e um cego. Aqui, sou o único a saber disso.

Talvez mesmo o rosto de M. desapareça lentamente e então serei realmente como um cego. Entretanto, poderão me disfarçar ainda mais, fazer o impossível para que mal consigam me distinguir de outro, e até o fim eu ainda saberei disso.

Os colegas esquentavam-se, entorpeciam-se. Nas noites de Natal, existiam como em uma nuvem; esperavam que ela passasse. Nada de diferente exceto o pão e a bola de carne moída; nada mais chegaria.

Então, tentaram contar histórias. Falaram das mulheres e dos filhos. As mulheres eram sérias e caprichosas. As histórias giravam em volta do aquecedor. A noite fora engraçada, num sábado à noite divertiram-se a valer; aperitivos, um belo festim com entradas, fatias de carneiro grossas assim, tudo do bom e do melhor: um roquefort, o bolo Saint Honoré, que ela preparava divinamente; um amigo chegou, o filho tinha ido se deitar e o amigo não se aguentava de vontade de sair. A mulher tinha sono. Então ele saiu com o amigo, voltou às sete da manhã e a encontrou com uma cara horrível. Repetiram no dia seguinte à noite, só que dessa vez ela ficou com eles até o final. Na segunda, de volta ao trabalho.

Os colegas riam baixinho. Tinha várias histórias dessas; um conhaque, um amigo, a mulher que reclama ou com quem se diverte. Eles sabiam o que era isso; também sabiam o que era o trabalho. Todo mundo se compreendia, podíamos conversar assim por muito tempo. Descrevíamos tudo, a linha do metrô, a rua para chegar em casa, o trabalho, cada um dos trabalhos, a história não terminava facilmente, sempre tinha alguma coisa para contar.

O inferno da memória funcionava a todo vapor. Não havia quem não tentasse encontrar uma mulher, que não tocasse a campainha na porta dela e, ao mesmo tempo, não escutasse a outra campainha, aquela que, quando ele atendera a porta, havia desencadeado tudo.

A partir daquele momento, cada um se tornara um personagem. Aquele que, livre, conversando, ouvira soarem as quatro badaladas e meia no relógio da igreja, e depois, no mesmo relógio, ouvira dar cinco horas, de algemas nas mãos. Aquele que não comparecera ao encontro naquela noite. Aquele que havia sido preso entre duas frases. Ele agora enchia a casa. Lá longe, tentavam fabricar alguém que se parecesse com ele, mas ele se antecipava, desfigurado ou morto; no entanto, continuava a respirar o ar da casa. Não sabiam; ele mesmo não sabia ser capaz de exercer tamanha crueldade, de ser aquele que não responde, aquele que nunca está em casa. Mas eles tampouco estavam lá; ninguém responde. Aqui também era alucinante que ninguém lá de longe jamais respondesse, que ninguém estivesse lá.

Mais tarde, naquela noite, a mulher do colega que contava a farra talvez tenha ido à missa com o filho, rezado pelo marido e chorado. Ele dormia. Ela estava ajoelhada. Ele roncava. Ela rezava por ele, como se ele sofresse de uma doença pavorosa; não sabia que rezava por um desconhecido.

O aquecedor roncava em meio ao ronco abafado das histórias que circulavam. A voz e a cadência se alternavam, mas era a mesma história que se repetia.

Depois a festa foi se apagando, a história se esgotou, nada mais restou. Restava apenas o calor no rosto, o calor do aquecedor que fizera brotar as histórias. Os mais entusiasmados, os que mais tinham falado, calavam-se. Aquecíamos mecanicamente as mãos. Um sujeito foi se deitar, logo seguido por outro. No meio da igreja, alguém se pôs a cantar. Tentava manter os sujeitos esquecidos de seus estômagos, fazê-los mudar de cara por um instante. Ninguém o acompanhou, mas ele continuou cantando sozinho. Onde estava aquele que tinha cantado? Como reconhecê-lo? Estávamos todos deitados, enfiados debaixo da coberta. Escutávamos apenas um vago murmúrio saindo dos colchões. Em cada cabeça, uma mulher, o pão, a rua, tudo misturado desordenadamente com os restos, a fome, o frio, a sujeira.

Perto do aquecedor, apenas uns quatro ou cinco. Não púnhamos mais carvão. Ele parou de roncar. O calor e a imobilidade entorpeciam. O rosto queimava, parecíamos bêbados. Entretanto, como sempre, era preciso que tudo fosse terminar no colchão. Consegui levantar-me para mijar. A noite estava escura e estrelada. Tinha luz na barraca dos SS de onde vozes altas e risos chegavam. Estava sozinho nos mictórios. O lugar coberto por uma névoa. O pátio da igreja, vazio; o chão, gelado. Ouvia as vozes saindo da barraca dos SS, mas nenhum barulho vinha da igreja, embora estivesse cheia. Seus muros cinzentos projetavam-se na noite. A porta estava fechada. Parado do lado de fora da igreja, contemplava essa granja de homens como do cume de uma montanha.

De tanto olhar o céu, negro em toda parte, a barraca dos SS, a massa da igreja e a da granja, poderia surgir a tentação de tudo confundir a partir da noite. Que esta noite fosse a mesma para Fritz e para o renano, para aquela que havia me dado ordens e para a que me dera pão, era verdade. Mas o sentimento da noite, a consideração dos espaços infinitos que tendiam a colocar tudo em equivalência, nada disso podia modificar nenhuma realidade nem reduzir qualquer poder, não podia fazer com que um homem na barraca fosse compreendido por um dos homens na igreja e vice-versa. A história zomba da noite que, no presente, desejava eliminar instantaneamente as contradições. A história persegue mais de perto do que Deus e tem, à sua maneira, exigências muito mais terríveis. De modo algum serve para instaurar a paz na consciência. Fabrica seus santos de dia e de noite, reivindicativos ou silenciosos. Não é jamais a chance de uma salvação, mas, sim, a exigência, a exigência disso e a exigência do contrário, e pode mesmo rir silenciosamente na noite, refugiada no crânio de um de nós, e, ao mesmo tempo, rir no barulho indecente que sai da barraca.

Podem queimar crianças sem que a noite seja perturbada. A noite continua imóvel ao nosso redor, trancados na igreja. As estrelas acima de nós também parecem calmas. Mas essa calma, essa imobilidade não é nem a essência nem o símbolo de uma verdade preferível. É o escândalo da indiferença extrema. Mais que outras, esta noite foi assustadora. Eu me encontrava sozinho, entre o muro da igreja e a barraca dos SS; a urina fumegava, eu estava vivo. Era preciso acreditar nisso. Mais uma vez olhei para cima. Talvez eu fosse o único a observar a noite assim. No vapor da urina, no vazio, em meio ao terror, isso era a felicidade. Portanto, sem dúvida, preciso dizer: a noite estava linda.

Quando voltei à igreja, René já havia se deitado. Enfiei-me nas cobertas. Estava quente. René pensava em sua casa e chorava.

Eu não estava nos braços de ninguém lá longe. Os rostos iam e vinham na minha cabeça. Eu não beijava ninguém, não apertava ninguém entre os braços. Toquei em minhas coxas, passei a mão na pele enrugada; meu corpo nada desejava, estava vazio. Naquela noite, eu queria me arriscar a ver esses rostos que por vezes se iluminavam. Nada além disso. Meu rosto, a boca fechada, os olhos fechados tendo acima este nariz que ficou muito grande na magreza, era um teatro fechado e sem espectador.

Gritos vinham do cubículo onde se alojava o *Stubedienst* francês, um preso comum. Ele dormia com o *Lagerältester*, um detento alemão. Tinha se virado para conseguir um coelho e o que comer; convidara os colegas para comerem juntos. Tinham preparado batatas fritas e dispunham de bebida alcoólica. Estavam bêbados e berravam.

Lucien, o *Vorarbeiter* polonês, saiu do cubículo resmungando, depois gritou:

— Quero que os alemães se fodam! Vocês adorariam me quebrar a cara. São uns babacas. Quando mando vocês trabalharem, basta não trabalharem. Eu só quero comer. Vocês são uns babacas. Fodam-se os alemães, estão ouvindo? Fodam-se. Eu quero comer!

Ele vomitava, debulhando-se em lágrimas, enquanto atrás os outros cantavam "A Marselhesa" aos berros.

— Fechem a matraca, bando de filhos da puta — gritou um colega. — Eles se juntam aos boches, enchem a barriga e depois cantam "A Marselhesa"!

O colega continuou reclamando, mas não encontrou eco. O aquecedor estava desligado. O carvão não brilhava mais. O frio das paredes desce sobre os rostos. René dormia; eu me virei de lado.

Os braços e o peito coçam. Primeiro a coceira era bem leve e não lhe dei atenção. Agora é preciso que eu dê uma olhada; para tal é preciso tirar a camisa e faz muito frio.

Virei a camisa ao avesso, procurei nas mangas, nas costuras, olhei de perto: tenho piolho. Tem um nessa costura, parece adormecido. É marrom, redondo, vejo suas patas. Eu o esmago entre as unhas dos polegares. Para matar as lêndeas, é preciso procurar mais demoradamente. Ao lado do aquecedor apagado, outro também se revista. Não diz nada, mas discretamente esmaga entre as unhas. Outros vieram e agora somos quatro de torso nu, polegares prontos. Procuramos e, de tempos em tempos, esmagamos em silêncio. Todos temos piolhos. Foram trazidos pelo transporte de Dachau. Não podemos mudar a roupa de baixo, não podemos nos lavar com água quente. Ainda teremos mais; não nos livraremos deles.

Até então não tínhamos pensado nisso. Jacques, o estudante de medicina, estava coberto de piolhos quando ficou na solitária, numa prisão de Toulouse. Foi sugado, não podia dormir, teve vontade de morrer. Não experimentamos senão um pouco de coceira, mas já conhecemos o poder do parasita. Devem estar espalhados na palha. A paciência, a imbatível perseverança dos piolhos.

Apanhávamos, estávamos sujos, não comíamos, acreditávamos que era o fim, mas que ao menos poderíamos dormir. Agora, temos piolhos. A pele estava tranquila, amarelava, enrugava-se em paz, agora também a pele vai ser atacada. Ele é pequeno, pode ser esmagado com as unhas, é nulo, mas se multiplica; ainda um, mais um; fora as lêndeas, mais lêndeas, e outro piolho, e mais um. Que pesadelo! Seremos vencidos.

À noite fui às latrinas; deviam ser duas horas da madrugada. A pequena luz esverdeada sobre a grande tina dava ao lugar a aparência de uma caverna. Debaixo da lâmpada, dois sujeitos procuravam, com a camisa entre as mãos. Sem dúvida tinham dormido, mas com o calor das cobertas os piolhos haviam começado. Primeiro, era uma coceira leve, não sentíamos a mordida, não distinguíamos o piolho da pele, uma sensação de urticária. Depois algo começa a caminhar sobre a pele. Algo estranho. Não é mais um estado do corpo. Uma vida de outra espécie circula sobre a pele, é intolerável, e a ardência começa. Então vamos às latrinas procurá-los.

Lucien nos chama de porcos. Nós, "os franceses", devíamos "dar o exemplo" e não ter piolhos.

Os *Meister* na fábrica começam a temê-los e já não se aproximam de nós. Os colegas se coçam e se contorcem dentro da camisa para acalmar a coceira. Mas temos piolhos também entre as coxas; então desabotoamos as calças e nos coçamos. Esperamos até ser intolerável; depois, com raiva, atacamos com as unhas. Vez por outra um *Meister* percebe e se afasta com um gesto de mão, numa demonstração de desprezo. *Scheisse!* Rapidamente nos abotoamos. Quando coçamos, a ardência se torna ainda mais viva.

Um dia um *Meister* viu um piolho que descia pela nuca de um colega que trabalhava em uma carlinga. *Ach!* Afastou-se e chamou outro *Meister*. Estendeu o braço e apontou para a nuca do detento. Fizeram uma careta. *Scheisse!* O colega, que tinha se virado, os braços pendendo ao longo do corpo, deixava-se olhar como uma coisa.

Em geral, entretanto, os alemães não veem os piolhos. Veem apenas os sujeitos se contorcendo. As mulheres sabem que temos piolho. Primeiro, elas riam ao verem nossos colegas se contorcendo e se coçando. Já era curioso ver sujeitos assando no aquecedor da fábrica cascas de batatas para comer e todos esses crânios raspados de russos, franceses, etc., imagem da Europa podre, todos esses homens que não saberiam conversar com elas, descarnados e que brigavam em torno de um panelão de caldo; mas agora todos se coçam e parecem dançar. Já tinham ouvido falar dos piolhos, mas não sabiam que podia ser engraçado. Elas riem.

Um dia de manhã, o *Meister* Bortlick veio ver o meu trabalho; não chegou muito perto. As mãos rosadas, o cabelo castanho, dividido por uma risca certinha, brilhava; barbeado, usava paletó, pulôver e camisa. Tudo limpo. Os olhos percorreram meu pescoço; ele não o viu. Eu tentava não me contorcer enquanto ele estivesse ali. Tinha a impressão de me encontrar ao lado de um homem virgem, uma espécie de bebê gigante. Aquela pele rosada era repugnante. Ele nunca estava sujo, podia ficar nu e vestir um pijama. Eu experimentava um pouco do nojo que pode experimentar uma mulher diante de um homem virgem. Eu não sentia mais os piolhos. Essa pele intacta que não sentia frio, essa pele rosada e bem-alimentada que encostaria à noite numa pele de mulher, essa pele era horrível; ela não sabia nada. Ele observou a peça de dural na qual eu trabalhava; estava retorcida, estragada. Rubro de cólera, gritou, mas não ousou me bater por causa deles. Dei de ombros e ele foi embora, impotente.

Cada vez mais e mais. Toda noite, nas latrinas, os sujeitos, de torso nu, esmagam.

Quando estou quase pegando no sono, a ardência começa nas axilas e entre as coxas. Tento não me mexer, não me coçar, mas, se me contraio, sinto os piolhos caminharem na pele. Então coço para não mais sentir essa solidão tranquila do piolho, essa independência, para não experimentar nada senão a ardência.

Estão na camisa, no calção. Esmagamos, esmagamos. As unhas dos polegares estão vermelhas de sangue. Ao longo das costuras dormem pencas de lêndeas, ainda há mais, e mais, é nojento, é imundo. Há sangue na camisa, em meu peito vermelho, esfolado de mordidas. Crostas começam a se formar, arranco-as e elas sangram. Não aguento mais, vou gritar. Sou uma merda. É verdade, sou uma merda.

Enfiei de novo o calção. Ainda devem ter ficado alguns. Se ao menos pudesse deixar as coxas de fora... Sinto de novo o calção morno entre elas. É lá que se escondem as lêndeas; elas grudam na pele. A camisa também gruda na pele, cheia de piolhos e de lêndeas esmagadas. Seria preciso queimar tudo; tudo está podre, bom para o fogo. Sonhamos em queimar a roupa, nos enfiarmos em um banho ardente, de fogo, de ácido que os mataria, que arranharia a pele, escovaria tudo, e de lá sairmos vermelhos, esfolados, ensanguentados, mas livres.

Ao final de uns quinze dias, a direção da fábrica decidiu colocar nossas vestimentas na estufa de Gandersheim. Para lá fomos em grupos de trinta.

Partimos da fábrica por volta das dez horas da manhã. Lucien nos conduzia. De um lado da estrada, ao norte, uma imensa planície margeada por um riacho; do outro, a colina arborizada. A estrada serpenteava. Pela primeira vez pegamos outra direção que não a da fábrica.

O que havia atrás da curva da estrada que víamos da fábrica?

Duas vezes por dia, os civis desapareciam atrás dessa curva. Bem sabíamos que Gandersheim ficava lá, atrás da colina, a 2 quilômetros. Mas depois da curva o que havia?

Chegamos à curva. Atrás, um pedaço de estrada e outra curva. Nada mais.

Passamos por civis; olhavam estupefatos os sujeitos curvados, cabeças raspadas, sem rosto, a coberta nas costas, os capotes em frangalhos, o violeta desbotado das roupas listradas.

Que gente é essa? Prisioneiros? Não. Espécimes do complô contra a Alemanha... Não falam, só olham. Para onde vão?

Após a curva, vimos a saída do túnel do outro lado da colina; vimos a colina por trás; vimos uma pontezinha sobre um riacho; vimos uma casa com cortinas nas janelas; depois, vimos outra casa; depois, as casas se aproximaram umas das outras; depois, reparamos na campainha da porta de uma casa; depois, em uma mulher na janela; depois, pela janela, vimos cadeiras num aposento e alguém movendo-se lá dentro.

Lucien caminhava ao lado da fila; tinha um bom sobretudo com uma pequena cruz de chumbo nas costas. Quando uma mulher passava por nós, ele lhe olhava os seios, as pernas, virava-se. Nós víamos uma silhueta com um saco no braço. Devia ter pão e leite no saco. Lucien, que comia, olhava a mulher.

Como era possível dormir com isso? Fazia a mesma pergunta acerca de todas as mulheres que eu via na fábrica. Uma delas, no entanto, era bonita. Devia dormir com um homem. Eu via as dobras que deviam fazer seu corpo, como ele devia se tornar mole, via sua nudez. Via meu *Meister* em cima, essa mistura de peles rosadas, esses rostos que deviam ficar tensos e depois exaustos, esse ventre empanturrado da mulher, essas bundas cheias de carne. Nós tínhamos piolhos, mas não tínhamos essa carne, não tínhamos essas bundas macias.

Caminhávamos há um bom tempo quando chegamos à estrada pavimentada. Havíamos atravessado um rio e pouco depois entramos em Gandersheim. Lucien nos fez tirar a coberta das costas e a dobramos debaixo do braço. Tínhamos a impressão de desfilar. As casas eram baixas, coladas umas às outras, com janelinhas e cortinas coloridas. Avançamos pela rua. Olhávamos para todos os lados, enchíamos nossos olhos. Tínhamos a vaga impressão de macular o lugar. As poucas pessoas do lado de fora deviam ter entrado em casa e olhavam a coluna passar através das persianas. Talvez tivessem avisado a hora da nossa passagem para que ninguém ficasse na rua. Olhávamos; sujávamos. Uma padaria. Um açougue. Outra padaria: uma capela de pães marrons e reluzentes. Já havíamos reparado na padaria, antes de alcançá-la. Ao passar por ela, os trinta sujeitos a olharam e depois viraram a cabeça para tentar vê-la de novo.

Chegamos à extremidade do vilarejo; paramos diante do quintal de uma granja. Era lá que ficava a estufa. Na entrada, o SS já se impacientava. Era o novo *Lagerführer*, um suboficial. Vinha de Auschwitz, e Lucien tinha nos dito que lá, com uma chicotada, ele acabava com um sujeito. Não era muito alto, tinha o rosto gordo, um nariz avermelhado, pontudo. Vestia uma capa de chuva, botas e luvas de couro.

Ele se entediava. Nossa chegada o excitou.

— *Los, los!*

A coluna foi dividida em duas fornadas; eu fiquei na primeira fornada de quinze. Entramos em uma sala minúscula e úmida onde havia uma banheira. Um civil de avental branco nos deu cabides de ferro.

— *Los, los!*
Despimo-nos rapidamente; estávamos malvestidos, nos emaranhávamos nos cordões. Tudo estava no chão, bagunçado. Pendurei minha camisa, meu paletó, minhas calças e os trapos de meus pés no cabide. Fiquei nu. Levei o cabide até o cômodo vizinho, onde se encontrava a estufa, depois voltei à peça com a banheira. Tinha lama no chão. Decidimos lavar primeiro o rosto. Uma pedra como sabão. Pusemo-nos a esfregar. Um caldo negro escorria sobre o peito coberto de crostas. Rapidamente a água da banheira escureceu. O rosto pegava fogo, ainda sujo, mas não ousávamos mais molhar o rosto na água negra.

— *Los, los!* — berrava o civil de avental branco.

Empurrávamo-nos; ainda faltava esfregar o peito, as coxas. Com a água negra, comecei a esfregar as coxas com todas as minhas forças. Coxas de velho, quase as rodeava com uma das mãos. A pedra, seca, não escorregava na pele. Sulcos de água negra escorriam sobre as feridas das pernas. Esfregávamos. Era preciso aproveitar, isso não se repetiria. Não parávamos de esfregar. Manchas de sujeira permaneciam nos braços e nas coxas. Voltamos a nos esfregar com a água suja, os pés nus na lama. As costas, os peitos macilentos, crivados de crostas de mordidas de piolhos, fumegavam. Ainda faltavam as placas de imundície nos crânios.

Lucien observava, enojado. Como podia mudar de roupa quando bem entendesse e lavar-se com água quente e sabão, não tinha piolhos. Mantinha-se de pé, as costas apoiadas na porta; nunca nos desprezara tanto.

O civil de avental branco reapareceu. Não nos olhava, apenas gritava "*Los, los!*", abaixando a cabeça. Lucien reforçou: "Andem logo, porra, andem logo!" O civil abriu a porta e, saltitando ridiculamente, fomos para a peça vizinha, onde se encontrava a estufa. Ficamos grudados em volta da caldeira; os corpos fumegavam.

O SS encontrava-se perto da porta nos olhando; nós, totalmente despidos, também o olhávamos. Por que ele não nos matava de uma vez?

Ele perguntou a um de nós:

— *Was bist du?*

— Francês — respondeu o colega nu.
— *Woraus bist du?* — perguntou-lhe o SS.
— De Paris.
— *Ich weiss* — disse o SS zombando e acenando com a cabeça.
O colega tinha respondido tranquilamente: "De Paris." Por que o SS não o matou? Estávamos nus, a um metro e meio dele; podia nos matar com fortes chicotadas, bastava querer. Entediava-se. A porta que dava para o pátio da granja estava entreaberta. Ele espiava uma moça que se mostrava de vez em quando atrás do vidro da casa em frente. Seu jogo era hábil: ela vinha à janela, sorria e, a seguir, desaparecia. Um idílio delineava-se entre o SS, capaz de derrubar um sujeito com uma chicotada em Auschwitz, e a mocinha. Lucien, que se aproximara do SS, observava a manobra. Finalmente o SS foi embora. Lucien o viu partir com ar de quem compreendia; o outro, ao sair, lançou-lhe uma olhada demonstrando aceitar que ele tivesse compreendido. A expressão de Lucien encheu-se de orgulho por fazer parte da jogada.

Ficamos um momento nus contra a caldeira passando as mãos nas coxas, nos deixando apreciar pelos grandes olhos de Lucien. Ele estava realmente enojado: nos defendíamos mal, éramos uns idiotas.

O civil tirou as roupas da estufa; ferviam, fumegavam. Odor mais forte que o da terra depois da tempestade. Jogou-as por terra, de qualquer jeito, com as cobertas. Atiramo-nos sobre elas e começamos a revirá-las. O interior das camisas estava negro de cadáveres de piolhos. Tão sujas quanto antes, porém mais grossas pela imundície que havia sido cozida no interior. Enfiei a minha. Depois o calção. Estava quente e pesado.

Saímos. Estava fresco. Bem alto no céu puro, vi aviões. Deixavam rastros brancos. Duas velhas na janela os observavam, ansiosas; o alerta soaria. Era bom o tempo do alerta, um tempo que nos pertencia. Nem todo o dia estava contra nós.

O alerta soou. Tudo se imobilizou. As velhas deixaram a janela. Estávamos tranquilos. Observávamos o céu.

Janeiro. — Esta noite devíamos deixar a igreja. Íamos nos instalar nas barracas, perto da fábrica. Fábricas e barracas formavam um conjunto cercado por arames farpados. Os poloneses tinham sido os primeiros a ir para a sua, alojados com os alemães, os tchecos e os iugoslavos. Outra barraca estava dividida em duas: de um lado, os russos; do outro, os italianos. A nossa era a maior das três. Outras construções de madeira, onde estavam instalados a cozinha, o escritório do campo, junto com o quarto do *Lagerältester*, e o *Revier*, cercavam, com nossa barraca, um grande espaço onde deviam ter lugar as chamadas e os agrupamentos. As construções dos SS, mais afastadas da fábrica que as nossas, situavam-se ligeiramente ao alto; dominavam o conjunto de barracas que se encontrava abaixo da via férrea; as latrinas ficavam bem ao pé do talude. Mirantes distribuíam-se ao longo da via.

Tínhamos limpado a igreja. A palha fedia. Depois ficamos a perambular pelo corredor glacial, a coberta nas costas. Não víamos quase nada no chão coberto de lama.

Esperando a partida, saí para o pátio e vaguei em volta da cozinha para ver se achava algumas batatas cruas no fundo de uma tina. As pedras do pátio reluziam de gelo. O céu estava baixo e escuro sobre as colinas, e as escarpas, cobertas de neve. Um guarda SS em mangas de camisa cortava madeira diante da pequena cabana. A chaminé da cozinha fumegava. Tinha muita gente lá dentro. Devia fazer calor. Ao lado da porta, a tina cheia d'água. Zanzei ao redor, fingindo admirar as colinas. Espiava a chegada de algum kapo. Nenhum. O da cozinha devia estar lá dentro. Aproximei-me da tina, arregacei a manga direita, mergulhei o braço na água e peguei umas batatas; em seguida, abaixei a manga, afastando-me lentamente da tina. Entrei com o que tinha pegado. Sentia pesar meu bolso estufado. Estava rico. O futuro, cheio de batatas.

Alguns presos encontravam-se sentados no banco perto do aquecedor no fundo da igreja. Tirei uma batata, cortei duas fatias e as grudei no aquecedor. Reclamaram.

— Deixe de ser babaca. Você vai nos meter em confusão.

Tinham encontrado uma panela, também tinham roubado batatas, e as ferviam em cima do aquecedor. Um deles ficara à espreita; se o kapo viesse, deviam camuflar a panela. Minhas fatias de batatas deixavam marcas. Mesmo assim deixei minhas rodelas. O cozinheiro flamengo grandalhão zanzava pelo corredor; era um detento como nós. Veio nos ver, perguntou como estávamos e depois olhou o aquecedor. Os colegas gracejaram para inspirar-lhe confiança.

Aproximou-se do aquecedor e espiou o que tinha em cima.

— O que tem aí dentro? — perguntou.

O tom havia mudado.

— Batatas — responderam os sujeitos.

Embora um pouco inquietos, forçavam o riso.

— De onde vêm essas batatas?

Ninguém respondeu. O cozinheiro levantou a tampa.

— Filhos da puta! Vocês roubaram!

Não dizíamos nada. Ele estava em mangas de camisa, não sentia frio, tinha músculos nos braços. Apressou-se em retirar a panela.

— Puxa, não faz isso. Que diferença vai fazer para você?

— Venham comigo ver o kapo...

Ninguém se mexeu e ele foi embora com a panela. Arrasados, os camaradas olhavam a tampa vazia do aquecedor. O cozinheiro não tinha visto minhas duas rodelas.

— Esse cara é podre. Um puxa-saco dos boches! — disse um sujeito.

— Podre — repetiu outro.

Os outros fixavam o aquecedor vazio.

A noite chegou. Tínhamos pressa de deixar a igreja. Alguns grupos de franceses já haviam partido. Antes de entrar nas barracas, devíamos passar pela desinfecção que fora instalada ao lado da cozinha. Os piolhos haviam voltado; tínhamos mais piolhos do que antes da ida a Gandersheim.

"Vai ser melhor nas barracas", repetiam os camaradas. "Estaremos *entre franceses* nas barracas!" "Vai ser mais quente e a distribuição de comida será melhor nas barracas!" "Não vai ter mais piolho nas barracas!" Isso é o que veríamos. Os SS nos disseram que não ficaríamos mais de quinze dias na igreja; fazia mais de três meses que estávamos lá.

Apinhados contra o aquecedor, aguardávamos que o kapo viesse nos buscar. Os outros já haviam saído. A igreja estava quase vazia, alguns sujeitos perambulavam pelo corredor em grupos de dois, a coberta nas costas, encurvados, os ombros arqueados, de barba, os olhos apagados.

O kapo chegou e mandou uns vinte se apresentarem; fomos. Reunimo-nos no pátio, embrulhados nas cobertas. Não falávamos. Fazia muito frio, retesávamos o corpo. O kapo segurava uma lanterna. Contou-nos e depois nos pusemos em marcha.

A terra estava congelada e caminhávamos arrastando os pés como cavalos, nossas pernas magras e desajeitadas. Não escutávamos outro barulho além de nossos passos. A noite estava escura. Nenhuma outra luz senão a da lanterna amarelada balançando na mão do kapo. Que velho bruxo, puro osso, estava sob essas cobertas? Aquele ali tinha uma neta linda. E aquele lá, coberto de feridas, era o que enganava a mulher? Que ronda conduzia essa lanterna? Em que sono íamos aparecer? Doce terror. A língua estava quente sobre os lábios congelados. Os corpos colados uns aos outros, dávamos os braços para não cair; nossas pernas de cavalos magros nos conduziam com dificuldade.

Alcançamos os primeiros arames farpados do campo e, por um momento, seguimos a estrada. De lá percebíamos algumas luzes filtrando-se através das persianas das barracas. Atravessamos a porta de arame farpado da entrada do campo. A uma centena de metros dali, encontrava-se nossa barraca. Entramos em uma grande sala escura cujo piso era cimentado. Duas janelas davam para a estrada. Numa das extremidades do aposento, um fio de luz entrava sob a porta que dava para a sala de desinfecção. Esperávamos no escuro. O kapo tinha ido embora. Sentíamos frio. Encontramos, numa grande cuba de ferro, pedaços de madeira e papel de alcatrão. Acendemos; o papel queimava bem e pegou na madeira. As grandes chamas amarelas ardiam o rosto; no escuro da sala, todas as cabeças em torno da fogueira se iluminaram. A madeira crepitava. Com as costas no escuro, estávamos fascinados por essas chamas. O fogo oscilava como um bêbado. Víamo-nos todos como se nunca nos tivéssemos visto; os rostos angulosos iluminados apresentavam relevos extraordinários.

Da estrada, a luz era visível. Uma sentinela preveniu o kapo, que já chegou berrando; era preciso apagar completamente o fogo. Resistimos, retiramos apenas algumas tábuas. Então ele se irritou, tirou a madeira que restava e a pisoteou. No chão restaram alguns pedaços de tição ainda vermelhos; depois, novamente fez-se a escuridão.

Então fomos nos colocar contra a porta da sala de desinfecção. Um por um, olhamos pela fresta. Do outro lado, uma luz ofuscante, sujeitos nus, o vapor. Esses sujeitos surpreendidos nus, por um buraco na porta, pareciam cobaias submetidas a alguma experiência de loucos. Não sabíamos se devíamos esperar gargalhadas ou gritos de terror. Depois os vimos agitarem-se e formarem uma massa de corpos brancos ao redor de um monte de roupas saindo da estufa. E, progressivamente, à medida que se vestiam com suas camisas, suas calças e seus paletós, os reconhecemos.

Chegou a nossa vez de entrar. A luz cegava, o ar quente era úmido e pesado. O corpo relaxava dolorosamente. Lá dentro, Karl, o barbeiro alemão, que raspava todos os pelos com seu tosquiador, o doutor russo e um imenso polonês que, de mangas arregaçadas, atiçava o fogo da caldeira com uma espécie de lança comprida.

Tiramos a roupa e nos pusemos em fila para sermos tosquiados. Diante de mim, um sujeito baixinho, de pernas tortas, cobertas de feridas, as costas negras de mordidas. Um piolho descia por sua coluna vertebral. Nus, tentávamos não nos tocar e, quando esbarrávamos em um braço ou nas costas, recuávamos instintivamente. Quanto a Karl, estava vestido. Desde o início da tarde tosquiava cabelos, e sua mão direita estava fatigada. De vez em quando, suspirava, balançava os dedos, revirava os olhos, bocejava e mostrava seus três dentes. Atacou-me pela nuca. Fazia apenas um mês que tinham raspado minha cabeça e eu não tinha quase cabelo. A máquina de tosquiar traçava largas tiras da nuca até a testa. Karl resmungava, murmurava ao falar, eu não compreendia nada. Parou a tosquiadora por um instante e me perguntou, mais claramente, com ar amável, se eu não tinha uma guimba. Eu não tinha. Então retomou sua tarefa em ritmo acelerado, arrancando-me os cabelos. Reclamei, mas ele manteve o ritmo cada vez mais veloz e forte até o final. Quando terminou a cabeça, passei a mão em meu crânio, que pinicava um pouco; nunca me cansaria de acariciá-lo. O crânio, o rosto, o peito, era tudo a mesma coisa: osso recoberto de pele, pedra envolta por pele. Imaginava que, se tivessem decepado minha cabeça, poderiam segurá-la na mão sem repugnância. Agora Karl atacava o sexo. Um piolho equilibrava-se sobre os pelos. Karl afastou-se com asco, o piolho caiu no chão com um tufo de pelos. Ainda alguns golpes do tosquiador nas axilas, nas pernas e pronto. Parei a seguir na frente do doutor de avental branco sentado em um banco. Girei ao redor de mim mesmo, como um manequim. Eu não tinha sarna.

Depois de todos tosquiados, nos lavamos em um comprido tanque de madeira e fomos esperar junto à caldeira da estufa. Em meio aos zumbidos do vapor, aos estalidos do carvão, o polonês encarregado do fogo cantava a "Ave-Maria" de Schubert. Os corpos nus, brancos e arroxeados pareciam estar num aquário. O médico, meio esparramado no banco, os examinava procurando sarna. Do lado de fora, a escuridão e a neve.

Uma violenta corrente de ar frio; era Fritz quem entrava. Juntamo-nos um pouco mais e nos aproximamos da caldeira, mas o polonês nos afastou com sua barra de ferro, sem brutalidade. Fritz ainda não tinha nos visto nus. Aqueles eram os sujeitos que queriam enforcá-lo. Divertia-se. Usava um casacão pesado e uma balaclava. Estava coberto de lã grossa e confortável. Com um soco, podia derrubar qualquer um de nós no chão. Sabia disso. Sabia também que com um único soco podia resolver seus conflitos conosco. Estávamos em um campo de concentração, ele era kapo, nós não sabíamos o que era a disciplina, estávamos sujos e magros, trazíamos o triângulo vermelho, éramos uns filhos da puta, inimigos da Alemanha. Ele era alemão, portava o triângulo verde, era um preso comum. Não era um filho da puta, não queria que *a Alemanha fosse bolchevizada*. Segundo ele, os SS tinham razão. E ele, o direito de comer. Não valia a pena demonstrar delicadeza com sujeitos sujos daquele jeito, sujeitos que comeriam até merda.

Fritz passeava como o dono da sala, um chicote na mão. Os sujeitos nus o acompanhavam com os olhos. Gostariam de pendurá-lo pelos pés, de cabeça para baixo, a balaclava na cabeça, a bunda de fora; gostariam de bater em sua bunda redonda, bater e ouvi-lo choramingar. Fazer Fritz choramingar... o milagre, a explosão de prazer...

Quando ainda na igreja, Fritz tinha ficado doente, uma inflamação grave na garganta. Deixamos de vê-lo diante da cabana na chamada. Graças à ausência de Fritz, podíamos nos demorar um pouco para formar os agrupamentos, não nos alinharmos direito, até mesmo nos esconder no trabalho, ter um pouco de tranquilidade. Ele não estava lá; não estava em lugar nenhum. Ficamos obcecados: "Ia morrer?" Deitado, não podia mais berrar; não podia fazer nada, e seu chicote repousava sobre uma cadeira ao lado do seu prato e da sua colher. Se tivéssemos tido audácia, poderíamos ter tentado descobrir as novidades, teríamos ido olhá-lo, nós de pé e ele deitado. Dois dias se passaram, ele não voltava. Tínhamos esperança, será que ele ia morrer? Que força poderia resistir a esta vontade coletiva de vê-lo morto? Mas Fritz implorara ao doutor espanhol que fizesse alguma coisa por ele e o médico havia falado com os SS. Fritz era detento, mas era kapo, era alemão, e não passava de um preso comum. Foi operado em uma clínica de Gandersheim. Uma manhã, chegou à chamada, o pescoço enfaixado, o chicote na mão.

Já voltara a ficar robusto. Os SS lhe salvaram a vida. Foram atenciosos à garganta do kapo Fritz e o haviam confiado a um médico de mãos leves que tirava amídalas de crianças, de pessoas honestas, e Fritz se sentara nas mesmas poltronas que elas. Voltara enobrecido. Os outros kapos também ficaram orgulhosos, tranquilos, sentiam respeito por ele.

Esperamos muito tempo, nus, perto da caldeira. Foi mais demorado que em Gandersheim. A temperatura da estufa não podia subir mais. Talvez os piolhos morressem, mas não as lêndeas. Eu sentia fome. Era sempre preciso acrescentar a fome a tudo. Não teria nada até o dia seguinte. O romeno que lavava a roupa de baixo dos SS mandava para dentro uma grande gamela de batatas refogadas. Debochava da gente por causa de nossa magreza. Tinha um nariz comprido e vivia sorrindo. Diante dos SS, seu sorriso se alargava. Na igreja, começara a vir rondar o aquecedor. Estava sempre sozinho. Víamos seu nariz e seu sorriso avançarem; ele olhava o aquecedor e fingia se esquentar. Um colega colocava lá dentro um rosário de batatas. O romeno não abandonava seu sorriso, esperava um instante e depois ia embora. O kapo chegava logo em seguida. O romeno ganhava várias gamelas. Após duas ou três repetições da cena, compreendemos. Toda vez que ele vinha, o tratávamos como lixo, demonstrávamos que morríamos de vontade de lhe quebrar a cara. Ele compreendia, mas continuava sorrindo. Sentia-se protegido.

Agora ele era poderoso, por vezes até mesmo se permitia bater. Mais tarde devia se alistar à Waffen SS.

Finalmente tiraram as roupas da estufa. Como em Gandersheim, olhamos as camisas e as sacudimos para derrubar os cadáveres de piolhos. Era preciso pôr nas costas as mesmas imundices fumegantes e grossas. Vestimo-nos rapidamente e saímos. Caminhávamos devagar na neve. Batia um vento frio, mas não sentíamos o frio, banhados ainda pelo vapor da estufa. Nenhum barulho vinha do bloco, apenas uma luz. Era dividido em dois dormitórios, separados por uma entrada, onde devia acontecer a distribuição da comida. Entramos, estava escuro. Um barulho de água corrente; era um colega mijando numa tina de ferro instalada na entrada. Não o víamos.

Abri a porta do quarto; recebi uma lufada morna; era um palácio. Estava silencioso; a maioria dos sujeitos dormia. Tinha um aquecedor na extremidade da peça; ao lado, sentado em um banco, um colega fazia a vigia da noite. Exibia ar atento e nobre, quase intimidado pelo silêncio, pela limpeza e pelo calor. Fui até ele dar boa-noite; conversamos em voz baixa, nos mostrávamos cheios de reserva naquele lugar, com um assoalho, uma fileira de beliches de cada lado do corredor, colchões novos. Uma cama para cada homem. Voltei na ponta dos pés para meu colchão. Eu não sonhava, era ali que iríamos viver agora. Tirei a roupa, o calor era bom, os gestos podiam ser vagarosos. Podíamos levar todo o tempo para tirar os sapatos, não tínhamos nem mesmo pressa de deitar. Os crânios dos colegas estavam nus, não conservavam o gorro na cabeça, como sempre acontecia na igreja. Alegrei-me por eles, por seu conforto e tranquilidade.

Gostaria de que no bloco não restasse nenhum traço da miséria da igreja, de que a cada noite não tivéssemos senão a vontade de tomar sopa, conversar e deitar sem brigar. Enfim, de que qualquer coisa passível de assemelhar-se a outra vida fosse viável.

Aqui, como em todos os campos e *Kommandos* da Alemanha, havia os políticos (resistentes e reféns) e os outros, presos comuns, enviados ao campo ao mesmo tempo que os políticos a cada esvaziamento levado a cabo tanto nos campos dos países ocupados quanto nas prisões da Alemanha e dos países ocupados. Eram traficantes do mercado negro, escroques de vários tipos. Dentre eles, um verdadeiro bruto que garantiam ter sido preso por um "crime sórdido", a quem chamávamos de *assassino*, e até mesmo um antigo agente da Gestapo, um sujeito do leste que se dizia chamar Charlot, também preso comum.

Quando chegamos a Gandersheim nos vimos diante dos SS, do *Lagerältester* e dos kapos, presos comuns; nenhum falava ou compreendia francês. A primeira questão que se impôs foi a escolha dos intérpretes. Nesse comboio, três detentos falavam bem alemão: um político, Gilbert, e dois presos comuns: Lucien — o polonês que morava na França — e Et. Gilbert tornou-se intérprete na fábrica; Lucien, no *Zaunkommando*, e Et virou *Stubendienst*. A nomeação deste foi problemática, não apenas por entregar nas mãos de um preso comum o controle da distribuição da comida, mas também por subordinar, em grande parte, toda a organização da nossa vida, na igreja, à sua boa vontade. Tal designação foi feita pelo *Lagerältester* alemão Paul, que, no entanto, usava o triângulo vermelho dos políticos.

Gilbert tentara se opor à nomeação; havia explicado a Paul que ele, Gilbert, ou outro político francês poderia aprender rapidamente o pouco de alemão necessário e encarregar-se da tarefa. Entretanto, Paul definitivamente não tinha o comportamento de um preso político. Recusou-se. Graças a essa nomeação (Et dormia com Paul), os presos comuns seriam favorecidos por ele, e, de modo geral, nunca os políticos encontraram o menor apoio junto a esse zeloso auxiliar dos SS.

Assim, o *Lagerältester*, detento que era superior hierárquico dos kapos e responsável, perante os SS, pela organização e pelo andamento do *Kommando*, estava nas mãos de um preso comum. Por esse primeiro ato, nossa situação se via gravemente comprometida.

Com efeito, Et sabia que, por intermédio de Gilbert, havíamos tentado nos opor à sua nomeação. Sabia ter contra ele todos os políticos do *Kommando*. Seu trabalho, junto ao *Lagerältester*, consistia então em nos desacreditar junto a este, combater-nos, até nos denunciar, para se ocupar apenas do seu próprio conforto e do da clientela que reunira ao seu redor. Toda ação possível, toda discussão com o *Lagerältester* tornava-se estéril. Se Gilbert conseguia falar a sós com o *Lagerältester* e tentava convencê-lo — pelas críticas que fazia à gestão do *Stubendienst* — a nos deixar providenciar uma melhor organização, sabíamos que à noite o pouco trabalho que havia sido feito seria reduzido a nada pelo *Stubendienst*, e que, na manhã seguinte, Paul se mostraria ainda mais indiferente e, posteriormente, mais hostil.

Se o nosso *Kommando* tomou o aspecto que surge neste relato, se o que conhecemos divergia por completo do que acontecia, por exemplo, em Buchenwald, a causa teve origem nesse primeiro ato do *Lagerältester*. Outras razões se seguiram.

Ser intérprete era evidentemente um emprego mole, porque não se trabalhava. Mas havia duas maneiras de ser intérprete. Para Lucien, o trabalho consistia em traduzir as ordens dos SS e dos kapos mas tornando-as, progressivamente, suas. Lucien não repetia apenas na língua francesa o que diziam em alemão; habilmente tornara-se o auxiliar de língua francesa dos que comandavam na língua alemã. Foi sempre intérprete dos kapos e dos SS, nunca dos detentos. Daí as gamelas, o tráfico, a fraternidade com Fritz, a estima do *Blockführer* SS.*

Gilbert, tanto na fábrica quanto na igreja, era o intérprete dos detentos, ou seja, só se servia da língua alemã para tentar neutralizar os SS, os *kapos*, os *Meister*. Foi, aliás, bastante hábil em resolver muitos conflitos entre nós e os *Meister* e bastante corajoso ao justificar ou *desculpar* alguns camaradas diante dos SS. Ele cumpria seu papel de preso político, prevenia, protegia os colegas, servia-lhes de escudo. Então, ser intérprete não era simplesmente um emprego mole, mas também um risco adicional, pois, agindo assim, Gilbert tornara-se inimigo dos kapos.

Quando chegamos a Gandersheim, os kapos ainda usavam pijama listrado. Eram nossos chefes, mas ainda não haviam se desligado completamente da massa.

Para esses presos comuns alemães, a qualidade de kapo — que para um político devia, sobretudo, comportar responsabilidades em relação aos camaradas detentos, no mesmo sentido em que a do intérprete para Gilbert — não passava do meio de abandonar o pijama listrado, de comer à vontade as rações dos detentos, de se tornar no campo homens de uma natureza diferente da dos detentos, adquirindo, graças à absoluta confiança dos SS, poder

---

*Auxiliar do comandante do campo (*Lagerführer*).

absoluto. Para tal, precisava haver uma ruptura entre eles e nós. Os murros deviam gerar essa ruptura.

Para começar, entretanto, era mais fácil espancar a massa do que alguns sujeitos à parte. A sessão de distribuição do pão devia fornecer essa oportunidade aos kapos.

Todo dia, às quinze para as cinco da manhã, éramos quinhentos amontoados do lado de fora, no pequeno pátio da igreja, aguardando a distribuição do pão. Nesse espaço minúsculo, franceses, russos e italianos empurravam-se, pisoteavam-se; a massa se espremia ora contra os arames farpados, ora contra a divisória da cozinha. Sob a neve ou sob a chuva, isso durava 45 minutos num rumor de multidão que só cessava quando a sentinela, atrás do arame farpado, apontava a metralhadora na nossa direção ou o kapo chegava com seu cassetete duro de borracha.

Em vez disso, em cada grupo de dez, um camarada poderia muito bem ir buscar o pão. No lugar de quinhentos, seriam cinquenta do lado de fora. Fora o que pedíramos ao *Lagerältester* e aos kapos, mas esses não demonstrara interesse. Os kapos precisavam disso. Precisavam de que houvesse desordem, provocada, se preciso, para que eles próprios fossem necessários. E, quando o kapo *restabelecia a ordem*, sobrepunha-se a essa massa, dominava-a, diferenciava-se dos que espancava. Era justo então que comesse diferentemente, se vestisse diferentemente, fosse considerado diferente pelos SS e, pouco a pouco, *reabilitado* por eles.

Nossos kapos não nos espancavam por falta de disciplina. Pelo contrário, nossos kapos faziam tudo para comprometer a disciplina — que éramos os primeiros a querer impor —, pois esta suprimiria sua razão de ser ou, em todo caso, não lhes permitiria ser os semideuses do *Kommando*. Antes de tudo, eles deviam nos espancar para viver e ocupar a posição que desejavam. Nós devíamos ser totalmente desprezíveis. Para eles, isso era vital. Assim, toda proposta de organização havia sido sistematicamente repudiada pelo *Lagerältester*, porque era necessário reduzir em nós toda vontade de organização coletiva, era preciso nos degradar. Depois disso, podiam reinar o desprezo e a pancadaria.

Estávamos, portanto, completamente isolados. Gilbert era o único político em condições de ajudar os colegas, mas apenas no ambiente da fábrica, nos contatos com os *Meister*. Por sinal, nem isso duraria.

Assim, o que era possível em campos onde a administração era mantida por presos políticos não era possível aqui.

Provou-se impossível dar um pouco mais de comer aos camaradas que enfraqueciam com rapidez. Impossível poupar os designados aos trabalhos mais duros. Impossível usar o *Revier* e a *Schonungen*,* como se fazia em outros campos. Entre nós, somente havia sido possível uma organização de solidariedade que, todavia, não permitira poupar ninguém, salvo muito esporádicas exceções. Entretanto, a opressão e a miséria eram tamanhas que a própria solidariedade, entre todos os políticos, ficava comprometida. Existia em grupos de três ou quatro. Para organizar, para pensar, contudo, é preciso força e tempo. Ora, ali, todos nós trabalhávamos das seis da manhã às seis da tarde. Em nosso *Kommando*, composto basicamente de franceses, russos, italianos e poloneses, a organização de uma solidariedade internacional teria, por motivos mais óbvios, que se apoiar num grupo composto por políticos que dispusessem de poder no campo. Mas os políticos não tinham poder. Daí nos unirmos entre os da mesma nacionalidade, sendo os poloneses os mais favorecidos, pois quase todos falavam alemão, já possuíam larga experiência nos campos e, até a ofensiva russa do mês de fevereiro, recebiam encomendas.

Os franceses eram os mais odiados, os que mais apanhavam e, assim como os italianos, os menos robustos. Apenas isso não bastava. O grupo francês compreendia uns vinte presos comuns bem-colocados junto à direção do *Kommando*. Com efeito, o que não era possível, em hipótese alguma, obter junto aos kapos ou ao *Lagerältester* pela reivindicação podia ser obtido pelo tráfico, pela adulação servil, pela negociação e por uma espécie de solidarieda-

---

*Licença-repouso no bloco em caso de doença não grave. (*N. da T.*)

de entre *homens*, que, aliás, podia imediatamente transformar-se em raiva feroz e, a seguir, novamente em cumplicidade. Era o domínio dos presos comuns.

A despeito desse conjunto de condições, havíamos tentado nos agrupar em torno de Gilbert. Núcleos foram formados: informações, contatos, ação. Apenas alguns responsáveis eram informados do papel que teriam a desempenhar. Este grupo tinha duplo objetivo: primeiramente tentar garantir a segurança dos políticos que podiam, por ocasião de brigas, sofrer ameaças dos presos comuns; acima de tudo, acompanhar de perto o andamento da guerra e tentar se preparar para uma ação no momento da aproximação dos Aliados. Mas também essa tentativa estava fadada ao fracasso. A oposição conjunta do *Lagerältester* e dos kapos era muito forte; a miséria do corpo também.

Gilbert foi marcado. Não podíamos ter informações precisas sobre a guerra. Sobretudo, mais tarde, quando a aproximação dos Aliados levantaria a questão da evacuação, não devíamos obter nenhuma informação sobre os projetos dos SS e dos kapos em relação a nós. Vigiados sem cessar, revistados regularmente, delatados pelo *Stubendienst* Et, que havia revelado ao *Lagerältester* a existência de mapas da Alemanha entre nós, não *chegávamos* a lugar algum.

Não havia como exigir muito mais dos que desmaiavam de fraqueza na fábrica ou cujas pernas estavam inchadas de edemas, dos que não podiam sequer correr e que voltavam à noite, após doze horas de trabalho, apenas com o pedaço de pão da manhã na barriga.

A opressão total e a miséria absoluta têm o poder de lançar cada homem numa quase solidão. A consciência de classe e o espírito de solidariedade são ainda expressão de certa saúde que resta aos oprimidos. Não obstante alguns despertares, a consciência dos presos políticos tinha chances de se tornar aqui uma consciência solitária.

Entretanto, embora solitária, a resistência dessa consciência prosseguia. Privado dos corpos dos outros, privado progressivamente do seu, cada um tinha ainda a vida a defender e a desejar.

———

Gilbert fora nomeado chefe do bloco. Et preferira conservar o cargo de *Stubendienst*. A ele se agarrava ainda mais depois que o *Lagerältester* havia especificado que apenas ele, *Stubendienst*, era responsável pela comida. Aliás, Gilbert não conservaria por muito tempo o seu cargo.

Mal havíamos nos instalado na barraca, os conflitos explodiram. O *Stubendienst* tinha sua clientela. Seus colegas queriam comer, queriam sua habitual gamela suplementar.

Uma noite, após a distribuição da sopa (ao meio-dia só recebíamos um caldo e a divisão era feita na fábrica), o *Stubendienst* levara para o seu abrigo o panelão que continha o resto da sopa e a parte dos *Nachtschichten* (trabalhadores da noite). Era chegada a hora da clientela.

Os presos os viram passar com as gamelas.

— Olha lá, são sempre os mesmos!

Então instalou-se o tumulto. Do corredor do bloco, através das frestas das paredes, espiavam o interior do abrigo; o panelão estava descoberto.

— Para quem é essa sopa? Você não acha que eles podiam distribuir as sobras? — perguntava um sujeito.

— Essa disciplina enche o saco, bastava nos dar de comer.

Os sujeitos acompanhavam as idas e vindas no abrigo; viam o *Stubendienst* mandar para dentro sua segunda gamela de sopa grossa com pedaços de batata. Depois o viram estender uma gamela pela metade para aquele cuja vista mergulhava do alto do beliche no abrigo. Gilbert finalmente saíra. O outro podia entrar. A sopa circulava; como sempre, havia quem recebesse e quem não recebesse. Os olhos dos que não recebiam arregalavam-se ao verem passar as gamelas. A sopa diminuía. Alguns continuavam a espiar pelas frestas. Estes não receberiam nada. O estômago crispava-se diante de uma gamela cheia. Depois, como não aguentassem mais, foram para a entrada do bloco; lá encontraram um panelão de sopa vazio. Agacharam-se, e cada um deles, segurando-a para que o outro não a erguesse, raspou as paredes e o fundo, lambeu os dedos. O interior do panelão tornou-se liso e brilhante.

Continuaram perambulado na entrada. Como eu, aguardavam o retorno de Dédé, um jovem político francês, que era cozinheiro e, à noite, levava batatas e sal para alguns camaradas. Éramos três ou quatro no escuro da entrada; cruzávamos uns com os outros sem nos falar. Todos aguardando a mesma coisa. Quando um cozinheiro entrava, avaliávamos seus bolsos com o olhar. Quando Dédé chegou, nos aproximamos e o cercamos. Tentávamos perguntar-lhe calmamente como ele passava. Depois, angustiados, esperávamos. No escuro, não se via a mão de Dédé. Sem nada dizer, Dédé procurava o lugar do bolso nas calças daquele à sua frente. Por sua vez, este procurava a mão de Dédé, segurava-a. A mão estava cheia. Uma batata, mais uma, outra ainda. Enfiávamos as batatas, uma a uma, no bolso.

Estávamos salvos aquela noite; o bolso cheio, a mão em contato com as batatas, um futuro era possível.

Às vezes, não havia nada. Continuávamos a perambular pela entrada. Íamos mijar. Quando tínhamos definitivamente desistido, voltávamos a entrar no quarto.

Em torno do aquecedor, sempre havia um agrupamento. Na tampa, o pão da manhã guardado tostava, junto a rodelas de batatas e pedaços de rutabaga. Aqueles a quem nada daquilo pertencia observavam pousarem e retirarem essas coisas de comer. Viam desfilar séries de rodelas, de fatias, de rosários de batatas; de tudo aquilo, não comeriam nada.

— Ei, você, essa rodela é minha.

Um sujeito acabava de roubar a rodela de batata, debaixo do nariz daquele que protestava.

— Você só pode estar louco! — respondeu o sujeito, rindo.
— Estou dizendo que é minha.
— Fui eu que coloquei essa rodela aí faz dois minutos.
O que acabara de roubar era o *assassino*.
Tinha uma cara sombria, olhos negros e fundos, mãos quadradas, enormes.
O outro era André, um estudante, já muito fraco. Não por acaso, o *assassino* o atacava.
— Você vai me devolver essa rodela — tentou argumentar André.
— Não fode.
Os sujeitos em torno do aquecedor não diziam nada; todas as rodelas se pareciam. O *assassino* ria.
— Não é a primeira vez que você rouba — disse André, que, apesar de ainda trazer algumas rodelas na mão, não queria deixar o aquecedor.
— Do que você está falando? Já disse que é minha — retrucou o outro com calma.
André pediu o testemunho de alguns sujeitos:
— Vocês viram que era minha...
Ninguém respondeu.
— É nojento conviver com tipos assim.
Então escutou-se uma voz de sotaque meridional:
— O senhor quer dizer que é desonroso para um sujeito da Resistência ficar junto de *homens*?
O que tinha falado era um bordelês pequeno e encurvado, de olhos negros.
— Eu disse que é nojento ter que conviver com tipos que roubam — respondeu André.
— E eu estou dizendo que você não é *homem* porque, se fosse *homem*, já teria partido para cima dele.
O *assassino* continuava tranquilamente a assar outras rodelas. Sorria, dominador, aguardando a reação de André. O estudante mal conseguia manter-se de pé. Pálido, encarava o *assassino*, sem se mexer.

— Não brigamos com tipos como esse — disse ele, finalmente.
— Olha aqui, melhor ser educado, senão isso vai acabar mal — avisou o *assassino*.

Nesse momento, outros intervieram.

— Olha aqui, você já está começando a encher o nosso saco com suas rodelas. Se o Fritz chegar, vai levar o aquecedor e ponto final.

Vários sujeitos interpelavam o *assassino*.

— Você não pode deixar a rodela para ele? — perguntavam.
— Ele tem mais necessidade de comer. Você sabe se defender.
— Basta ele também se defender — respondeu o outro, grosseiro. — Basta arriscar-se a 25 chicotadas na bunda e ir ao silo.

André, calado, começava a comer as rodelas que lhe restavam. Então o bordelês proferiu:

— O senhor é da Resistência, mas não quer se sujar. Então resmunga, porque há homens que se defendem. Todos da Resistência morrem de medo das chicotadas na bunda.

Gracejava, mas o tom de voz tornara-se provocador. O *assassino* estava bem tranquilo, comia. Uma voz partiu então de um beliche, dirigindo-se ao meridional. Era Jean, um político, antigo cozinheiro, dispensado das cozinhas por ter dado de comer a um colega.

— Me diga uma coisa, Félix, não é porque você já trabalhou na Gestapo que vai chegar aqui para cagar ordens. Não vai ser você quem vai estabelecer a lei aqui!

Félix ficou vermelho de raiva. Fez-se silêncio.

— Desce e vem me dizer isso aqui — gritou Félix.

Jean saltou da cama. Estavam cara a cara. O primeiro soco partiu. Tentaram separá-los.

— Deixa, deixa eles, porra — gritava o *assassino*, rindo.

Jean e Félix continuavam agarrados um ao outro; o pescoço de Félix estava inchado.

Foram separados.

— Nunca fui da Gestapo — berrava Félix. — Sou homem. Nunca entreguei ninguém, não faço esse tipo de trabalho.

Estava rubro, repetia, quase chorando:

— Nunca fui da Gestapo. Nunca entreguei um homem. Se alguém repetir isso, acabo com ele.

— Então melhor calar a boca sobre a Resistência — falou Jean, que já se acalmara.

— Basta eles deixarem de ser tão babacas — disse Félix.

— É isso aí, eu sou babaca porque reclamo, porque me roubaram uma rodela — defendeu-se André.

— Ah! Esse cara está torrando o saco — disse o *assassino*, plácido. — Vem pegar sua rodela. Ela está aqui dentro. — Batia na barriga, divertindo-se.

A calma voltara ao dormitório. Os que tinham ido para a beira do beliche assistir à briga voltavam a se deitar.

Dois outros começaram a discutir por um lugar no banco perto do aquecedor, mas rapidamente se acalmaram. A briga entre Félix e Jean havia absorvido a agressividade dos sujeitos naquela noite.

Na igreja, evitávamos esses choques, mas aqui era impossível. Aqui qualquer um sempre podia ser ferido por palavras que, na igreja, se perdiam. Não poderíamos mais falar dos presos comuns nem eles da Resistência sem que a briga começasse. Tornávamo-nos de uma susceptibilidade extrema em relação a tudo que dizia respeito ao motivo de nossa presença aqui.

Félix, que permanecera perto do aquecedor, resmungava, *eu não sou canalha, sempre fui homem*. Ninguém lhe respondia.

Finalmente, deixou o aquecedor. Tentou se acalmar; abrira seu paletó, enfiara as mãos nos bolsos. O ombro esquerdo mais alto que o direito, dirigiu-se à porta, gingando. Lançava uma olhada sobre cada leito ao passar. Todos estavam deitados e não lhe davam a menor atenção.

Passou diante da cama de um camarada que não dormia. Aproximou-se.

— Você ouviu aquele babaca? — perguntou. — Eu nunca entreguei um sujeito, compreende? Nunca. Porque eu sou *homem*.

Os olhos interrogavam, o rosto se contorcia numa careta.

— Eu acredito em você — respondeu o outro.

— Evidentemente que lá eu faço uns trabalhinhos. Não faço o mesmo trabalho que você. Aqui eu me defendo, é normal, porque, se não me defender, morro.

Olhava ao redor, ainda exaltado por causa da briga. Recomeçou:

— Mas eu me defendo sozinho. Não faço como o veadinho do *Stubendienst*. Ele me entregou, foi dizer ao *Lagerältester* que eu fingira ter machucado o braço para não dar duro, então o outro mandou cancelar a minha *Schonung*.

— Todo mundo sabe que ele é um filho da puta — observou o camarada.

— Não se preocupe, se nos encontrarmos depois, ele me paga — disse Félix entre os dentes.

O outro deu de ombros. Já fazia tempo que ouvíamos essas ameaças. A intenção era fazer crer que, em certas pessoas, a raiva tinha chance de ser duradoura, podia ser outra coisa além de uma manifestação do estômago vazio. Mas a própria ameaça era deteriorada pela miséria. Era um estado do corpo que lhes propunha as palavras mais ignóbeis. Canalha era das mais frequentes. Pretendia ser definitiva. Fora disso que Félix acabara de chamar o pequeno *Stubendienst*. Aliás, já lhe dissera isso na cara. Entretanto, podia voltar a insultá-lo e, dois dias depois, dar risada juntos.

Baixeza, fraqueza da linguagem. Bocas de onde nada mais saía de ordenado nem de forte o suficiente para permanecer. Era um tecido frágil que desfiava. As frases se seguiam, se contradiziam, exprimiam certa eructação da miséria: uma bile de palavras. Tudo ali se misturava: o filho da puta, a mulher abandonada, a sopa, o vinho tinto, as lágrimas da velha, o canalha etc. A mesma boca dizia tudo sem intervalos. Saía tudo sozinho, o sujeito se esvaziava. Só cessava à noite. O Inferno deve ser assim, o lugar onde tudo o que se diz, tudo o que se exprime, é vomitado por igual, como num vômito de bêbado.

Havia, contudo, o setor dos silenciosos: Jacques, o estudante de medicina, e, principalmente, Raymond Jaquet, com quem participara da revolta de Eysse. Félix dormia perto deles. Deixavam-no berrar.

Félix era um gângster. Não era ele o agente da Gestapo, mas Charlot. Sem dúvida, tinha sido preso por conta do mercado negro. Um *homem*, como ele dizia; ou seja, um sujeito que se lixava para a lei dos outros. Quanto a Jaquet, ganhava a vida trabalhando. Desprezavam-se por completo. Nenhum compromisso possível, nenhum laço de fato. Às vezes, Félix esperava dos outros uma aproximação, mas seria impossível. Então Félix provocava, os outros o mandavam para o inferno e cada um arraigava-se mais fortemente à sua posição.

Félix era corajoso, não era um delator. Conversei muitas vezes com ele. Certamente, se regressasse, voltaria a ser exatamente o que era: um gângster. Mas não era inútil que de vez em quando um otário falasse com um *homem*. Falávamos da guerra. Tanto o homem quanto o otário esperavam a Libertação. Então o otário explicava ao homem como as coisas poderiam se passar: aviões, tanques, paraquedistas etc. Amiúde, o homem repetia as mesmas perguntas: "Quanto de Arnheim até aqui? Quanto de Colônia até aqui?" Refletia como uma criança, diante de um problema difícil, dispersava-se. Realmente, era difícil. Aqui perdia seus meios e reclamava.

Já estivera na prisão, mas não era a mesma coisa. Entediava-se, caminhava pela cela, contava os dias, as oportunidades perdidas, mas comia, sabia que tal dia, a tal hora, estaria lá fora, diante da porta. Não havia desaparecido; seus colegas falavam dele com a seriedade dos que se arriscam por aquele dentre eles que paga: "Félix está na prisão." O negócio era simples. A prisão não o tornava outro homem, ao contrário, pois só encontrava homens iguais a ele. Aqui havia toda espécie de gente, gente *honesta*. A guerra era um negócio do qual nunca se ocupara anteriormente. A guerra era também números e geografia que não conhecia. "Onde fica Colônia? Onde é a Cracóvia? Uma divisão blindada tem quantos homens? Quantos aviões têm os americanos?" Queria tentar compreender o que se passava e como se fazia esta guerra, pois dela, indiretamente, tornara-se *vítima*.

Quando comia, Félix meditava sobre tudo isso. Continuava o sujeito que havia sido *trapaceado*, mas, mesmo assim, sentia que havia qualquer coisa de novo, maior que isso. Vivia uma aventura cujo final era imprevisível, com pessoas diferentes dele. No fundo, sentia-se intimidado, porém experimentava também certo orgulho de ser, como os outros, vítima desta guerra. Compartilhava da condição dos *loucos*, dos que se ocupam com o que se passa no mundo.

Depois de muito quebrar a cabeça a prever o possível momento da Libertação, suspirava e falava do tempo em que era rei. Era conhecido, tinha mulheres. Descrevia os festins com gestos abundantes, ele no meio da mesa, com um charuto. Os honestos faziam muxoxo, outros escutavam e se calavam; ele os comprometia, ao despertar neles alguma tentação antiga. Ele falava arrastado, os olhos piscavam.

Apesar de destituído dessa realeza, os outros presos comuns, à exceção de Charlot, o agente da Gestapo, tinham por ele certa consideração.

———

Normalmente, Félix reclamava sem parar. Em volta do aquecedor, sempre intolerante, reclamava de Gilbert. Todos sentiam fome. "Vai lá um pouco para ver o que mandam para dentro esses senhores", dizia ele. "Se vocês são otários, comigo isso não funciona!" Deixavam-no falar, mas o ataque sempre funcionava quando alguém designava precisamente um sujeito que comia. Estavam consumidos pela vontade de injuriar e caluniar. Se alguém intervinha para dizer que era mentira, que Gilbert não se empanturrava de comida e que, na fábrica, defendera sujeitos que haviam enfrentado dificuldades, seus argumentos não encontravam eco, a defesa tombava no silêncio. A calúnia era mais forte do que a verdade, porque assim preferiam. Tinham a barriga vazia e, na falta de outra coisa, a raiva ocupava o vazio. Apenas a raiva e a injúria distraíam a fome. Empenhavam-se em encontrar um alvo com tanta obstinação quanto em procurar um pedaço de batata entre as cascas. Estavam possuídos.

Perto do aquecedor, naquela noite, alguns só tinham tomado a sopa. A gamela estava vazia, era possível olhá-la — estava vazia. Podíamos procurar na entrada, lá também nada havia para comer, os panelões vazios, raspados. Podíamos sair: no chão, lá fora, nada senão neve. Perto dos arames farpados que ladeavam a estrada, ficava a cozinha. Lá, sim, havia o que comer. A cozinha ficava entrincheirada. À noite, os cozinheiros se demoravam por lá. Cada vez que um saía, a porta era trancada à chave por dentro. Lucien encontrava-se na cozinha comendo. Quando voltava para o quarto, estava ligeiramente corado. Lucien tinha bochechas, os cozinheiros também — era normal. Olhávamos esses tipos que não tinham mais fome, que iam se deitar de barriga cheia. Quando íamos mijar, demorávamos um instante, olhávamos o céu e, em seguida, antes de entrar, a barraca da cozinha, trancada à chave.

Naquela noite, era preciso irmos nos deitar assim, amanhã também, com esse buraco no meio do corpo que suga, suga até o olhar. Os punhos cerrados, só abraço o vazio, sinto os ossos de minhas mãos. Trinco os maxilares, também só ossos, nada para triturar, nada macio, nem uma mínima partícula para colocar entre eles. Mastigo, mastigo, mas é impossível mastigar a si mesmo. Sou aquele que mastiga, mas onde existe algo para mastigar, algo para comer? Como comer? Quando não há nada, não há realmente nada? É possível que não haja realmente nada. Sim, é isso que significa: não há nada. Não divague. Calma. Amanhã de manhã, haverá pão, não é sempre que não haverá nada, acalme-se. Agora, porém, é impossível ser diferente. Não há nada, admita.

Não posso criar algo que se coma. É isso a impotência. Estou sozinho, não tenho como me manter vivo. Sem fazer nada, o corpo desempenha uma prodigiosa atividade apenas em se consumir. Sinto que isso se desprende de mim, não posso evitar, minha carne desaparece. Mudo de invólucro, meu corpo me escapa.

Certo dia de manhã na fábrica, *Meister* Bortlick me chamou. Estava acompanhado de dois outros *Meister*. Um alto, magro, de rosto pequeno, pálido e delicado, usando um jaleco comprido verde-escuro; o outro, baixo, gordo, louro, rosto corado e extraordinários pés chatos. Seu nome era Kruger, mas o apelidáramos de *Pé-Chato*.

Bortlick já estava cheio de mim. Deu-me a entender que dali em diante eu trabalharia com os outros dois. Já os prevenira que eu não trabalhava direito. O *Meister* de jaleco meneava a cabeça, examinando o sujeito a botar nos eixos, o sujeito que se fizera notar. Conversavam entre si. Eu não entendia nada. Pé-Chato também meneava a cabeça; sem dúvida, iam me fazer entender.

Todos os três ali parados me observando, interessados na minha cara de idiota. Bortlick disse qualquer coisa e caíram na gargalhada. Minha cara não devia demonstrar nada, nem que eu não queria trabalhar, nem que queria trabalhar, nem que compreendia o que queriam de mim.

Entretanto, eu era objeto da preocupação desses três homens: o objeto. Tinham me chamado: *Du, komme! Du, komme! Komme!* Aproximei-me e detive-me diante deles. Tratava-se de mim. Tal como eu era, não pensava que pudessem me pegar para falar de mim. Eu acreditava ser os quinhentos sujeitos do *Kommando*, não imaginava que pudesse aparecer, com tamanha insistência, em uma única cabeça de um *Meister*, a ponto de me chamarem. A culpa devia ser dos óculos. Eu tinha sido notado, não podia mais sair de suas mentes; minha cara estaria mais presente que a de um de seus amigos alemães. Quando eu cruzasse com eles, me notariam; quando eu não estivesse na oficina, iriam me procurar.

Bortlick concluíra suas explicações. Deixou-nos. *Komme*, disse Pé-Chato. *Komme*, só isso; e eu os segui. Um pequeno sinal e, quase em voz baixa, *Komme*, dirigido a mim; isso me punha em funcionamento. Arrastando os pés, seguia muito lentamente Pé-Chato e o do jaleco verde. Poucos dias antes, tentara dar alguns passos correndo e achei que meus joelhos fossem quebrar.

Chegando à oficina, Pé-Chato indicou-me uma comprida placa de dural para fixar com rebites. Eu nunca havia rebitado, mas trabalharia com um colega que conhecia o ofício. Era um francês do leste. Aconselhou-me, a princípio, a procurar com a lâmpada portátil os rebites que precisavam ser retirados e substituídos. Pé-Chato o preveniu de que era preciso me fazer trabalhar e foi embora.

— Esse babaca torra o saco — disse o colega.

Eu passeava a lâmpada sobre a placa. O outro, curvado, também procurava os rebites defeituosos. Dizia em voz baixa:

— Pé-Chato é um grande filho da puta. É do partido nazista e deve ser importante. Só me deixa em paz porque conheço o trabalho melhor que ele.

Pé-Chato passeava pela oficina, enquanto procurávamos os rebites defeituosos. A barriga estufada, farejava a fábrica. Voltou-se em nossa direção. Inclinamo-nos ainda mais sobre a placa. Ele passou sem dizer nada. Por um momento, podia fazer sentido que eu apenas segurasse a lâmpada, mas não dava para durar muito tempo. Comentei isso com o colega, que me disse:

— Você não tem outra opção. Se fizer uma bobagem, vai apanhar e eu vou ficar chateado. Ele nunca me encostou o dedo porque conheço o trabalho, mas é um pé no saco, não desgruda.

Continuava falando comigo, enquanto fazia os rebites saltarem com seu martelo e seu estilete. De repente, como se não aguentasse mais, disse:

— Finja estar ocupado, eu vou às latrinas. Cuidado!

Pé-Chato o viu partir. Eu me encontrava sozinho diante da placa. Voltou lentamente na minha direção, os braços gordos balançando afastados do corpo curvado, a bunda empinada — essa bunda boa para trinchar, furar, esfolar, chutar, chutar, chutar e chutar.

Parou ao meu lado; as mãos vermelhas, peludas e fortes apoiadas sobre a placa. Sua cara vermelha, seu cabelo louro. Inclinado sobre a placa, eu sentia os ossos da minha cara, minha boina enfiada até as orelhas.

— *Was machen?* — perguntou.

Mostrei-lhe a lâmpada.

— *Was?*

Indignado, fingia não compreender. Voltei a lhe mostrar a placa e a lâmpada. *Pum!*, bem no topo da cabeça. Eu não pressentira o golpe. Outro, sempre na cabeça. A lâmpada caiu sobre a placa. Mais um. Ressoavam em meus ouvidos. Eu protegia a cabeça com as mãos, mas agora ele batia na nuca, com violência. Deteve-se. Estava vermelho, imponente. Relinchava:

— *Arbeit, mein lieber Mann, Arbeit!*

Era o começo. Eu tinha sido notado. Então era isso que significava ser notado. Nada a fazer. Pé-Chato partira, mas ainda o sentia atrás de mim. Meu colega voltou, vira tudo de longe.

— Você apanhou?

— É.

— Merda, filho da puta! Quando vi você chegar, sabia que isso ia acontecer.

Curvado sobre a placa, eu passeava a lâmpada. O colega voltara a pegar as suas ferramentas e fazia saltar um rebite com uma martelada no estilete. Aproximou-se.

— Eles não sabem quem somos — disse em voz baixa. — Se soubessem, tremeriam de medo. Tampouco sabem o que vai acontecer. Vão ser esmagados, entende? Esmagados. Adeus, Pé-Chato.

Havia parado de martelar. Apoiava os cotovelos na placa. Pé-Chato estava longe.

— Algumas vezes, sabe — prosseguiu —, tudo isso me vem à cabeça e parece que ela vai explodir. Não podemos fazer nada, mas é preciso aguentar; não vou morrer aqui, ah, isso eu não quero, aqui não.

Havia martelado as últimas palavras.

Gritos abafavam o barulho do compressor. Era um *Meister* esbravejando, um gigante de chapéu marrom. Não estavam longe de nós. Um francês apanhava. Tinha sangue no rosto e o *Meister* passara a agredi-lo com pontapés nas costas. Depois deteve-se, saciado. Sua cara parecia-se com a de Pé-Chato, quando este acabava de espancar; a cara do homem que havia conseguido sobressair-se. Por um instante, permanecia marcado pelo que acabava de fazer. Esse ato, que lhe dava prazer, também o tirava da sua condição de simples contramestre. Era um ato oficial de cidadão. Batendo, comprometera-se em nome dos que se abstinham de bater. Fazia parte de uns poucos que espancavam, os *heróis*. E, se neles percebia-se a sombra de um embaraço, era por terem assim se distinguido, sobressaído, pois eles também tinham sua timidez, sua modéstia.

O *Meister* de chapéu marrom aproximara-se das mulheres que trabalhavam em sua oficina e lhes explicava o ocorrido com voz forte. Rindo, mostrou o homem que limpava o sangue do rosto, e algumas mulheres riram com o homem forte.

Aparentemente, era uma fábrica como as outras. Um barulho terrível se elevava: a saraivada das rebitadeiras. Homens vestidos de roxo trabalhavam diante das bancadas. Era possível se deixar levar pelo corre-corre pacífico com que se ocupavam do trabalho. Em breve, contudo, aparecia a enorme contradição entre esse uniforme e a aplicação dessas mãos que fabricavam. Curvado sobre a peça, cada um escondia um segredo que condenava essa peça à destruição, à poeira. Trabalhavam todos em uma coisa que queriam que não existisse. Era mímica. Assemelhavam-se a músicos tocando atrás de um vidro, cuja música não se consegue ouvir. E o *Meister* os espancava para lhes fazer entrar na cabeça que apenas a peça devia existir. Sentia deferência por ela. Os punhos de Pé-Chato se abriam para acariciá-la; queria que ela ficasse bela, bem-feita. O *Meister* não era um louco furioso, e sim um honesto cidadão.

Desde que o *Kommando* chegara, era a décima carlinga que ficava pronta na fábrica. Das dez, apenas uma, a primeira, fora enviada à Heinkel, em Rostock, e devolvida por estar defeituosa. As outras tinham sido postas num hangar e, em seguida, na igreja que acabáramos de deixar. Dali nunca sairiam. Sabíamos disso. Rostock, onde se localizava a matriz da Heinkel, havia sido destruída e a fábrica não recebia mais o material necessário. Esse trabalho só servia, portanto, de desculpa para a direção e os *Meister*, quase todos nazistas, e a quem não interessava ir para a guerra. Às vezes, o diretor da fábrica reunia os *Meister* e fazia um discurso. Ao saírem em grupo da reunião, alguns tinham o ar triste e acanhado. Outros, ao contrário, pareciam confiantes; eram os *heróis*; sentiam-se justificados, orgulhosos, alegres. Dirigiam-se a suas oficinas: *Los, los, Arbeit!* O discurso ainda lhes aquecia o ventre. Os dedos das mãos e dos pés formigavam, impacientavam-se e, tão logo a ocasião se apresentava, espancavam.

Os outros ficavam tensos. O discurso do diretor os assustara. Davam-se conta de viverem em estado de pecado por terem se questionado se valia a pena continuar a trabalhar para esta guerra. Ao sair, avaliavam a que ponto, imperceptivelmente, haviam cometido alguma falta, e agora, embora esta continuasse secreta, temiam voltar a cometê-la. Na oficina, prestavam mais atenção ao trabalho, vigiavam a chegada do diretor. Tinham sido infiéis, começavam a se sentir acossados.

Observavam o que espancava. Este tinha o ar feliz, radiante; mostrava-se seguro e, quando o diretor vinha, não o espiava.

Quanto a eles, nunca ninguém os vira espancando; nunca se distinguiram. Entre eles e os detentos, os golpes não haviam criado a ruptura definitiva. O diretor podia suspeitar deles e até mesmo pensar: "Talvez falem com os detentos. E estes são perigosos, pois observam. Evidentemente, somos fortes, a Alemanha não pode ser vencida, mas eles observam, aguardam o tempo que for preciso e mostram-se atentos ao momento em que um *Meister* esteja em vias de se tornar um traidor. Essa promiscuidade é ruim. Além do mais, há *Meister* que podem se sentir tentados a acreditar que, afinal, eles são homens, talvez cheguem mesmo a se compadecer. Nós, alemães, procuramos sempre uma ocasião para nos compadecer. Mas eles, os filhos da puta, observam, só estão esperando por isso; sorriem, os hipócritas. Os *Meister* se deixarão abrandar; por piedade, não os forçarão ao trabalho, e eles, que não conhecem a generosidade, que não passam de *Scheisse*, ousarão pensar alguma coisa sobre a Alemanha; imaginarão que as coisas vão mal, pois estamos afrouxando."

———

Eram dez horas da manhã. Ficaríamos ali até as seis da tarde. Deixei a lâmpada e o companheiro e fui às novas latrinas, recentemente instaladas em uma extremidade da fábrica. Sempre havia muita gente por lá, fugindo do trabalho. Quando suficientemente embrutecidos pelo barulho do compressor e dos martelos, íamos às latrinas para ficar à toa. Havia vários compartimentos, com uma privada em cada. Quando chegava um kapo, sentávamos na privada e fingíamos.

Na parede do corredor das latrinas, três aberturas davam para o exterior, para o sul. Dali, víamos a igreja, num terreno um pouco mais elevado, e, no interior do recinto da fábrica, a cantina dos SS, a dos *Meister* e o silo de batatas onde se abasteciam. Encostada na cantina dos SS, uma grande lata, que espiávamos das aberturas.

Também vigiávamos o silo de batatas, mas não podíamos tentar ir até lá, naquele instante, porque víamos o *Werkschutz** que montava guarda. Nada saíra ainda da cantina SS, nada ainda tinha sido jogado na lata, nem cenouras podres, nem folhas de repolho roxo, como no outro dia.

Um italiano se postara na abertura vizinha à minha. Muito magro, tinha uma barba curta, preta. Tenso, vigiava o silo e a lata. Já do lado de fora, no declive que dava para a estrada, dois sujeitos, escondidos atrás de uma betoneira, também esperavam.

O *Werkschutz* afastou-se do silo e entrou em uma barraca. Não havia mais guarda. Os dois atrás da betoneira saíram; andavam rápido, sem correr, lançando olhares em todas as direções. O italiano ao meu lado também saiu.

———

*Guarda da fábrica.

Observamos a operação pela abertura. Os dois primeiros já haviam descido o declive e ladeavam uma barraca bem em frente, a alguns metros do silo de batatas. Quanto ao italiano, acabava de chegar ao declive; para disfarçar, carregava na cabeça uma caixa na qual colocara alguns pedaços de metal. Tudo calmo. Ninguém à vista ainda. Um SS saiu da cantina. Os dois primeiros se abaixaram e fingiram procurar algo no chão. O SS entrou quase imediatamente; não os vira. Estavam diante do silo, sempre encostados na barraca. Agora era preciso ficar a descoberto. O italiano, um pouco recuado, espreitava.

Os dois primeiros saíram correndo, concentrados apenas no silo. O italiano uniu-se a eles. Da abertura, víamos três manchas roxas agachadas. Cavavam a terra para alcançar as batatas. Demoravam-se, já não vigiavam, qualquer um podia vê-los. O italiano jogava as batatas na sua caixa, os outros enchiam os bolsos. Demoravam-se demais, era uma loucura, três alvos.

Fritz. Não o tinham visto. Das aberturas víamos tudo, mas não podíamos avisar que fugissem. Fritz descia lentamente na direção do silo; deixava-os se afundar mais; ainda não o tinham visto. De repente, bruscamente, atacou-os. Ainda estavam agachados ao vê-lo. Mal tiveram tempo de se levantar. Ele estava ali e já começara a bater com o Schlag, distribuir cacetadas, pontapés, socos. Fritz apontou com o dedo a caixa quase cheia de batatas ao italiano. Com um soco na cara, derrubou o italiano.

Das aberturas, víamos as manchas roxas balançarem, encolherem-se sob os golpes de Fritz.

— Eles estão apanhando! — disse um sujeito, com voz tranquila.

No fundo do corredor das latrinas, dois russos fumavam uma guimba.

Fritz voltava com os três. O italiano sangrava.

— Cuidado!

Ernst, o kapo gordo, entrou nas latrinas como um furacão.

— *Alles heraus!*
Os russos fugiram, assim como os que estavam nas aberturas. Sentei-me em uma privada num compartimento; ele passou perto de mim, hesitou ao me ver, mas nada disse.

Quando Ernst foi embora, voltei à oficina. Pé-Chato estava lá, a alguns passos do meu companheiro, que me viu chegar e trazia a expressão irritada. Não olhei Pé-Chato; peguei a lâmpada e me curvei sobre a placa de dural. Pé-Chato partiu para cima de mim. Meu colega curvou-se mais sobre a placa, batendo com o estilete.

— *Wo waren sie?* — perguntou calmamente Pé-Chato.

— *Abort* — respondi, erguendo-me.

Inclinou a cabeça sorrindo e olhou o relógio; tinha bem uns 15 minutos que eu saíra. Ficou rubro, como se tivesse acabado de despertar. Relinchou e *bum!* na cabeça, sempre na cabeça. Pé-Chato batia com todas as suas forças. Eu tentava me proteger, mas já não enxergava; não enxergava nem o colega nem a fábrica. Quando parou, parecia ainda bater; eu ainda protegia minha cabeça. Depois compreendi que ele tinha parado. Abaixei os braços. Ele não estava mais lá. O colega me olhava. Conseguia vê-lo novamente, estava ali como antes. Os olhos ardiam, puta que o pariu, puta que o pariu, puta que o pariu. Cravei as unhas nas mãos. Esses imbecis não sabem, mas são a própria imbecilidade, de uma imbecilidade de deixar qualquer um louco, não sabem o que vai lhes acontecer. Não se dão conta de que estão fodidos, de que são menos que nada, esmagados, não passam de poeira. Apanhar de Pé-Chato e não poder dizer nada chega a ser engraçado. Puta que o pariu, olha só, ele não sabe nada, ele ainda acredita.

Tinha vontade de dar um tapinha no ombro do colega, de rir alto, de gritar. Todos esses homens silenciosos de pijama listrado poderiam rir, o som ocuparia toda a fábrica, abafaria o barulho do compressor, as moças fugiriam assustadas. Assim, ao que se podia considerar como a loucura dos golpes, poderia responder outra loucura: a do riso. Mas ninguém era louco. Sua lucidez era a fúria; nosso horror, nosso estupor era a nossa.

Final de janeiro, um domingo de manhã. Estamos alinhados para a chamada em cinco fileiras no pátio: franceses e belgas, poloneses e tchecos, iugoslavos, alemães, russos e italianos. Cercamos a praça do campo coberta de neve. Bate um vento glacial. Estamos encurvados, os ombros para baixo. Batemos os pés. Esperamos pelo SS.

O SS chegou fumando um cigarro. Tinha colocado seu belo uniforme verde de domingo. As pernas afastadas, os jarretes tensos, inicialmente plantou-se no meio da praça; com sua chibata, dá batidinhas secas nas calças. O *Lagerältester* vem em sua direção e descobre a cabeça. É a mímica habitual. Em seguida, o SS passa ao longo da formação dos poloneses, depois da dos russos, para contar as filas de cinco. Chega perto de nós; ficamos imóveis. O olhar do SS passa pelas primeiras filas. Leve tensão. Não sentimos mais o frio, já nada mais vemos. Ele está ali, não olha ninguém. Um perfil esculpido usando um quepe com uma caveira. Passou e nem sentimos. O corpo está um pouco mais encolhido e, ao mesmo tempo, mais ausente. Ele varrera com o olhar duzentos sujeitos que, no momento em que ele passou, já tinham se esvaziado. Quando chegou em frente à minha fila, nada mais havia diante dele senão listras roxas e cinzentas. Contou até cinco e passou. Relaxamento. Logo em seguida, a angústia: será que entraremos no bloco? Voltamos a sentir o frio. O vento faz flutuar os pijamas listrados, a pele das coxas se arrepia. E os pulmões — sempre o medo pelos pulmões. Arqueamos as costas. A mandíbula se paralisa. As mãos estão inchadas, já não vemos a junção na base das falanges. Eu tremo. Um pedaço de pau rodeado de farrapos roxos flutuantes. Um espantalho.

Os poloneses retornam ao seu bloco. Continuamos do lado de fora. O *Lagerältester* ordena aos franceses que retirem as compridas tábuas de madeira que ainda estão ao pé do talude da via férrea. São muitas, cobertas de neve congelada. Tentamos nos esconder, entrar no bloco, mas Fritz está plantado na entrada: *Arbeit, alles, alles!* Aponta o dedo para a pilha de tábuas.

Faz um solzinho fraco, um vento terrível. A neve escorrega sobre o gelo. Andamos bem devagar, de cabeça baixa, na direção das tábuas. Quatro para cada. As tábuas estão coladas pelo gelo; é preciso separá-las com uma barra de ferro. Estamos paralisados. Os braços continuam pendurados, presos aos ombros não se sabe como. Devemos nos abaixar, segurar a extremidade da tábua com a ponta dos dedos. Um sujeito ao meu lado deixa uma cair; meus dedos ficam espremidos entre duas tábuas. Onda de desespero. É demais. Em todo o corpo, a ruína. A vontade de largar tudo, de entrar, não importa onde. Estou cagando para o Schlag, flutuo no frio. Deixar-me afundar. Não há abrigo, absolutamente *nenhum abrigo*.

Novamente nós quatro retiramos a tábua. Ela pesa no ombro. A neve cai em nosso pescoço. Enfiamos as mãos nos bolsos. Tem gelo no chão, caminhamos, os pés firmes, bem devagar. A tábua está bem escorada no ombro, sempre no meu ombro esquerdo, que já começa a doer. Não flutuamos mais, já não somos tão leves ao vento. O essencial é manter as mãos no bolso, não fazer nada com as mãos, nenhum gesto. Já basta a tábua sobre o ombro. Chegando à praça, um golpe de vento diminui nosso ritmo. Vacilamos um instante. Em seguida, retomamos o passo abaixando a cabeça e levantando o outro ombro. Os olhos lacrimejam. Escorrego no gelo; tentando recuperar o equilíbrio, recebo a tábua no lado esquerdo do maxilar. Queimadura do gelo, a neve descendo pelo pescoço. Apoio o queixo contra o trapo que trago enrolado no pescoço. O colega à minha frente cai. Paramos. Ele se machucou, ergue-se com dificuldade. Voltamos a caminhar. Quatro outros sujeitos nos ultrapassam. Contornamos o bloco. É preciso colocar as tábuas atrás, já há uma pilha significativa ali. A passagem entre o arame farpado que cerca o bloco e as pilhas de tábuas é estreita. Batemos os pés. Não falamos.

— *Los, los!* — grita um contramestre alemão civil.

Não avançamos mais depressa.

— *Los!*

Fritz, que veio supervisionar o trabalho, deu um pontapé num italiano, que trabalha numa outra equipe à nossa frente. O italiano caiu. Sua careta forma pequenas rugas na pele contraída do rosto, em torno dos olhos que piscam. Parece choramingar. E choraminga mesmo, a seco. Detemo-nos. Ele se levanta. Outro golpe de vento. Abaixamos a cabeça. Com as pernas dobradas, retomamos em passinhos curtos. Engarrafamento. Quatro grupos vão descarregar. Aguardamos. Chega a nossa vez, faz-se necessário tirar as mãos dos bolsos. Erguemos as mãos e, a um sinal, atiramos a tábua. Há muitas ainda. Até o meio-dia, é preciso transportar. Voltamos devagar, passamos diante do bloco. Fritz voltou para a porta. Ainda não podemos entrar. Não podemos ir a lugar algum. Precisamos ficar lá fora.

Na estrada que ladeia o campo, homens passam, usando balaclavas. Às vezes viram a cabeça e veem atrás dos arames farpados, sobre a neve, em pequenos enxames, essas formas que se arrastam. Caminham rápido pela estrada, têm as pernas ágeis, os olhos vivos. Aqui, atrás do arame farpado, cada passo conta. Tirar a mão do bolso é um desperdício. Cada movimento tende a nos arruinar. Vemos na estrada o homem que caminha desenvolto, malgrado o frio, dando uma série de passos rápidos, assoando o nariz, balançando os braços, virando a cabeça de um lado para o outro, sem motivo, fazendo um monte de gestos inúteis, de uma generosidade maravilhosa, atroz. Para nós, o trajeto de um monte de tabiques ao outro demanda uma soma de esforços dos quais cada um é toda uma história, desde a previsão dos riscos, do perigo, do dispêndio sem retorno, da recusa, até a execução, em meio ao temor e à raiva.

O homem da estrada continua sem saber nada, viu apenas o arame farpado e, atrás dele, quando muito viu os *prisioneiros*.

Nesta segunda-feira de manhã, chegamos à fábrica mais tarde do que de hábito. Disseram que faltava eletricidade. Quando entramos no hall, o compressor não funcionava e os *Meister*, em grupinhos, discutiam entre si. Fomos cada um para a frente de sua respectiva oficina e, durante um longo momento, os *Meister* não se preocupavam conosco. Iam de um grupo a outro, às vezes correndo, e cercavam o diretor quando este passava; as mulheres conversavam discretamente, diante de suas oficinas. A ausência do barulho do compressor tornava ainda mais perceptível essa correria sem trabalho. Como nós, eles só tinham seu lugar na fábrica em função do trabalho a comandar ou a realizar. Nesta manhã, haviam abandonado suas oficinas; além da carlinga inacabada, outra coisa os absorvia. Já estávamos prestes a acreditar em qualquer coisa. Nunca cessáramos de observá-los e, a partir de algum comentário ambíguo, tirávamos deduções mirabolantes sobre o fim da guerra. Eles nos interessavam mais do que nós a eles. A coisa mais estável em sua vida cotidiana era a segurança de nos encontrar idênticos todas as manhãs. Nosso comportamento nada podia lhes ensinar; naturalmente, não tinham de saber se estávamos impacientes ou resignados, otimistas ou desencorajados. A questão do nosso humor não vinha ao caso. Não tínhamos nada a lhes ensinar sobre a guerra. Todas as manhãs, encontravam em sua oficina alguns uniformizados alinhados batendo a peça de dural com o martelo de madeira ou manobrando a rebitadeira. Aquela gente não podia saber nada, só devia bater com seu martelo, e, mesmo se tivessem sabido, teria sido como se nada soubessem.

Nós também circulávamos pela fábrica. Queríamos saber o que se passava, pois havia alguma coisa, alguma coisa nova dentro do miolo mole do *Meister* de bata verde, do de Bortlick e de todos esses sujeitos desamparados. Algo que precisávamos conhecer.

Não sonhávamos. Naquela manhã, na fábrica, reinava a anarquia. De um golpe, as carlingas de avião, as peças nas quais tínhamos trabalhado, como num sonho, eram menos reais do que nunca. O sonho se confirmava ao se dissipar brutalmente. Bastara supormos *que acontecia alguma coisa* para o cenário sumir; esta simples suposição tornava-se uma realidade infinitamente mais concreta que a da fábrica. Essa espécie de escafandrista que, até então, cumprira o rito do trabalho havia subido à superfície. Restava um homem pronto a ser imediatamente libertado.

Pela primeira vez, desde a nossa chegada à Alemanha, um acontecimento grave ocorrera.

Os russos estavam diante de Breslau.

A partir desse momento, não mais cessaríamos de prestar atenção à ofensiva, buscar evidências, tirar partido dos menores indícios. Havíamos retomado o contato com a guerra. Tornava-se impossível se controlar. Íamos do hall ao depósito principal, onde Jacques trabalhava com um polonês que tinha o jornal alemão e que, além do mais, estava em contato com civis alemães, refugiados de Aix-la-Chapelle, que não eram nazistas e trabalhavam no armazém. Encontrávamos os iugoslavos, que tinham contato com o renano. Entretanto, mesmo os alemães do depósito contradiziam-se. Alguns pareciam otimistas demais. Novamente, como em Buchenwald, nadaríamos dopados num oceano de balelas e em breve seria preciso simplesmente voltar ao comunicado alemão.

No final da manhã, o compressor voltou a funcionar. Os grupos se dispersaram. Os *Meister* voltaram ao serviço, e cada um de nós à sua oficina.

Mas alguns colegas continuavam a circular. Segurando uma peça, rebites na mão, fingiam falar de trabalho e transmitiam as novidades, faziam perguntas. O próprio barulho dos martelos parecia cúmplice dessa curiosidade clandestina. Era menos insólito perambular assim de uma oficina a outra, na algazarra dos martelos, do que no silêncio. Os alemães agora sabiam que estávamos informados.

Eles também pareciam afrouxar nesse início de ano. Até então, os Aliados haviam detido a contraofensiva alemã, mas não tinham ainda atravessado o Reno. Todavia, os feitos bélicos cotidianos ainda não haviam forçado a enxergar aqueles que a tal se recusavam e continuavam vivendo seu dia a dia. Entretanto, agora, todos tinham emergido do sono.

Sabiam que em nossos grupos não falávamos de outra coisa. Quando passávamos perto deles, baixavam um pouco a voz. Alguns examinavam mapas, que tentavam esconder de nossos olhos. Sabiam muito bem que nós os percebíamos ansiosos.

Agora, iam nos ver melhor, e nossa passividade de escravos, nossa *neutralidade*, lhes parecia odiosa, agressiva. Agressivo o olhar enviesado na direção de um grupo de *Meister*, a conversa silenciosa de dois detentos. E o menor riso. Saber algo que os acabrunhava, ao mesmo tempo que eles sabiam, era um escândalo. Entretanto, mais claramente do que nunca, tinham consciência de que não podiam sufocá-lo, senão nos matando. *Os russos diante de Breslau*. A vitória e a derrota retomavam seu sentido. A vitória associada a nós, debaixo de seus narizes. A própria derrota, vista através da vitória dos que chamavam de *alles Scheisse*, era insustentável.

Contudo, não lhes gritaríamos: "Vocês estão arrasados!" Eles não nos diriam: "Vocês vão morrer porque nós perdemos a guerra." Nada jamais seria dito. Os golpes tombariam em silêncio.

Eram cinco para as seis da tarde, o trabalho terminava às seis. Fui lavar as mãos. Quando voltei, o *Meister* de bata verde, chefe do Pé-Chato, aguardava-me diante da minha placa de dural. Pediu que eu mostrasse as mãos. Estendi-as; estavam limpas.

Um soco na cara. Desequilibrei-me, levei as mãos aos olhos. Eu as enxergava. Examinei-as. Não estavam sujas de sangue.

Distanciou-se um pouco, parecendo esperar que eu o olhasse, o que fiz. Ele virou a cabeça. Fiquei assim, imóvel, por um breve momento. À minha frente, a carlinga ficou desfocada. Um camarada pegou meus óculos, cuja armação estava quebrada e sem lentes. Guardei-a no bolso. Tudo embaçava-se ao meu redor. A sirene anunciando o fim do expediente soou; deixei a placa de dural diante da qual eu ficara parado. Como enxergava mal, ergui a cabeça e olhei o *Meister* de bata verde. Antes de alcançá-lo, pisquei os olhos com força para vê-lo melhor ao passar perto dele. Queria vê-lo *depois*. Abrira seu armário, preparava-se para sair e comia uma fatia de pão com manteiga.

Ontem à noite, ao voltar ao bloco, um camarada me entregou uma das lentes de meus óculos, que encontrara intacta. Não pude adaptá-la à armação quebrada. Logo desisti de tentar, porque queria me aproveitar da situação para não trabalhar. Chegando à fábrica, fui procurar o kapo Ernst. Expliquei que, por não estar enxergando, não podia fazer nada. Instalado perto do aquecedor, ele comia uma grossa fatia de salame, que escondeu quando me aproximei. Não respondeu nada. Fui me esconder nas latrinas. O *Meister* de bata verde me viu, mas não me chamou. Caminhei lentamente na direção das latrinas, levantando a cabeça e piscando os olhos como alguém que não enxerga. Nas latrinas, peguei no meu bolso a lente intacta e a ajustei sobre o olho direito, como um monóculo. Pela abertura, inspecionei a cantina dos SS. Era a hora em que jogavam fora as folhas de repolho e as cascas de cenoura na lixeira de madeira. Nenhum kapo nas redondezas. Já havia um homem lá, inclinado sobre a lixeira, mergulhando ali dentro. Tirei o monóculo e fui até lá.

Ao sair do recinto da fábrica, andei rápido. A cada vinte metros, ajustava a lente para verificar se vinha algum kapo. Colocara debaixo do braço uma caixa onde guardara duas ou três peças de ferro fundido para disfarçar. Antes de aventurar-me no trecho do terreno descoberto que me separava da lixeira, voltei a observar com o monóculo; ninguém. Ataquei. No fundo da lixeira, restavam apenas algumas folhas de repolho roxo cobertas de lama; enchi a caixa de madeira a mancheias. Na volta, repetidas vezes ajeitei o monóculo. Enfiei as peças de ferro fundido por cima das folhas, que fui lavar na torneira da fábrica. Cortei alguns pedaços, que comi, e escondi o resto numa estante do depósito, debaixo das placas de dural.

Um italiano me viu guardando a caixa de madeira debaixo das placas. O *assassino*, que perambulava por lá, também me viu. Encarei o italiano, que bancou o indiferente e esquivou-se em meio a outras estantes, desaparecendo a seguir. O *assassino* também se afastou. Quis mudar a caixa de lugar, mas com a chegada de uns civis fui obrigado a sair do depósito. Errei pelo subsolo da fábrica, depois me escondi nas latrinas, o monóculo sempre pronto. Algumas vezes, era possível ficar assim sentado um bom tempo na privada; mesmo que o kapo retornasse repetidas vezes, podia supor que estávamos doentes. Mas esse esconderijo também se tornava rapidamente uma prisão, como a oficina. Portanto, não fiquei nas latrinas. Circulei um pouco por todos os lugares. Fritz surgiu de repente, na hora em que eu conversava com um colega na oficina da solda.

— *Was machen sie? Arbeit, los!*

Eu não tinha vontade me mexer. Fitei-o e perguntei:

— *Warum Arbeit?*

Um soco na cara. Eu não podia ter respondido de outra maneira. Fritz não se mostrara desconcertado, nem tampouco indignado. Reagira à sua maneira, sem cólera, como convinha. Deixei o colega e fui me esconder em outro lugar.

Mais tarde, voltei ao subsolo da fábrica para pegar minhas folhas de repolho. Esgueirei-me entre as estantes do depósito e ergui a placa de dural. Encontrei a caixa vazia.

Merda. Não conseguia deixar o vão das estantes. Procurei ao lado, debaixo de outras placas: nada. Era sinistro. Roubar tornava-se realmente um jogo. Evidentemente o italiano ou o *assassino* as tinha roubado. Ao sair, encontrei o italiano. Era um sujeito baixo, amarelado, seco; tinha uma avitaminose terrível.

— Foi você quem pegou os repolhos? — perguntei.

Jurou que não, mostrando-se indignado. Tinha uma profissão, não era um ladrão. Apresentou sua foto — que conseguira guardar — em trajes civis, ao lado da mulher, que segurava um bebê nos braços. Eu era um bruto.

O *assassino* também perambulava pelo depósito. O italiano apontou-o, afirmando ter sido ele. Fui procurá-lo. Seus olhos negros mostraram indignação. Também jurou não ter sido ele; aliás, "cagava para cascas de repolho". Depois, mostrando o italiano, disse: "Foi o mafioso." Só podia ser um ou outro. Eles não me ofendiam, não se defendiam da acusação de roubo, mas agiam como se eu não estivesse lá e acusavam-se mutuamente. Talvez os dois tivessem considerado pegar os repolhos e um chegara antes do outro. Talvez tivessem dividido.

Deixei-os e fui novamente olhar a caixa. Era a mesma caixa que eu colocara ali naquele lugar com as folhas violeta dentro. Completamente vazia. As folhas tinham sido ou seriam comidas, mas não por mim. O estômago esvaziou-se um pouco mais, como se, até aquele momento, a simples ideia de que iria comer as folhas à noite o tivesse mantido cheio. Mais um fracasso. A operação das folhas de repolho havia falhado *in extremis*, justo quando eu ia comê-las. Não era pão, mas comia-se, e a caixa cheia de folhas, mesmo longe, já enchia minha noite. Mais uma vez, teria que ver rodelas sendo assadas sobre o aquecedor; mais uma vez esperar Dédé, que talvez trouxesse umas batatas da cozinha, ou então dormir com fome.

Gilbert enfrentara dificuldades com os SS e os kapos. Usaram o pretexto de que os franceses demoravam demais a se reunir para a chamada, que não tinham disciplina, e o responsabilizaram por isso.

Na verdade, reprovavam-no por não bater e não se prestar ao tráfico.

Foi suspenso de suas funções de chefe do bloco, substituído por um espanhol que falava francês e morara muito tempo na França. Não era um político.

———

Sete horas da noite. Recipientes cheios de batatas chegaram da cozinha, assim como alguns panelões de um molho aguado que fazia as vezes de sopa. Fomos obrigados a entrar em nossos respectivos dormitórios. Logo que nos instalamos nas barracas, as distribuições de batata eram feitas diante de todos; ao chegar a nossa vez, um *Stubendienst* pegava um punhado de batatas e as colocava na gamela. A alguns cabiam seis; a outros, quatro.

Às vezes, de cada seis, três estavam estragadas; intermináveis discussões sucediam-se.

Os *Stubendienst* francês, espanhol e belga decidiram preparar as gamelas antes para tentar estabelecer uma igualdade nas porções. Essa preparação, justificada, assumiu um caráter solene, e foi decidido que todos deveríamos esperar, nos dormitórios, antes de penetrar na antessala.

Desde a instauração dessa regra, todas as porções diminuíram. Assim, em cada *Stube*,* os camaradas se grudavam à porta envidraçada que dava para a entrada e, vigiavam a divisão. Isso não agradou aos *Stubendienst* e os vidros foram pintados de cinza. Os presos rasparam a pintura e, com o olho no buraco de vidro transparente, continuaram a vigiar.

Viam encher uma gamela até a borda; depois outra e mais outra; elas passavam ao lado, para o quarto dos funcionários. O mesmo quanto ao molho. Os sujeitos acompanhavam com o olhar as gamelas cheias afastando-se. Um dia, viram partir um caldeirão inteiro. Um deles abriu a porta e gritou: "Bando de filhos da puta!" Um funcionário da entrada precipitou-se: "Se fizerem tumulto, acabamos com a distribuição!" Fechou novamente a porta, nela apoiando-se para mantê-la fechada. Era preciso manter a ordem. Os outros continuavam a acompanhar a divisão. Agora se ocupavam das próprias gamelas: quatro batatas, cinco batatas; quando chegavam ao fundo, não as víamos mais.

— Viu só o que já serviram?... Olha o que sobrou agora! — dizia alguém.

As gamelas estavam alinhadas em perfeita ordem. Lucien encontrava-se lá. Na mão, uma panelinha coberta, cheia de batatas; observava nossas porções com olhar condescendente e aborrecido.

Finalmente, mandaram os babacas saírem do quarto. Os babacas faziam barulho, pois tinham visto as porções e protestavam. Os funcionários, atrás das mesas, impenetráveis e cerimoniosos, ordenaram aos sujeitos que calassem a boca e tirassem a boina.

---

*Quarto. (*N. da T.*)

"Escutem aqui" — pareciam querer dizer —, "nossa função é repartir igualmente a comida e cumprimos nossa função. Vocês também sejam disciplinados, não gritem como animais, não esqueçam que são franceses..."

Olhávamos as gamelas com vontade, mesmo quase vazias, mesmo pensando nas dos funcionários, cheias até a borda, mesmo pensando no caldeirão escondido nós as olhávamos com vontade.

Era o *Stubendienst* que pegava a gamela e a entregava a cada um de nós. Em princípio, pegava-as na ordem, de modo que, de longe, sabíamos mais ou menos à qual teríamos direito. Muito sério, estendia-a simulando tamanha segurança que dava a cada um a impressão de terem recebido o que lhes era afinal devido; quando os duzentos sujeitos tinham passado, ele próprio acreditava nisso. Sobre as quatro batatas, outro derramava um quarto ou meio litro de molho, conforme o dia, e voltávamos para o dormitório.

Quando a distribuição terminou, alguns foram para a entrada e forçaram a porta dos funcionários. Protestaram contra o caldeirão desaparecido. Os funcionários reagiram. Primeiro, disseram que era a ração dos trabalhadores da noite, depois, esbravejaram, dizendo que eles não mereciam serem servidos por camaradas e, sim, por um kapo ou mesmo um SS. Contudo, quando os funcionários abriram a porta para entrar na barraca, os colegas vislumbraram o caldeirão cheio no chão. Um dos *Stubendienst*, um meridional, enchia duas grandes gamelas, enquanto outras se encontravam em cima da mesa. Os colegas ainda traziam as gamelas vazias nas pontas dos dedos. Já haviam comido suas batatas com as cascas e continuavam carregando-as. Afinal, nunca se sabe... Para acalmá-los e por não serem muito numerosos, os funcionários jogaram algumas batatas nas gamelas que rapidamente foram estendidas. Os que tinham sido servidos não insistiram. Os funcionários, tranquilos, fecharam a porta.

A maioria dos que tinham pleno conhecimento de que um caldeirão desaparecera não saíra para a entrada, tamanho era o cansaço. Ao ver os outros voltarem com as batatas, foi sua vez de reclamar, mas foram enxotados; disseram que tudo já tinha sido distribuído e o que sobrara era para os trabalhadores da noite.

Quando a porta dos funcionários abriu pela segunda vez, viram Lucien sentado, comendo um enorme prato de sopa com grandes pedaços de batata descascada e uma panelinha sobre os joelhos. Estava vermelho, ria com um outro. Disse que não sobrara nada e que, se não estivessem satisfeitos, bastava se queixarem aos SS. Disse ainda que pareciam se esquecer de que estavam em um campo de concentração e o melhor a fazer era se lavarem. Também comentou que não era digno de um francês se humilhar assim para comer. Os colegas escutavam-no sem tirar os olhos da sopa e das gamelas de batatas sobre a mesa. Não lhe responderam. A um deles, que o olhava fixamente, Lucien interpelou:
— Ei, você, o que foi? Suma da minha frente!
Ergueu-se abruptamente e fechou a porta.
Os colegas vagaram por um tempo na entrada. Alguns foram mijar e acabaram todos voltando para o beliche.
Mais tarde, antes de a luz apagar, Lucien entrou no dormitório. Dormia conosco. Trazia consigo a panelinha de batatas, que colocou debaixo do travesseiro de palha. Sentou-se na cama e retirou um saquinho cheio de tabaco do bolso. Enrolou um cigarro grosso. Alguns colegas olhavam; manteve-os em suspenso por um instante. Depois, pegou uma pitada de tabaco. Uma das mãos estendeu-se. "Obrigado, Lucien!", agradeceu o sujeito. Lucien nem sequer o olhou e guardou a bolsa de tabaco. O outro foi pegar fogo no aquecedor e o ofereceu a Lucien. Os demais olhavam os dois fumando. Lucien tirou sua panelinha de batatas, abriu a tampa e, por um segundo, olhou o conteúdo. Os colegas também olhavam — eram lindas. Recolocou a tampa, arrumou a panelinha e se deitou.

Lucien é um dos personagens importantes do campo. Tem com os SS relações tão sólidas quanto os *Lagerältester* e os kapos. Nós o vimos debutar. Era intérprete; transformado em *Vorarbeiter*, acelerava o trabalho com zelo. Assim, passou para o lado dos kapos, fazendo-se notar pelos SS. O jogo de Lucien consistia em gritar quando o SS aproximava-se, empurrar os colegas quando o SS chegava pertinho e sorrir quando o SS gritava ou batia. Assim, Lucien ganhou a reputação de sério, de bom funcionário. Os kapos não tinham mais motivos para acreditar que ele não era um deles. Isso se passou na igreja, mas, tanto lá quanto aqui, Lucien não dormia com os kapos. Dormia conosco. Não trabalhava nem comia como nós, mas, à noite, voltava e fingia ser um dos nossos. Tentara ganhar certa cumplicidade com seu entorno contíguo, ao qual dava esperanças de ganhar alguma coisa para comer.

Mesmo no dormitório, garantira uma guarda sólida, traficando com alguns presos comuns, principalmente com o *assassino*. Quando faltava tabaco a Lucien, conseguia-o em troca de comida. Depois, o tráfico se ampliou.

Imperceptivelmente, Lucien tornou-se um personagem. Muito à vontade com Fritz, quase fraternal, decididamente fazia parte da aristocracia. Fritz, que batia, perseguia os colegas e mais tarde viria a assassiná-los, ria com Lucien. O *Lagerältester*, que chamava os franceses de porcos e os espancava, recebia Lucien em sua intimidade. Mas esses laços não eram absolutamente gratuitos. Tampouco justificados pela simples solidariedade de classe. Lucien traficava ouro ativamente. Esse tráfico, que partia da base, chegava até os SS. Os italianos vindos de Dachau tinham conseguido salvar algumas medalhas e alianças que trocavam com Lucien por comida. Também espiavam a boca dos colegas e, se encontravam ouro, Lucien propunha a extração em troca de pão. No *Revier*, os mortos eram igualmente despojados do seu ouro. A um camarada que havia sido sondado para enfermeiro, impuseram a condição de participar desse trabalho; por ter se recusado, não virou enfermeiro. Óculos com a mais ínfima partícula de ouro desapareciam. Graças a esse tráfico, Lucien conseguira entrar pessoalmente em contato com o *Lagerführer* SS; o *Lagerältester* sabia e passou a demonstrar maior consideração por Lucien. Nesse circuito do ouro, todos comiam. Os do topo, carne, toucinho, ovos; os da base, pão.

Havia no quarto um velho corso, que enfraquecia a olhos vistos. Tinha um canino com uma coroa de ouro, mas, como lhe restavam poucos dentes, duvidava se devia sacrificar um de seus últimos para obter comida que, depois, mal conseguiria mastigar. Hesitou muito, mas finalmente cedeu e lhe arrancaram o dente. Poucos dias depois, na pausa do trabalho, na fábrica, víamos o corso tomar uma sopa que cozinhara no dia anterior, no aquecedor da barraca. Pensava poder comer assim seu *suplemento* durante uns quinze dias. Entretanto, mal passados alguns dias, nada mais recebia. Ia queixar-se a Lucien e a Charlot, que nem sequer lhe escutavam. Insistia e, como era surdo, obrigava-os a repetir as respostas; esticava a orelha, mantinha a boca aberta — via-se o espaço vazio do dente arrancado — e escutava: "Não enche!"

Paul, o *Lagerältester* (era costume no campo usar sempre o prenome. Também chamávamos Fritz unicamente pelo prenome. Aliás, nem conhecíamos seu sobrenome. Nunca superei a vergonha de chamar um tipo como Fritz pelo prenome. Era como se eu lhe pedisse um voto de simpatia, como se assim testemunhasse uma preocupação, quase uma obrigação natural que teria caso o conhecesse íntima e fraternalmente. Chamar pelo prenome aquele cuja função era usar o Schlag e, mais tarde, matar dava o tom da substancial hipocrisia das relações existentes entre nós e esses kapos. *Alle kameraden*, diziam nossos kapos. *Somos todos sujeitos do campo de concentração, todos camaradas.* Aquele que me mata é meu *camarada*, mandara montar, nas novas barracas, um verdadeiro apartamento, com sofá, rádio, livros. Comia magnificamente. Era servido por um detento polonês. Trajava-se com elegância e amiúde mudava de roupa. Era o senhor do *Kommando*. Recebia a aristocracia em seu apartamento e, sobretudo, o *Stubendienst* francês, preso comum.

Este, que saciava sua fome, às vezes passeava o torso nu pelo bloco exibindo-se por não emagrecer. A cada incidente, propunha uma briga. Aliás, não era o único a se orgulhar de ainda ter carne sobre os ossos. Podia julgar isso uma vitória e, num movimento natural, desprezar aqueles que dominava, considerá-los medíocres e, em consequência, segundo a aplicação da lógica SS, filhos da puta. Quando desfilava seminu, tinha consciência da sua beleza. Mais do que sua braçadeira de *Stubendienst*, que qualquer um poderia arrancar facilmente, sabia que reinava por seu peito e que isso o deixava imune a intrigas; sabia que Paul precisava dele. Quando encontrava um piolho, anunciava-o rindo, como uma mulher que se queixa de uma momentânea imperfeição no rosto, para melhor ressaltar sua beleza. Era coquete diante dos sujeitos sujos, cobertos de piolhos e sem forma que o observavam.

O *Stubendienst* teve, mais tarde, problemas com Fritz e, posteriormente, com a SS. Paul contornou a situação diversas vezes, mas acabou sendo obrigado a dele se separar. O *Stubendienst* conhecia muitas coisas sobre o tráfico entre Paul e os SS e talvez tenha falado demais. Seria fuzilado durante a evacuação.

A princípio, os kapos, sobretudo Fritz, sentiram inveja de Paul por ele ser rico, receber muitas encomendas e estar luxuosamente instalado.

Fritz tentara mesmo suplantá-lo na consideração dos SS, nos espancando ostensivamente, dando provas de zelo ao nos contar nas chamadas, ao nos revistar, ao nos forçar ao trabalho, estando sempre presente quando havia algum SS por perto.

Paul era indolente, mas mantinha sua posição graças aos presentes que dava aos SS quando recebia pacotes de casa. Chegava amiúde a mandar assar um frango na cozinha e oferecê-lo, rodeado de champignons, ao *Lagerführer*. Os kapos também usufruíam das remessas. Paul era rico demais, não podiam lutar contra ele.

Paul foi ainda mais longe e, com muita paciência, sugeriu ao *Lagerführer*, que não passava de um medíocre suboficial SS, a possibilidade de associá-lo mais tarde a seus negócios. E, imperceptivelmente, deixou os kapos, principalmente Fritz, incumbidos da repressão.

Paul nem comparecia mais à chamada; seu assistente, um político alemão, era quem ia em seu lugar, e os SS, que nada podiam contra Paul, vingavam-se no assistente, espancando-o de vez em quando.

Entretanto, no domingo, Paul comparecia à formação da manhã, por ser mais tarde e não ser seguido de trabalho na fábrica. Chegava de botas, trajando um belo casaco e, cerimoniosamente, ia saudar o SS. Em seguida, a propósito de uma futilidade qualquer (um sujeito fizera cocô perto demais de um bloco porque estava apertado, ou coisa semelhante), enfurecia-se, de preferência contra os franceses. Em várias ocasiões, declarara que não queria mais ouvir falar da gente e que só merecíamos apanhar. Falava alto, em posição de sentido, e suas frases entrecortadas impressionavam os SS, que sempre se surpreendiam por um detento ter conseguido adquirir tal intuição do desprezo deles por nós.

Um curto silêncio se seguia à apóstrofe, que um intérprete nos traduzia, inutilmente.

Em seguida, Paul mandava os poloneses, os russos e às vezes até os italianos para o bloco. Os franceses sempre permaneciam do lado de fora. Fritz e outro kapo montavam guarda diante da entrada do bloco para nos impedir de entrar. E então vinha a tarefa da *faxina do campo*.

Em geral, à tarde, Paul ia à caça com o *Lagerführer*. Como ele se alimentava, e o *Stubendienst* francês não estava mais a seu serviço, saía à noite para encontrar mulheres. Tornara-se uma espécie de prisioneiro de honra.

Graças a ele, no dia de Natal, os kapos receberam permissão dos SS de irem livremente a Gandersheim. Partiram no início da tarde, acompanhados de uma sentinela que não lhes servia de guardião, mas sim de acompanhante. Fritz e os outros partiram como crianças bem-comportadas; os kapos e a sentinela entreolhavam-se, sorridentes; a confiança reinava entre eles. Iam realmente a passeio e o SS falava a mesma língua que eles. Fritz, que diziam estar no campo por assassinato, tinha naquele dia um rosto de criança. Essa saída coroara a traição dos kapos, mas não nos surpreendera.

Sem óculos, eu enxergava muito mal. Entretanto, era obrigado a trabalhar na fábrica. Pé-Chato me cobria de pancada, não havia como evitar. Decidi ir ao escritório do *Lagerältester* para perguntar se não poderia receber um par de óculos.

Lucien, bem como um secretário tcheco e um intérprete belga encontravam-se no escritório. Dirigi-me ao tcheco. Ele fritava batatas; o cheiro era excelente, mas aqui ninguém prestava atenção, nem sequer olhava o aquecedor. Quando me aproximei, o tcheco ergueu a cabeça e lhe contei a história dos meus óculos. Ele tomou notas e me fez assinar. O kapo gordo, Ernst, chegou nesse instante e, ao me ver, pediu para ler o papel onde constava que meus óculos tinham sido quebrados com um soco do *Meister*. Riu e disse ao tcheco que era inoportuno escrever isso, porque esse *Meister* era, ao contrário, normalmente muito doce. O tcheco lhe respondeu que, como eu pedia óculos, era preciso indicar como eu perdera os meus. O kapo não insistiu. Quando Paul chegou, perguntou, aborrecido, o que eu queria, o tcheco explicou. Perguntou-me se eu tinha dinheiro. Como eu não tinha, não poderia ter os óculos, a menos que o *Lagerführer* SS quisesse dá-los.

Durante toda a conversa, fiquei surpreso por não me botarem porta afora. Mantinha-me encostado na mesa do tcheco. Não estava doente. Ao chegar, Paul perguntou imediatamente o que eu fazia ali, mas, quando foi informado de que eu não tinha mais óculos, aceitou minha presença. Um SS chegou, ouviu a história e não pareceu tentado a me dar um segundo soco, mostrando-se também sensível ao assunto. Permaneci como um intocável, esperando que decidissem encontrar uma solução, mas isso não aconteceu. Deixaram-me partir sem me insultar.

Um camarada consertou a armação de meus óculos velhos e ajustou a lente intacta. Voltei à minha oficina. No mesmo dia, precisei soltar um tubo de ar comprimido da torneira, não tinha fechado a pressão e o tubo pulou no meu rosto — desta feita os óculos foram pulverizados. Estava em uma escada. Mais uma vez, passei a mão em meus olhos e, em seguida, desci devagar. O

Meister me observava; recoloquei minha boina, que tinha caído no chão, e fui embora. Ele não disse nada.

Primeiro, fui às latrinas. Planejava tentar bancar o cego. Um momento depois, entrei na fábrica. Caminhei erguendo a cabeça como um sonâmbulo e passei pelo *Meister*, que me olhou sem nada dizer. Sem óculos, eu podia fingir ser a pessoa que eu me sentia na realidade, desde o primeiro dia da minha chegada a esta fábrica. Atravessei a fábrica muito devagar, a cabeça levantada, e não parei em nenhuma oficina; ninguém encostou em mim.

Levei esse jogo adiante durante dois dias.

No terceiro, à tarde, encontrava-me diante de uma oficina do hall conversando com um colega. Acreditava estar camuflado. Um soco na cabeça. Voltei-me. Era Pé-Chato.

— *Was machst du?*
— *Kein Brille!* — respondi, mostrando meus olhos.

Outro soco na cabeça.

Nada havia a fazer. Batia como um martelo. Ele podia continuar assim por muito tempo. Esquivei-me do quarto soco e isso o irritou ainda mais. Pé-Chato brincava.

À noite, fui ao *Revier*, onde Gilbert agora era secretário. O doutor espanhol estava doente; um médico russo o substituía. Pedi uma *Schonung* porque não conseguia enxergar. O médico respondeu não poder me ajudar, caso eu não tivesse febre. Gilbert lhe explicou que eu era seu amigo e ele assinou uma licença de três dias. Outros chegaram, sobretudo italianos, mais abatidos do que eu, mas não receberam a *Schonung*.

Voltei ao bloco de madrugada, chafurdando na neve enlameada. No céu, a lua. O vento do oeste chegava até nós, depois de ter contornado a extremidade do bosque. Trazia com ele as vozes das sentinelas, neutras, calmas. Não conhecíamos outra paz senão a da lua sobre a praça deserta. Lá em cima, os SS adormeciam, nos esqueciam.

No bloco, a luz estava apagada. Francis veio me ver em meu beliche. Era de Nice, baixinho, moreno e magro. Havia passado a época mais fria do inverno lá fora, no *Zaunkommando*. Das sete da manhã às cinco da tarde, cavara a terra congelada.

Falava em voz baixa. Novidades? Claro que as novidades eram boas. Sim, os russos avançavam ao norte e os Aliados haviam lançado a *grande ofensiva*. Desta vez, talvez fosse verdade. Sim, era preciso que isto terminasse logo, não poderíamos aguentar por muito tempo. Degringolávamos, afundávamos. Na véspera, um camarada havia escondido uma gamela de sopa para comer na manhã do dia seguinte. A sopa fria tinha congelado. De madrugada, viram alguém esticar a mão na direção da gamela e pegar um punhado de sopa. No dia seguinte, na gamela, a marca da mão. Era preciso que isso terminasse. Desde que chegáramos à Alemanha, nunca tínhamos recebido uma remessa, nunca um pedaço de açúcar, nunca comida de verdade. As feridas apodreciam. Na fábrica, colegas desmaiavam. O corpo sumia junto com a voz. Francis falava muito devagar, o rosto perdera a mobilidade de tanto ficar lá fora no frio. Vinte graus negativos, durante todo o inverno, com um quarto ou um quinto de pão de manhã e nada mais até à noite além de um copo de caldo ao meio-dia. A pele do rosto e a voz testemunhavam tudo isso.

A porta foi aberta. Um kapo fazia a ronda, uma lanterna na mão. Francis deitou-se. O kapo aproximou-se das camas, passeou a lanterna. O dormitório estava silencioso; ele foi embora.

Francis voltou para perto do meu colchão. Os outros dormiam. Um pequeno abajur que havíamos posto na trave da cama formava uma mancha amarelada no escuro. Francis sentia vontade de falar do mar. Resisti. A linguagem era um feitiço. Quando o corpo apodrecia, o *mar*, a *água*, o *sol* faziam sufocar. Era com essas palavras, assim como com o nome de M., que nos arriscávamos a não querer dar nem mais um passo nem sequer nos levantarmos. E íamos adiando o momento de falar, mantendo-o em estoque, sempre como última reserva. Sabia que Francis, magro e feio como eu, podia enlouquecer e me enlouquecer com poucas palavras. Era preciso conservar isso, poder ainda ser o próprio bruxo mais tarde, quando nada mais pudermos esperar do corpo nem da vontade, quando estivermos seguros de jamais voltarmos a ver o mar. Mas, enquanto o futuro era possível, era preciso calar.

Eu transpirava. As pancadas na cabeça haviam surtido efeito. Finalmente, a boa e velha febre chegava. Caso não cedesse, talvez eu fosse dormir no *Revier*, onde era calmo; porém, meu corpo não tinha forças para conservar esta febre.

———

Acabávamos de passar pela distribuição e eu acabava de entrar no quarto.
— Meu pão! Roubaram meu pão! — gritou um sujeito.
Estava perturbado, lamentava-se. "Meu pão! Meu pão!" Permanecia de pé, os braços pendiam. "Ele estava ali, eu o coloquei em cima da minha palha." Diante da cama, continuava a repetir. Fez-se um coro indignado: "É uma vergonha; deviam enforcar quem rouba pão!" etc.
Revistamos tudo e encontramos um pedaço de pão intacto debaixo de um colchão. O ladrão não tivera tempo para escondê-lo em outro lugar e segurava seu próprio pão. Era um camponês de uns vinte anos, cabeça grande e orelhas de abano. Antes que o questionassem, apavorado, estendeu o pão e repetiu várias vezes:
— É a primeira vez que eu roubo, é a primeira vez!
Devolvia o pão. Tomem! Era a primeira vez, não era nada sério.
Alertado pelos gritos, o chefe do bloco espanhol chegou.
— Quem vai querer aplicar as 25 chicotadas? — perguntou.
Ninguém respondeu. O camponês aguardava, não tinha medo das chicotadas, estava perturbado.
— E aí, ninguém vai querer? — tornou a perguntar o chefe do bloco.
Félix resmungava baixinho:
— Se fosse um homem, imagina só o que já não teria acontecido!
Ao seu redor, protestavam:
— É um garoto, deixa para lá.
— Deixa que eu vou! — avisou P., um preso comum que traficava com o *assassino*.

Um preso comum ia usar oficialmente o Schlag, sob o olhar de aprovação do chefe do bloco, que não era político e que todos os dias mandava para dentro carne e várias rações de pão.

— Os que quiserem assistir, podem vir! — comunicou o chefe do bloco.

Entrou na sala, seguido por P. e pelo camponês. Alguns presos os seguiram.

Poucos instantes depois, escutamos os estalidos, mas nenhum grito. Mal prestamos atenção. P. voltou rindo, seguido do camponês, que apresentava o rosto vermelho e um sorriso forçado. Para justificar sua compostura, comentou que P. não tinha batido com força. A chamada havia apressado o fim da cena. Os detentos partiram para a fábrica e os que tinham um bilhete de *Schonung* entraram no bloco.

Mais tarde, o pessoal da cozinha pediu homens para um serviço. Nunca se podia perder uma tarefa na cozinha. Tratava-se de triar as ervilhas secas.

Abriram a grande porta da cozinha. Quando entramos, ficamos intimidados. À esquerda, um monte de batatas. Fomos impedidos de nos aproximar da pilha. O cozinheiro-chefe polonês também nos impediu de nos aproximar dos caldeirões. Lucien encontrava-se atrás de uma mesa grande na qual havia carne e pão; junto dele, um ajudante de cozinha cortava a carne. Também não pudemos nos aproximar. Fomos encher uma gamela de ervilhas em um tonel e nos concentraram em volta de uma mesinha. Esvaziamos as gamelas na mesa e começamos a triar. Ocupávamos os dois lados da mesa. Italianos e russos vieram. Também o alemão evangelista.

Atrás de nós, o *Lagerpolitzei** e Lucien caminhavam, supervisionando. Nós triávamos. Depois que passavam, enfiávamos às pressas grãos na boca. Entretanto, corríamos o risco de ainda mastigar quando voltassem e eles vigiavam os maxilares. Um soco do *Politzei* na cabeça do meu vizinho: seu maxilar mexia. O *Politzei* nem se deteve, batera enquanto andava. Recomeçamos a

---

*Kapo encarregado da disciplina do lado de fora dos blocos. Era chamado de *Politzei*.

catar o monte de ervilha e a mastigar. Havíamos combinado que os que se encontravam do lado oposto da mesa, voltados para eles, nos preveniriam quando eles passassem. Assim, as mandíbulas imobilizavam-se e recomeçavam, imobilizavam-se e recomeçavam mecanicamente.

Quanto ao evangelista, não mastigava.

Quando a triagem terminou, consegui esconder alguns punhados de ervilha numa gamela, sobre a qual empilhei outras gamelas vazias. Fomos revistados ao sair, mas não pensaram em separar cada uma das gamelas da pilha. Outro fizera como eu. Porém, ele estava com muita pressa para preparar a sopa. Chegando ao bloco, encheu uma grande bacia d'água, jogou as ervilhas e as colocou para cozinhar no aquecedor. O odor espalhou-se, era forte demais. Fritz, que suspeitava de que tivéssemos conseguido pegar ervilhas, abriu a porta do quarto. Sentiu imediatamente o cheiro e foi direto para o aquecedor. Perguntou de quem era a sopa. Ninguém respondeu. Ameaçou privar todos os franceses de sopa no próximo domingo. Finalmente, contentou-se em levar a bacia. A sopa de ervilha começava a engrossar; os kapos a tomariam.

Escondi as ervilhas na minha gamela debaixo do colchão, guardando-as para o domingo.

Domingo. A manhã passou em tarefas; fazia menos frio, março avançava. Tínhamos tomado a sopa do meio-dia: aguada, com a ervilha que triáramos na véspera. Francis, porém, cozinhava outra, no aquecedor, com as que eu tinha afanado na cozinha. Pegara emprestada uma gamela grande de um camarada. Tomaríamos a sopa à noitinha.

Francis não abandonava o aquecedor, onde alguns cozinhavam sopas com cascas de rutabagas e outros as fritavam.

Os que nem cascas tinham foram se deitar.

Terríveis tardes de domingo, vazias, depois da sopa comum. Olhares dos que nada tinham para as gamelas dos que tinham dado um jeito de não passar o domingo sem nada. Como fugir dessa prisão? Melhor a fábrica do que esse caminhar pelo corredor do dormitório, do que transformar-se nesse possuído que esfregava sua fome contra a cama, contra o banco, abaixando a cabeça quando o cheiro de comida penetrava-lhe as narinas.

Nossa sopa estava grossa, no ponto, cheirava bem; Francis a tinha trazido, escondido debaixo da minha cama e ido às latrinas. Sentado no banco diante da cama, eu a vigiava.

Antes de Francis voltar, fui até o aquecedor esquentar as mãos. Demorei-me um instante antes de retornar ao lugar no banco, de onde via a gamela. Francis voltara em seguida.

Ela estava ótima, tínhamos sorte. Gostaríamos de esperar ainda mais antes de tomá-la.

Escurecia. Íamos nos sentar na cama e a tomaríamos devagar, depois conversaríamos e nos deitaríamos. Tínhamos sorte. Era preciso nos defendermos e tentar recomeçar no domingo seguinte; se conseguíssemos nos defender desse jeito, talvez pudéssemos aguentar até o final. Além do mais, não demoraria muito tempo. A ofensiva aliada seguia bem, e os russos avançavam sobre Berlim. Vigiávamos a gamela. Mais um mês e eles estariam ferrados. Minha *Schonung* expirava no dia seguinte, mas eu me encarregaria de conseguir prolongá-la. Se pudéssemos tomar uma sopa dessas todos os dias, não mais falaríamos constantemente de comida. Sim, eu iria a Nice quando voltasse; comeríamos um *pan-bagnat*.*
Vigiávamos a gamela. Primeiro tomaríamos um aperitivo, um Cinzano, sentados de frente para o mar depois; comeríamos o *pan-bagnat* — a mãe dele fazia um ótimo. Ele iria me buscar na estação; primeiro, tomaríamos *café crème* com croissants e diríamos: "Estão gostosos os croissants e podemos comer mais se quisermos." Íamos nos divertir. Tiraríamos férias. Ele iria a Paris, eu o receberia na estação, tomaríamos um pingado com croissants no balcão.

Ah! Agora era preciso tomar a sopa.

Francis foi até a cama e abaixou-se. Segurou a gamela, levantou-a, estava muito leve. O rosto demonstrava raiva.

Dei um salto. Estava vazia. Enfiei o nariz; continuava vazia.

---

*Sanduíche tradicional de Nice, feito de pão branco e salada *niçoise* (anchovas, verduras cruas, ovo cozido, azeitona e azeite de oliva). (*N. da T.*)

— O que você fez? Você não ficou tomando conta? — gritava Francis. — Babaca, babaca! Puta que o pariu, filho da puta, como você pode ser tão babaca?

Batia os pés, girava sobre si mesmo.

— Cadê o filho da puta? Quem foi o filho da puta que fez isso? Francis rodopiava. Meus punhos se cerravam. Quem teria sido o filho da puta? Ele nos havia posto na mira, como quem aponta um fuzil. Ele nos vira com a sopa, a deixara engrossar, fumegar, nos olhara enquanto a escondíamos e, quando eu fui ao aquecedor, ele a despejara em sua gamela. Onde estava agora? Ele já havia tomado a sopa. Mesmo se o descobríssemos não a recuperaríamos, seria preciso fazê-lo vomitar, a sopa não existia mais em lugar nenhum. Olhávamos a gamela; restava um purê na parede do interior; cheirávamos, víamos o fundo, passando-a de um para o outro, olhando-a por turnos.

Devíamos observar os colegas com um olhar terrível. Quanto a eles, tinham a cara dos bem-aventurados bordados nas tapeçarias.

Sentei-me na cama, a cabeça entre as mãos. Como fazer para isso passar? Como era difícil! Raramente houvera um muro tão alto a transpor.

Gilbert chegou. Contamos para ele. Desabafamos. As palavras corroíam o muro. Contamos várias vezes. Voltávamos a nos exaltar. Pronto, tudo recomeçaria? Não, finalmente rimos.

— Ponha as cartas para mim! — disse Gilbert a Francis.

Francis tinha um baralho e sabia ler as cartas. Entretanto, não conseguia ainda relaxar.

De repente, levantou-se como quem acaba de encontrar a solução milagrosa.

— Que tal não pensar mais nisso?

Eu devia ter a expressão pensativa. Precisava de uma resposta, que acabou saindo:

— Combinado. Não pensamos mais nisso.

No *Revier*.

— Próximo! — diz o doutor espanhol.

Ele é um homem relativamente baixo, de bochechas rosadas, usa um jaleco branco e está limpo.

A porta se abre; um sujeito emerge da escura sala de espera. É um italiano, encurvado, de uns cinquenta anos; a claridade o cega.

— O que você tem? — pergunta o doutor com forte sotaque.

O italiano põe a mão nas costas. O *Stubendienst* italiano está no aposento, todo sorrisos; é um hoteleiro de Milão. Pergunta ao compatriota o que ele tem e o outro encosta a mão nas costas.

— Tire a roupa — diz o espanhol.

O velho tira o paletó e a camisa, seu esqueleto aparece. Tem um grande carbúnculo. Senta-se num tamborete.

O espanhol apanha o bisturi e corta o carbúnculo com força; o velho grita.

— Por que grita? — pergunta o espanhol rindo, sempre com forte sotaque. — Eles não sabem sofrer.

O *Stubendienst* italiano sorri para o doutor, enquanto este, com uma pinça, espreme o carbúnculo.

O velho geme.

— *Madonna! Madonna!*

O espanhol ri, imitando o velho.

— *Madonna! Madonna!* Que tal Mussolini? Mussolini? — Sacode o velho, que responde choramingando:

— Não, não, Mussolini não, Mussolini não.

O *Stubendienst* italiano para de rir quando o doutor lhe dá as costas, e recomeça a sorrir quando este se volta na sua direção.

O pus escorre, a carne foi arrancada, o velho tem um enorme buraco nas costas. Cada vez que a mão do médico encosta na ferida, o doente se curva e geme.

— Pode ficar de pé?

O *Stubendienst* italiano intervém em italiano.

— Pode obedecer ao médico?

O outro senta-se esticado.

— Macaroni, Mussolini, levante. Caralho, são todos iguais — diz o espanhol, irritado.

O *Stubendienst* tem o sorriso congelado.

— Comem tudo quanto é merda e depois se queixam dos abscessos — acrescenta o doutor.

O *Stubendienst*, gordo, concorda com a cabeça (também faz parte do circuito do ouro).

O doutor cobre o buraco com uma gaze e enrola uma faixa de papel nas costas do velho, que não se move, os braços pendentes.

Satisfeito, o *Stubendienst* examina o curativo.

— Pode se vestir de novo.

O velho enfia a camisa e o paletó.

Está pronto, mas continua esperando.

— O que está esperando? — pergunta o doutor.

Ele arrisca:

— *Schonung?*

— *Schonung?* Anda, anda, *lavorare*, Mussolini, *lavorare*.

Com o olhar, o velho busca uma intervenção do *Stubendienst* italiano, que continua sorrindo sem dizer nada.

Ele se vai.

— Próximo!

Um francês entra, baixinho, magro, os olhos apáticos.

— O que você está sentindo?

— Dor de garganta.

O doutor lhe entrega o termômetro.

— Todos doentes. Não querem trabalhar. Não sabe que está num campo de concentração?

— Sei, sim — responde o francês baixinho. — Estou com dor de garganta.

— Dor de garganta! Estou mais doente que você e continuo trabalhando.

O francês não diz nada. Se quer uma *Schonung*, é melhor não irritar o outro.

— Crê em Nossa Senhora? — pergunta bruscamente o espanhol.

— Isso é problema meu — diz o francês.

O *Stubendienst* italiano está num canto do aposento, continua sorrindo quando o doutor o toma como testemunha.

— Então, deve rezar para Nossa Senhora, se está doente.

Ele ri. O francês não responde.

Está com o termômetro debaixo do braço e não se mexe.

— Foi preso porque traficava no mercado negro? — pergunta o espanhol, provocando.

— Não — responde secamente o francês.

— Todos querem se passar por políticos — debocha o médico.

O *Stubendienst* italiano balança a cabeça.

— Sou um político — responde o francês sem mover a cabeça, como se falasse sozinho.

— Um político com essa cara? — zomba o espanhol.

— Essa é a cara que tenho — responde o francês, tirando o termômetro.

Tem febre alta.

— Você tem sorte — diz o doutor examinando o termômetro. Dormirá no *Revier*.

Atrás do tabique, fica o dormitório do *Revier* com três andares de camas. Um aquecedor ressona, faz calor, não há barulho. Entre as duas portas do *Revier*, a vida do *Kommando* se amortece.

De vez em quando, um SS entra no dormitório. Passa diante dos rostos e, quando vê algum doente cuja magreza impressione, pergunta ao doutor o que ele tem. Em geral, o doutor não sabe direito. Então os dois consideram o sujeito magro *demais* e parece que o doutor o vê pela primeira vez. O SS diz tristemente, desta vez em voz baixa: *Scheisse*. O doutor inclina gravemente a cabeça.

Da cama, o doente os olha com essa fixidez sem angústia dos moribundos.

O doutor não pensa nada a respeito do doente. Quando o SS está no dormitório, sente-se aniquilado e seus olhos adquirem uma terrível mobilidade. Ele tem medo. É preciso, sobretudo, que o olhar do SS não tropece em nada, que não haja qualquer aspereza. Que os doentes estejam simplesmente magros. A lista dos *Schonung* também não pode ser muito significante.

— Estou mais doente que eles — diz o doutor —, eles têm mais é que trabalhar.

Às vezes, o SS brinca com o doutor, e eles riem juntos. Entretanto, antes de ocupar esse posto, ele já apanhou dos SS. Mas agora tem um jaleco branco, dorme num quartinho aquecido, não comparece à chamada, alimenta-se e está rosado.

Nestas condições, é muito fácil esquecer já ter sido um homem igual aos que vêm pedir uma *Schonung* e que estão cobertos de piolhos.

O doutor espanhol tornou-se rapidamente um exemplo perfeito da aristocracia do *Kommando*. O critério desta aristocracia — como de todas, por sinal — é o desprezo. E nós a vimos se constituir diante de nossos olhos, com o calor, o conforto, a comida. Desprezo — e, em seguida, quando reivindicam, ódio — pelos que são magros e arrastam um corpo com o sangue podre, pelos que são obrigados a oferecer tal imagem do ser humano, que são fonte inesgotável de aversão e raiva.

O desprezo da aristocracia pelos detentos é um fenômeno de classe ainda em projeto, no sentido em que uma classe se forma e se manifesta através de um conjunto de situações a serem defendidas; mas este desprezo não pode ser tão soberano quanto o dos SS, pois esta aristocracia precisa combater para se manter. Combater pressupõe fazer os outros trabalharem, dedurar e também recusar as *Schonung*. O desprezo só intervém para justificar o combate e depois que este ocorreu; não tende a se impor, a substituir a raiva pelo inimigo ou pelo possível importuno a não ser quando a batalha já foi ganha e a situação, definitivamente consolidada. É o caso de Paul, o *Lagerältester*, por exemplo.

Quanto ao doutor, ele não alcançou a definitiva tranquilidade do desdém. Sente-se aterrorizado pelos SS; sua situação de médico lhe serve de proteção, mas também lhe impõe o que não ocorre a nenhum outro preso comum: estar em contato pessoal com o SS. Ele faz parte do aparato, pessoalmente engajado, identificado, e isso o aterroriza. Seu trabalho mole não deixa de ser uma emboscada, da qual não pode se livrar senão recusando as *Schonung*, maltratando os colegas, o que o trancafia no círculo da raiva e, a seguir, no do desprezo.

Sente-se fascinado pelo método e pela lógica SS. Agora não mais imagina tentar distorcê-los. Mas o que o aterroriza também tranquiliza sua consciência: sente-se num enorme aparato de destruição, no centro de uma fatalidade que ele mesmo acredita ter a devastadora tarefa de agravar. É por isso que não para de repetir: "Vocês não sabem o que é um campo de concentração!" Isso não é uma hipocrisia banal. Ele sabe que exemplifica a moral dos campos, que o aterroriza, mas da qual participa, sempre como possível vítima. "Vítima" quando manda o velho italiano para o trabalho; "vítima" quando ameaça mandar Jacques de volta para Buchenwald.

Mas ao colega que ele expulsou à noite, durante a hora da visita, não interessa se o doutor é ou não uma vítima, e lhe responde. Então o doutor grita com ele e, ao gritar, descobre que o sujeito é magro e sujo e tal descoberta justifica sua raiva.

Mas ele não acreditará plenamente na própria cólera, não acreditará que é ele quem fala, mas sim o homem do campo de concentração — o opressor-aterrorizado. E essa natureza, que ele acredita emprestada, esconde seu próprio medo e sua mediocridade. Talvez esta natureza lhe seja odiosa (mas ele a julga não ser sua), mas é sedutora (ele tem poder).

Existe ainda outra coisa, talvez a mais importante. Seu terror o alucina. Como certos alemães em Buchenwald eram tomados de um frenesi mágico falando do crematório, o doutor revela sua psicose quando fala de sangue. Ele diz "*sangre*" e seus olhos começam a se mover irrequietos, arregalam-se ligeiramente, e ele abre um grande sorriso, mostrando os dentes.

"K. vai morrer", tinham me contado. Estava no *Revier* há uns oito dias.

K. era professor de escola primária. Um de seus amigos, que o conhecia bem na França, contou que ele se tornara irreconhecível aqui no campo. "K. era um ferrenho militante", me dissera. Eu só vira um homem encurvado, de voz muito fraca e que tentava sobreviver.

Fui ao *Revier* visitar K. Já era tarde. Atravessei a praça deserta, passei diante da barraca do *Lagerältester*, de onde saía o som de um rádio. Ladeei a barraca. À direita, ao alto, distinguia-se a massa da floresta. As barracas dos russos e dos poloneses pareciam grandes colmeias negras na terra lamacenta; no alto, outra colmeia, a dos SS.

Àquela hora, todo mundo já havia entrado. Apenas as sentinelas montavam guarda. Os SS passavam sua noite de SS e os detentos, a deles. No talude, os quatro homens de sobretudo que, vez por outra, trocavam algumas palavras garantiam nosso cativeiro. Graças a eles, o conjunto SS-detentos mantinha sua coerência; à noite, essas silhuetas vigilantes impediam que o sono dos SS e dos detentos se confundisse.

Ladeei a barraca do *Revier*: passei diante das pequenas persianas fechadas. No chão, a lama era espessa e, em alguns pontos, havia poças. Encontrava-me sozinho lá fora.

Chegando à extremidade da barraca, abri a porta. O dormitório estava mal iluminado, tomado por um odor morno e pesado. Os doentes, deitados nas camas; as cabeças imóveis pousadas no travesseiro, sombras nas cavidades dos rostos. No aquecedor, instalado no meio do corredor entre as camas, o enfermeiro tostava fatias de pão. Assim como eu, outros tinham vindo visitar um amigo. Falavam em voz baixa. Às vezes, dava para escutar os gritos do espanhol no aposento vizinho.

Procurava K. nas camas. Reconheci rostos, trocamos sinais. Caminhava sem fazer barulho entre os leitos procurando K.

Perguntei ao enfermeiro junto ao aquecedor:

— Onde está o K.?

Surpreso, respondeu:

— Você passou por ele. Está ali.

Apontou um dos leitos, perto da porta, diante do qual, de fato, eu havia passado. Refiz os passos e, nos travesseiros das camas próximas à porta, olhei cada um dos rostos. Não vi K. Chegando perto da porta, voltei-me e deparei-me com um sujeito que estava deitado da primeira vez que eu passara, mas que acabava de se erguer, mantendo-se apoiado nos cotovelos. Tinha um nariz comprido, buracos no lugar das bochechas, olhos azuis quase apagados e uma prega na boca que podia ser um sorriso.

Aproximei-me, achando que ele me olhava. Cheguei bem pertinho, em seguida inclinei a cabeça de lado; a dele não se mexeu e a boca retinha a mesma prega.

Fui até a cama vizinha e perguntei ao homem deitado:

— Onde está o K.?

Ele girou a cabeça e apontou o homem apoiado nos cotovelos. Olhei aquele que era K. Senti medo, medo de mim. Para me tranquilizar, fitei outros rostos. Pude reconhecê-los, não me confundia, ainda sabia quem eram. O outro continuava apoiado nos braços, a cabeça pendente, a boca entreaberta. Aproximei-me de novo, inclinei-me e, olhando-o de cima, fitei por muito tempo os olhos azuis, afastando-me em seguida. Os olhos não se mexeram.

Observava os outros. Pareciam calmos, eu ainda os reconhecia e, seguro por ainda reconhecê-los, voltei-me imediatamente em sua direção.

Fitei-o então de cima para baixo. Examinei-o, olhei tanto que acabei, para ver o que aconteceria, por lhe dizer num tom de voz bem baixo, bem de pertinho:

— Boa noite, meu velho.

Continuou imóvel. Não podia fazer mais nada para que me notasse. Ele conservava aquela espécie de sorriso na boca.

Quanto a mim, não reconhecia nada.

Fixei então o nariz, devia ser possível reconhecer um nariz. Concentrei-me no nariz, mas ele nada indicava. Não podia encontrar nada. Sentia-me impotente.

Afastei-me da cama. Retornei várias vezes, a cada vez esperando que o rosto que eu conhecia aparecesse, mas não reconhecia nem mesmo o nariz. Sempre apenas a cabeça pendurada e a boca entreaberta de ninguém em particular. Saí do *Revier*.

Tudo isso ocorrera em oito dias.

O homem que a mulher vira partir havia se tornado um de nós, um desconhecido para ela. Mas, naquele momento, ainda havia a possibilidade de um outro K. que nem mesmo nós conhecíamos, nem mesmo nós reconhecíamos. No entanto, alguns ainda o reconheciam. Isso, no entanto, não acontecera sem testemunhas. Aqueles deitados ao lado dele ainda o reconheciam. Nenhuma chance de realmente vir a se tornar um desconhecido para todos. Quando eu tinha perguntado ao seu vizinho "Onde está o K.?", ele imediatamente o mostrara. Para ele, K. ainda era aquele ali.

Agora, o nome permanecia: K. O nome pairava sobre o homem que eu visualizava na fábrica. Entretanto, ao vê-lo no *Revier*, eu não conseguira dizer: "É o K." A morte em si não guarda tanto mistério.

K. morreria essa noite. Isso significava que ainda não estava morto, que seria preciso ainda esperar para declarar morto aquele que eu conhecera e de quem ainda trazia uma imagem na cabeça, aquele cujo amigo tinha dele outra imagem, ainda mais antiga; era preciso aguardar que aquele que estava lá — e que nenhum de nós dois agora conhecia — estivesse morto.

Isso acontecera durante a vida de K. Fora em K., ainda vivo, que eu não encontrara ninguém porque eu não mais encontrava quem eu conhecera. E por ele não me reconhecer, por um instante, duvidei de mim. Para me assegurar de que eu ainda era eu, olhara os outros, como para recobrar o fôlego.

Como os rostos estáveis dos outros tinham-me tranquilizado, a morte, K. morto, ia assegurar, refazer a unidade deste homem. Entretanto, ainda seria verdade que entre aquele que eu conhecera e o morto K., que todos nós conheceríamos, houvera esse vazio.

―――

Fim de março. Venta bastante. A lama da neve seca no campo. O sol ainda não se revela, mas há no céu um prodigioso trabalho de nuvens. O teto do inverno desintegra-se, mostrando às vezes pedaços de azul. Os dias tornam-se mais compridos. Graças às fendas no céu, os bosques despertam e o campo e as barracas emergem da neve, da lama e do nevoeiro.

Não somos mais acossados. Não trememos mais de frio, podemos conversar do lado de fora sem nos arrepiarmos, podemos articular as palavras, temos até tempo de fazer pausas entre as frases. Nossa fala não é mais apressada, podemos ficar lá fora sem um motivo específico; podemos ajeitar os ombros, respirar fundo, descolar os braços do corpo, olhar o céu, caminhar calmamente. Não precisamos mais retardar em um ou dois dias o momento de ir às latrinas. Podemos sair, sem tremer, tirar as calças e nos demorar, sentindo o vento morno percorrer a pele.

Não dizemos "é primavera"; não dizemos nada. Achamos que, por não fazer mais frio, talvez tenhamos menos chances de morrer. Ficamos surpresos com essa tepidez que chegou de repente, como se o ar tivesse se cansado e renunciado a morder. Como se a verdadeira natureza houvesse se autorizado a renascer, como se os SS tivessem começado a bocejar diante de nós e depois dormissem, nos esquecendo. Pois o inverno era SS; o vento e a neve eram SS. Uma prisão se abriu.

No primeiro dia ameno, quando senti que, quanto a isso, nada mais havia a temer, achei que iríamos comer. Foi bem passageiro, mas, tendo o corpo deixado de se sentir martirizado pelo frio e repousado, sereno, pois não apanhava, alguma coisa devia estar acontecendo, alguma coisa de extraordinária. Talvez fôssemos comer.

Mas a primavera será bem mais traidora que o inverno. Teremos fome com a luz, com a tepidez do ar na boca. Emagreceremos, secaremos sentindo os perfumes dos bosques nas narinas. Passarinhos cantarão no agrupamento da manhã. Os carbúnculos crescerão. Os bosques estarão verdes diante do olhar dos moribundos.

Os russos continuam cercando Breslau, mas colunas avançam ao norte, na direção de Berlim. Os americanos cruzaram o Reno.

Na fábrica, terminamos a construção de uma carlinga, mas não preparamos outras. As peças deixaram de chegar. O programa de construção cessou.

Durante alguns dias, os colegas vagam em torno de suas bancadas, fingindo trabalhar. Mais tarde, vários foram designados para o *Transportkolonne** para a realização de várias tarefas (mudança de escritórios, desmontagem dos moldes das carlingas).

O diretor passeia amiúde na fábrica e, quando chega, os *Meister* fingem estar ocupados em suas oficinas. O diretor gostaria que isto ainda fosse uma fábrica, mas já deixou de ser. Pé-Chato, Bortlick e os outros *Meister* ainda gostariam de comandar o trabalho, mas já não há trabalho. O compressor continua funcionando para fixar a última carlinga, mas o barulho está oco, perdeu o impacto; o compressor vibra no deserto.

Contudo, o diretor observa com atenção a carlinga e faz perguntas ao *Meister* responsável, que parece despertar. Dois outros, num canto, examinam um mapa pequeno.

O diretor grita com os detentos que permanecem à toa diante da bancada: *Arbeit! Arbeit!* Mas, assim como o barulho do compressor, *Arbeit!* ressoa no deserto.

Para não apanharem, bem que gostariam de encontrar trabalho, não ficar de braços cruzados. Entretanto, não há trabalho para ninguém. A fábrica deixou de existir. A derrota chegou. É como se os russos estivessem logo atrás da colina. Apesar de tudo, faz-se necessário que isso continue a ser uma fábrica.

Todos aqui devem estar ocupados fazendo alguma coisa. Então o diretor convoca os *Meister* ao seu escritório. Quando saem de lá, não fazem qualquer declaração, mas alguns logo começam a berrar: *Arbeit, Arbeit, los!* Três deles caem sobre um sujeito que trazia as mãos nos bolsos. É o primeiro a apanhar *porque não há trabalho.*

Aqueles lá foram enganados. O diretor sem dúvida deve ter lhes dito que a guerra não estava perdida, que havia linhas de resistência. E armas secretas. As palavras que começavam a se dispersar ressurgiram, ainda ressoavam em suas cabeças. *Arbeit* também volta a ressoar. Mas não há nada a fazer. Já não há trabalho para eles, assim como não há pão para nós. Eles não podem mais criar alguma coisa para se trabalhar, assim como nós não podemos criar alguma para comer.

**Kommando* de trabalho.

Agora devemos ter nos tornado absolutamente intoleráveis. Até então, na fábrica, tínhamos sido mobilizados, consumidos pela carlinga, jamais independentes do dural. Meros objetos a trabalhar o dural, nunca passáramos das duplas *Häftling*-compressor, *Häftling*-martelo, duplas mudas. Nossa voz, nossos barulhos permitidos eram os do compressor, do martelo de madeira. De vez em quando, falavam conosco, apenas em função da carlinga. No fundo, ela nos protegia, nos camuflava.

Não há mais carlinga, ficamos a descoberto na fábrica, perdidos numa *no man's land*. É preciso agarrar-se a alguma coisa, fingir, encontrar alguma nova camuflagem. Se não trabalhamos mais, só servimos para morrer. Não podemos continuar a existir desse jeito, de braços cruzados. Somos carregadores de pedras, ombros para vigas, mãos para martelos, e, se as pedras, as vigas e os martelos somem, o escândalo explode, nada mais justifica nossa existência; não há desculpa, envenenamos a fábrica.

Mas essa imperdoável peste que somos acabou por contaminá-los. Eles não podem mais encontrar trabalho para nós. Tampouco para si próprios. Nossa vitória se aproxima e é assustadora. Eles próprios contraíram nosso mal. Seus gritos e sua cólera não podem abafar esse escândalo que ressurge cada vez que um *Meister* aproxima-se de um camarada. Tanto *Meister* quanto detento trazem, por um instante, a expressão vazia. E esses civis não podem nos matar. São os SS que dispõem de nós. Nada podem fazer; foge à sua alçada.

Pé-Chato vive um drama. Manteve o rosto vermelho. Caminha pela fábrica, imponente, a barriga projetada para a frente. Nesta manhã, ficou um bom tempo a sonhar diante da carlinga inacabada, depois vagou ao seu redor. Terminou por se afastar e foi para a sua bancada. Eu não estava longe. Para me ocupar, eu polia um bloco de madeira na lima. Não parei de observá-lo. Era chegada a minha vez de espreitá-lo.

Ele ainda permaneceu um instante imóvel diante de sua bancada de trabalho, depois abriu o torno. O compressor havia sido interrompido. Os outros *Meister* conversavam em grupos de dois ou três. Pé-Chato fitou-os um a um, voltando-se, em seguida, para a bancada, como se estivesse sendo vigiado. Eu o observava pelo canto do olho, sem virar a cabeça. Ele abriu a gaveta da bancada, de onde tirou um pedaço de ferro, uma rebarba. Com o pedaço de ferro na mão, olhou de novo os outros *Meister*, que continuavam conversando. O rosto estava sombrio, mais duro do que quando batia. Pôs o pedaço de metal no torno. Em seguida, voltou a fechá-lo. Os outros continuavam conversando. Pegou uma lima e se pôs a raspar o pedaço de ferro como eu. Nenhuma dúvida; ele havia se proposto a vencer o impossível. Queria que ainda existisse uma fábrica, trabalho. Ainda queria poder gritar *Arbeit, Arbeit!*

Parei de limar e voltei-me em sua direção. Inclinado sobre o torno, Pé-Chato friccionava o ferro com força. Seu rosto continuava obstinado. Ele limava. Trabalhava.

Mas essa dopagem ainda não lhe bastava. Pousei minha lima, peguei uma caixa para não ficar com as mãos livres e deixei a bancada. Passei atrás de Pé-Chato; bem perto. Limando, cantarolava *Deutschland über alles*,* o som deformado pelo ritmo de seus gestos.

O renano também passeia pela fábrica; caminha devagar, o chapéu mole ligeiramente jogado para trás. De vez em quando se detém, coloca as mãos nos quadris e olha o hall. A expressão não é diferente da que vimos ao encontrá-lo pela primeira vez.

Alguns colegas estão inclinados sobre o torno. Martelam, limam qualquer coisa, conversando enquanto vigiam.

O renano aproximou-se de uma bancada. Os dois colegas de bancada nada sabem a seu respeito. Um civil entre civis. Param de falar, apenas limam. O renano está pertinho deles, imóvel. Os colegas lançam-lhe olhares furtivos, como aos outros. Ele

---

Deutschland, Deutschland über alles (Alemanha, Alemanha acima de tudo). Primeira frase da "Canção da Alemanha", hino nacional de 1922 a 1949. A partir de 1951, apenas a terceira estrofe passou a ser o Hino Nacional do Povo Alemão. (*N. da T.*)

os olha como nos olhava no depósito: olha as mãos no torno, o pijama listrado; seus olhos descem ao longo da roupa roxa até os pés. Os dois detentos esperam uma palavra. Eles são o mal, como de hábito; são culpados, como de hábito. Não podem se virar, encará-lo. Têm atrás um civil cujo olhar é uma ameaça que apenas aumenta à medida que o olhar se prolonga. Seria preciso que ele lhes dissesse em voz baixa *egal* ou *langsam*. Então, poderiam se voltar e o veriam. Mas o renano nem pensa nisso, nada diz, apenas olha. Hoje parece ter esquecido que somos incapazes de adivinhar quem ele é, que ele pode apenas parecer ameaçador. Prossegue em sua caminhada. Do seu jeito de andar, da lentidão do passo, os dois colegas poderiam deduzir que entre ele e os detentos algo não está claro. Estranhamente, o perigo se desfez. As costas tranquilizadas relaxam mais livremente do que quando Pé-Chato ou o diretor passam, como se percebessem que o medo que acabaram de sentir fosse, de certa forma, irracional. Mas tudo permanece muito vago. Aqui, o paletó do terno e o chapéu são sinais há muito temíveis.

Outro dia, de longe, eu vigiava a lata de cascas que fica ao lado da cantina SS. Prestes a me arriscar, percebi um homem de paletó preto vagando perto da barraca. Não o distinguia bem. Talvez fosse um civil, talvez um dos detentos poloneses que não usam pijama listrado. Acabei reparando numa cruz de chumbo nas costas do paletó. Então, avancei.

Nada se pode esperar de um homem de paletó sem a marca vermelha. Ou então é preciso que ele se declare. Aqui, o que há de humano não pode ser tácito.

Alguns poloneses, evidentemente, temem o avanço russo. Adorariam que os exércitos vindos do oeste avançassem um pouco mais depressa. Quando os colegas lhes perguntam se é verdade que o Exército Vermelho ultrapassou Frankfurt an der Oder, dão de ombros e sorriem. Dizem que ainda vai demorar, no mínimo, seis meses. São ofendidos e chamados de boches pelos colegas.

Os russos, ao contrário, respondem a todas as perguntas como bem entendem. Então, batemos no ombro dos russos. "*Gut, Rusky! Gut, Rusky!*" Estes respondem "*Ja, ja*" rindo, e nos despedimos tranquilizados.

Passo perto de um colega que está em sua bancada. Sem voltar-se, curvado sobre o torno, pergunta entre os dentes:

— Alguma novidade? — Pouco importa que as novidades que tenho a contar sejam velhas. Quer ouvi-las de novo. — É verdade que estão a sessenta quilômetros de Berlim?

— É, certeza.
— Quem te disse?
Jamais se deve perguntar as fontes das notícias.
— Puxa, todo mundo sabe!
A resposta em nada lhe serve de consolo. Repete:
— Então é certo?
— Sim, é certo.

Ele também faz que *sim* com a cabeça. Absorve a novidade ou história para boi dormir e lentamente a digere.

Outro chega. Já formamos um grupo de três. O sujeito diante do torno no meio, e um de cada lado, com um pedaço de ferro na mão. Exibimos o ferro, pegamos o martelo, abaixamos a cabeça e falamos entre os dentes. O que ocupa o seu posto sente que somos três. Isso pode ser perigoso. Olha de relance, não sabe o que fazer.

— Não fiquem aí, vão apanhar! — avisa.

Apesar disso, quer saber:

— É verdade que eles estão a sessenta quilômetros de Berlim?
— pergunta ao recém-chegado.
— Não... Enfim, não é certo.
Eu lhe pergunto:
— Por que não?
— Acabo de ouvir o comunicado alemão.

O da bancada, que se mostrava desconfiado quando cheguei, contesta:

— Seu comunicado está com umas 36 horas de atraso!
— Eu só acredito no comunicado alemão! — responde o outro.

O sujeito no torno não responde. Reflete. Em seguida, dirige-se a mim:

— Quem contou que eles estavam a sessenta quilômetros de Berlim?

— Já disse, todo mundo sabe, é verdade.

O sujeito do comunicado dá de ombros; o do torno parece desamparado.

— Merda, não quero acreditar em mais nada! — exclama.

Faz-se silêncio. Nada podemos provar.

Um quarto homem aproxima-se a passos rápidos, o ar excitado. Ao passar, solta:

— Estão a sessenta quilômetros de Berlim!

O sujeito no torno, imediatamente desperto, lhe pergunta:

— Quem lhe disse?

Mas o outro já passou.

— Fui eu — respondo.

O homem no torno não diz mais nada. A novidade ou o boato circula. Não se pode furar o cerco. "Quem lhe disse? Quem lhe disse?" Se eu lhe dissesse ter sido um polonês ou um russo, perguntaria: "E como ele sabe?" E se eu lhe dissesse ter sido um civil do depósito, perguntaria: "E é ele quem escuta o rádio?" ou "Será que ele compreende bem alemão?". E se eu confirmasse, havia o colega do comunicado ao lado, que negaria. O homem no torno gostaria de ler, ouvir, ver. Gostaria que na língua alemã, em caracteres góticos, num jornal, um amigo em quem confiasse lhe mostrasse a linha e as palavras, traduzindo: "Estamos ferrados. A guerra terminou."

Ontem, o colega no torno era eu e, em breve, serei eu novamente.

No quarto, esta noite, acabamos de comer as batatas. A luz ilumina mal; estou sentado ao lado de Francis, em sua cama. Os cotovelos apoiados nos joelhos, ainda seguro entre as mãos a gamela vazia;

Francis também. Francis usa um gorrinho que não tira nunca. A barba, negra, crescida de alguns dias. Seu rosto é puro ângulo. Tem fome, mas toda noite é sempre a mesma coisa: as batatas diminuem, cortamos rodelas cada vez menores, sobram poucas, depois menos ainda, até que chega a última.

O cheiro de batatas fritas vem da barraca do chefe do bloco e dos *Stubendienst*; o cheiro e os risos passam por cima do tabique e aterrissam no quarto das gamelas vazias. Captamos as palavras. Falam de mulheres, de sopa. "Estava ótima...", "gamela cheia...", "entramos num quarto...", "quente...". As palavras e os risos caem nas gamelas vazias, nas caras angulosas, deslizam entre as coxas descarnadas, silenciosas.

A voz pastosa de Lucien; palavras saídas de uma boca cheia, que já não respeita a comida.

O dormitório está impregnado do odor de batatas, denso como gás.

— Estão sentindo, senhores? — pergunta Félix, em voz alta.

Ninguém responde.

Atrás do tabique, refrearam os risos. Resta o cheiro e ainda um barulho de fritura.

— Os veados estão enchendo a pança! — retoma Félix em voz mais baixa.

Reagem atrás do tabique.

— Abre o olho, Félix!

— Estou à sua disposição! — grita, passeando pelo corredor em busca da aprovação dos colegas.

Seria preciso tapar o nariz, trancafiar-se. Não nos mexemos, não quebramos nada, não gritamos. Mesmo que entrássemos na barraca e pegássemos tudo o que há lá dentro, não haveria o suficiente para todos. O que existe ali só pode ser de poucos. Aqueles atrás do tabique agiram como era preciso para serem esses poucos. A carne, a gordura que têm sobre os ossos obrigam o chefe do bloco espanhol a espancar os colegas que, na chamada, não estão enfileirados quando o SS passa; obriga Lucien a traficar ouro da boca dos companheiros mortos, a denunciar os que não trabalham, a rir quando Fritz bate.

Coloquei minha gamela vazia na cama e saí do quarto. Quanto a Francis, deitou-se.

A porta de entrada que dá para a praça está aberta; já é quase noite. Um preso se aproxima, mija no balde a ser usado à noite, que fica perto da porta. Escutamos o jato caindo dentro do balde.

— Tudo bem? — pergunta o colega que mija.

— Tudo.

É a pergunta que, em geral, fazemos quando mijamos. Quando ele termina, aproxima-se de mim. Eu lhe pergunto primeiro:

— Você acha que ainda vai demorar muito?

— Não sei.

Fiz a pergunta sem pensar. Se tivesse respondido "não", ou se ele tivesse perguntado e eu respondido, pergunta e resposta não teriam mais interesse que o seu "Tudo bem?" enquanto mijava.

Ele olha a praça deserta. Esse cara é grande, se vira como pode com sua fome. Escuta, responde, pergunta e repete o que dizem. Sofre. Ele é simples. Diz: "São todos uns filhos da puta!" Não sabe que não querem que ele seja um homem.

Por sua vez, pergunta, a cabeça curvada para a frente:

— Parece que eles estão avançando. Você não tem nenhuma informação confidencial?

— Não, mas acho que está tudo indo bem.

Então, recomeça:

— Você acha que ainda vai demorar muito?

Por que pergunta isso a mim? Não acho que ainda vá demorar muito, mas fui eu quem lhe fiz esta pergunta um minuto atrás; sou eu que sinto esse cheiro de batatas; e esta noite nada de novo vai acontecer, nem tampouco amanhã.

O colega foi embora. Tudo está silencioso. Na noite, ouve-se apenas a voz das sentinelas. Não preciso me esconder; agora ninguém me vê, me procura ou me persegue. Eles vão comer e depois dormir. Por que não ficar ali? Somos menos pressionados que outrora, na igreja. Faz calor, dá para apoiar-se na porta e não se mexer. Olho a cozinha, a estreita faixa de luz por baixo da porta; eles se trancaram para comer.

Um vulto de lanterna na mão sai da barraca do *Lagerältester*. É o kapo polonês. Contorna a barraca. Bate na porta da cozinha, que se abre. Não o expulsam. Ele também vai comer na cozinha sua gamela de batatas. Ainda tem fome? Outra gamela. Ele escolhe as batatas. Um litro de molho. Ele as descasca; estão limpas. Mistura as batatas cortadas em rodelas com o caldo. Come. Depois para, pois não tem mais fome. Ainda sobrou, mas ele perdeu a fome. É isso o que significa a faixa de luz por baixo da porta.

Não somos pressionados, é verdade, mas não podemos ficar ali. Sozinho no escuro, tudo ressurge como antes. A via férrea, o bosque na direção oeste, depois a estrada, a praça deserta, a noite que nos faria regressar ao mundo. Devemos voltar ao dormitório cheirando a batatas fritas. Não devemos regressar ao mundo das casas e das estradas. Tampouco devemos sentir demais os perfumes do vento.

O mundo das casas se esconde; não se deve procurá-lo.

———

Sete horas da noite. Ainda está claro na hora da chamada. Os detentos estão em formação na praça. No centro, o *Blockführer* SS, grande, louro, o visor do quepe com caveira acima dos olhos. As pernas afastadas e estendidas, ele bate com o chicote na coxa. Paul, o *Lagerältester*, mantém-se a distância. Os quatro kapos alemães estão enfileirados num canto da praça, separados dos prisioneiros. A regra exige que também compareçam à chamada, mas não os chamam.

Ao lado do SS, no meio da praça, um pequeno tamborete. O SS bate na coxa e olha ao redor. O grupo está em silêncio. Fixamos o tamborete.

— *Der kleine Franzose!* — chama o SS.

Os russos, os italianos e os poloneses olham em nossa direção. Ninguém se mexe.

— *Der kleine Franzose!* — repete o SS, em tom mais alto.

— *Los?* — grita Paul, o *Lagerältester*.

Lucien intervém:

— O francês baixinho, porra!

X. sai da fileira. É baixinho, moreno, deve ter uns vinte anos, usa um trapo cinza em volta do pescoço. Sua cabeça parece paralisada.

— *Los!* — grita o SS imóvel.

— Anda logo, porra! — repete Lucien.

X. avança na direção do SS. Quando chega perto, tira a boina. O crânio é cinza. X. é minúsculo perto do *Blockführer.* O SS aponta o tamborete. X. se aproxima. O SS, enojado, segura-o pela nuca, obrigando-o a se curvar com a cara para baixo.

Agora X. está deitado, a barriga sobre o tamborete, a cabeça pendurada. O SS aperta o chicote com a mão direita. Só vemos a pequena bunda de X. para o alto, uma mancha roxa. O SS é imenso.

— *Zählen!* — grita o SS.

— Conta! — berra Lucien.

Num ímpeto, o SS empunha o chicote.

— Um! — grita X. — Doois...

Não consegue conter o grito. Sua bunda salta sob os golpes. O SS dá outra chicotada.

— Trêêê...

O chicote volta a descer.

— Quaaatro!

Ele agora uiva. Não aguentará até a vigésima quinta. Ninguém se mexe; Fritz e Ernst, o kapo gordo, sorriem quando X. grita.

A quinta chicotada desce. A sexta, X. não contou.

— *Zählen!* — grita o SS, o chicote no ar.

O corpo de X. amoleceu. O chicote desce. X. parou de reagir. O SS continua a bater. No silêncio, ouve-se o estalo da chibatada. X. não reage mais, permanece suspenso, a barriga sobre o tamborete, imóvel.

O SS se detém, faz um sinal na nossa direção. Dois colegas vão buscar X. desmaiado.

Pegam-no por baixo dos braços e o trazem. Os pés arrastam-se, o rosto branco, virado para trás, bamboleia. Entram com ele no bloco.

X. está muito fraco. Félix entregara ao SS da cozinha o ouro da boca. Em troca, ganhara mais pão e batatas e tinha conseguido comer durante um mês. Engordara.

Félix dormia não muito longe do aquecedor. À noite, ao se deitar, permanecia estendido em seu catre, coberto apenas com a camisa. As coxas estavam quase normais e limpas. Tapava o sexo com a camisa, envolvendo-o cuidadosamente.

Às vezes ficava assim, com as pernas de fora, por um bom tempo. Espreguiçava-se, cobria com um pouco mais de cuidado seu sexo, acariciava as coxas. Às vezes passava as duas mãos no sexo e olhava ao redor.

O pequeno X. dormia não longe de Félix.

Quando se expunha assim, exibindo as pernas e as acariciando, era, sobretudo, na direção de X. que lançava olhares. Por vezes, bocejava. Há muito ninguém mais bocejava.

À noite, quando íamos mijar, de vez em quando o encontrávamos só de camisa e víamos suas coxas e seu sexo. De manhã, ao acordar, lhe acontecia de rir e dizer:

— Merda, não sei o que aprontei enquanto dormia... Estou cheio!

Os colegas a princípio olhavam-no com surpresa e logo depois com ódio, por causa de suas coxas, por causa das batatas que ele escondia entre o colchão e a trave da cama.

X., que morria de fome e estava muito debilitado, tinha reparado no pão e nas batatas de Félix, que, por sua vez, havia reparado em X.

Uma noite, Félix comia sua ração extra de pão e de batatas. X., tendo terminado as suas, o observava comer. Acercou-se da cama. Não pediu nada. Félix o olhou e lhe deu uma batata. Disse que era preciso se defender para comer. O pequeno comia a batata, concordando com a cabeça. Félix falava entre os dentes. Já era tarde, a maioria dormia.

Félix deu outra batata ao pequeno e acariciou-lhe o pescoço sujo. O pequeno retesou-se, mas Félix, mantendo a mão no pescoço, deu-lhe mais uma batata com a outra mão. O pequeno

pegou-a e não se mexeu. Félix repetiu que ele precisava comer se quisesse aguentar até o fim e que lhe daria de comer. O pequeno fedia, tinha piolhos. Também tinha furúnculos no pescoço. Continuava comendo.
Félix soltou o pescoço, cortou um pedaço de pão, ofereceu-o. O outro agarrou o pão. Félix afastou-se ligeiramente, convidando-o a se sentar. X. sentou-se e Félix lhe disse que, quando tivesse fome, bastava procurá-lo.
O pequeno começou a cortar o pão com a faca. Não respondia; simplesmente meneava a cabeça. Félix pousou a mão no crânio do pequeno enquanto este terminava de comer o pão.
Félix o puxou contra si, mas ele resistia. Félix dizia entre os dentes: "Eu lhe darei de comer!" Não queria, mas Félix repetia: "Você não quer comer? Não quer comer?"
O pequeno não contestava. Félix o mantinha bem apertado.

O barulho acordou os sujeitos de noite.
De manhã, Félix e X. foram denunciados por um preso comum francês a Paul. E Paul, que dormia com o antigo *Stubendienst* francês, contou aos SS.
À noite, X. levava chicotadas sobre o tamborete. De manhã, poucas horas após a denúncia, Fritz e o *Lagerpolitzei* vieram buscar Félix. Levaram-no à sala da estufa, ao lado da cozinha, e começaram a espancá-lo.
Em seguida, obrigaram-no a se despir. Durante 15 minutos, Fritz dirigiu um jato d'água gelada ao coração de Félix, chamando-o de *Bandit, Schwein Franzose*. Vez por outra, desviava o jato e o *Politzei* partia para cima de Félix, chutando-lhe as canelas. Depois, Fritz recomeçava com o jato. Félix não se mexia, mas berrava: "Vão tomar no cu, filhos da puta, veados!" Então o *Politzei* cobria Fritz de socos na cara e nas costelas.
Félix não podia revidar. Não queria ser enforcado. Berrava: "Bando de filhos da puta! Assassinos! Vão se foder, caralho, vão se foder!" Urrava. Contra o jato e os golpes, só podia fazer uso da engenhosidade de sua língua. "Bando de filhos da puta, vocês

estão fodidos!" Félix despejava todos os palavrões conhecidos. Tentava todas as combinações de palavras para fabricar a injúria mais pesada como resposta ao jato d'água. Não podia resistir, senão xingando. Fritz e o *Lagerpolitzei* também berravam.

O lavadeiro romeno que se alistara na Waffen SS, mas que não conseguiria partir a tempo, estava num canto da sala de desinfecção fritando batatas na margarina. Sentado num tamborete, sorria com o mesmo sorriso de quando se preparava para denunciar os colegas que tinham roubado batatas no silo e as cozinhavam no aquecedor. Observava. Agora que passara para o lado da SS, admirava ainda mais a força de Fritz e do *Politzei*. Abandonara em definitivo o lado dos sujeitos desprezíveis a ponto de se deixarem espancar daquela maneira. Estava contente com a sua escolha. Não precisava mais incorrer na desconfiança dos senhores. Estava do lado certo, o do bem. Os golpes que os sujeitos recebiam confirmavam em definitivo a consciência de estar do lado certo. Não se pode apanhar e ter razão; ser sujo, comer restos e ter razão.

Fritz e o *Politzei* queriam matar Félix, por isso haviam escolhido o jato d'água no coração. Poderiam ter escolhido o enforcamento ou a cacetada decisiva, mas os SS não optaram por uma execução solene. Simplesmente mandaram os kapos se ocuparem dele.

Já tinham reparado muitas vezes em Félix, mas Fritz ainda não havia conseguido realmente encurralá-lo.

Alimentado, Félix não morria sob o jato. Nu, não era um esqueleto. Tivera forças para violentar o garoto, o que agora lhe custava a ducha. Ainda conservava a mesma força; graças a ela, resistia ao jato. Curvava-se, tentava evitá-lo, enquanto os dois outros o cobriam de pancada. Entretanto, não aguentou até o fim, desmaiou.

Fritz e o *Politzei* chutaram-no e, ao cabo de um momento, Félix voltou a se mexer. Redobraram os pontapés até ele se levantar. Obrigado a se vestir, foi conduzido para fora. No caminho que vai da praça do campo à fábrica, havia pedras para carregar.

Félix não estava morto e o assunto não podia terminar assim. Ainda podiam continuar a espancá-lo, fazer muitas coisas com ele. Tinham as pedras, por exemplo. Obrigavam-no a andar na frente. Quanto a ele, balançava o corpo como um bêbado, a cabeça pendente. Era o *Politzei* quem mais berrava, numa descarga de cólera concentrada e crônica. Fritz batia. Não se cansava. Sempre era capaz de aplicar mais uma bordoada. Não conhecíamos seus limites, pois não lhe conhecíamos a cólera.

Diante de um monte de pedras, detiveram-se e obrigaram Félix a levantar a mais pesada. Félix curvou-se, pegou a pedra e a ergueu com dificuldade até a cintura. Permanecia imóvel com o bloco suspenso nos braços; não dizia nada, não os insultava mais. Então Fritz ordenou-lhe que erguesse a pedra acima da cabeça.

Félix cambaleou; o *Politzei* o rodeou e lhe deu um pontapé nos rins. Félix caiu para a frente, mas manteve o bloco nas mãos.

— Levante! — ordenou Fritz, batendo-lhe com uma vara na cabeça. — *Los!*

Félix tentou levantar o bloco. Quando o tinha erguido na altura do rosto, Fritz o empurrou para trás com violência. Félix caiu, mas a pedra não o esmagou. Continuou estirado no chão. Os dois se precipitaram e recomeçaram o espancamento. Ele protegia a cabeça, mas não tinha mais forças para se levantar e fugir.

Tinham conseguido apanhar Félix. A manhã transcorria.

Eles faziam *justiça* e não podíamos escapar do peso dessa justiça em curso. Onde estava o kapo, estava a justiça. Se simplesmente cruzássemos com ele, incorríamos na justiça. Quando ele não batia nem gritava, nos beneficiávamos de certa sonolência, o enganávamos.

Félix se levantou e o obrigaram a carregar pedras. Ao cair da noite, finalmente o deixaram em paz. À tardinha, enquanto comparecíamos à chamada, Félix continuava carregando pedras. Entrou tarde, depois da sopa. A luz do bloco ainda estava acesa.

De manhã, tínhamos dito que Félix era um filho da puta por se aproveitar do garoto morto de fome. Era nojento. Era sórdido.

Depois, vimos Fritz e o *Politzei* levá-lo. Sabíamos que os SS estavam envolvidos no assunto. Sabíamos o que Fritz fizera e como Félix reagira, demonstrando coragem. Sabíamos que aqueles kapos queriam matá-lo basicamente por ser francês. Quando voltou, um colega, já deitado, chamou-o; era um político. Félix aproximou-se do beliche. As pálpebras pesavam no rosto cinzento e decomposto; o paletó estava cheio de terra; arrastava os pés.

— O que você quer? — perguntou Félix encarando-o, a voz fraca.

— Nada.

Estendeu-lhe a mão.

———

Sexta-Feira Santa. Por volta das sete horas da noite, de volta da fábrica, alguns colegas se reuniram e se sentaram na beirada de duas camas vizinhas. Alguns são religiosos, outros não.

Mas é Sexta-Feira Santa. Um homem aceitara a tortura e a morte. Um irmão. Falamos sobre ele.

Um colega conseguira recuperar uma velha Bíblia em Buchenwald. Leu uma passagem do Evangelho.

A história de um homem, nada além de um homem, a cruz para um homem, a história de um homem único. Ele pode falar e as mulheres que o amam estão lá. Ele não está vestindo um disfarce, é bonito — em todo caso tem carne saudável sobre os ossos, não tem piolhos, pode dizer coisas novas e se o provocam é porque ao menos se sentem tentados a considerá-lo alguém.

Uma história. Uma paixão. Ao longe, uma cruz. Uma cruz tênue, muito distante. Uma linda história.

K. está morto e eu não o reconheci.

Colegas morreram dizendo: "Filhos da puta, merdas..."

Os pequenos ciganos, em Buchenwald, asfixiados como ratos.

M.-L.A. morta, um esqueleto, a cabeça raspada.

Todas as cinzas sobre a terra de Auschwitz.

A voz do colega morre. História tênue, delicada, bela história derrisória.

Outro colega — ele não é religioso — fala da liberdade desse homem. Aceitara, diz ele. Jeanneton também, em sua cela em Fresnes, havia aceitado. Tinha-nos dito: "Tenho a honra de anunciar que estou condenado à morte." Talvez aqui alguns aceitem, compreendam, achem isso *normal*. Bela história do super-homem, enterrada sob toneladas de cinzas de Auschwitz. Haviam lhe permitido ter uma história. Ele falava de amor e era amado. Os cabelos sobre os pés, os perfumes, o discípulo que ele amava, a face enxugada...

Aqui não entregam os mortos a suas mães, mas matam as mães junto, comem seu pão, arrancam o ouro de suas bocas para poder comer mais pão, fazem sabão com seus corpos. Ou então usam suas peles para os abajures das fêmeas SS. Nenhum traço de pregos nos abajures, apenas tatuagens artísticas.

"Meu Pai, por que me..."

Gritos de crianças sufocadas. Silêncio das cinzas espalhadas sobre uma planície.

É domingo. Chove. A praça do campo está encharcada de lama. A maioria dos franceses trabalhou a manhã toda, uns na fábrica, a desmontar moldes de carlingas, outros tirando esses moldes dos arredores da fábrica, outros, ainda, desmontando do lado de fora, debaixo de chuva, algumas peças já retiradas.

Durante toda a manhã, um civil ficou lá plantado, atrás de nós. Trajava um terno escuro. Do seu colete pendia uma corrente dourada de relógio; usava um chapéu mole, escuro também. O rosto era gordo, levemente rosado, como o de um homem de uns cinquenta anos. Usava óculos de armação de ouro. Cheirava à casa bem próxima, casa de domingo de manhã. Saía de sua caixinha, que sem dúvida continha quatro ou cinco caixinhas menores, cheias de objetos delicados e imensos espelhos nos quais podia se olhar dos pés à cabeça e dos quais justamente se servira para arrumar a gravata. Saía da pelúcia, da lã, do edredom; enfim, não acabava de mudar de vida; não estava sob o efeito de nenhuma revelação sobre ele ou sobre os outros — tinha sido visto com um sorriso nos lábios, apertando fraternalmente a mão de um de seus colegas ao chegar à fábrica. Nem furioso estava por ter sido obrigado a vir à fábrica, apesar de ser domingo — o fato de ter vindo era sinal de ter responsabilidades importantes, de precisarem dele; em resumo, de não ser inútil, mesmo num domingo de manhã. Em suma, sua vida era muito ocupada e sua consciência devia estar em paz; o fato de ter vindo este domingo de manhã justificaria melhor o repouso à tarde e o faria saborear com mais gosto a comida que sua mulher lhe preparava. Sua vinda evitava toda quebra de ritmo da sua vida cotidiana, e ele apreciava melhor que esse trabalho que desempenhava durante toda a semana não fosse necessariamente uma obrigação, mas também objeto de um desejo. Afinal, sem grande risco de errar, podíamos afirmar que esse homem sério estava satisfeito.

Estávamos no hall da fábrica, em grupos de seis ou oito, transportando para o lado de fora as chapas de carlinga. Tais chapas eram constituídas de longas vigas de metal furadas, muito pesadas. Nós as colocávamos no ombro em três movimentos, que tentávamos executar em conjunto.

O civil tinha a aparência de um funcionário de escritório. No início, estava calmo. Simplesmente apontava com o dedo a chapa a transportar. Durante as duas primeiras horas, das oito às dez, dera ordens e acompanhara atentamente sua execução. Fôramos obrigados a trabalhar sem intervalo. Sua presença era mais intimidante que ameaçadora. Não podíamos afirmar que tínhamos um bruto à nossa frente, mas sim um funcionário que demonstrava preocupação com a execução do trabalho a ser concluído, sem qualquer atraso, pelas máquinas de que dispunha. Parecia mais interessado no trabalho sendo feito do que em nosso desempenho. Tínhamos a impressão de que esse homem que não gritava, mas tampouco nos dava descanso, estava, de alguma maneira, possuído pelo trabalho a ser feito e não nos via; para nós, era preferível não o despertar.

Ora, por volta do meio da manhã, quando nos preparávamos para erguer uma viga não mais lentamente do que o havíamos feito até então, ele se precipitou bruscamente sobre o camarada mais próximo e, vermelho de tanto gritar, aplicou-lhe dois fortes pontapés que lhe atingiram os rins. O colega levantou-se e se afastou. O civil não o seguiu. Os óculos tinham escorregado ligeiramente, o rosto ficara escarlate. Estava grotesco. Não habituado a dar pontapés, estava grotesco como acontece com um civil que transgride o limite dos gestos impostos por sua roupa; grotesco como um homem de negro com camisa de colarinho quebrado jogando bola na praia entre corpos nus; grotesco como um civil querendo bancar o atleta. Quisera bancar o SS conosco. Impossível saber o quanto seus dois primeiros pontapés lhe custaram, mas o certo é que ele tomou gosto. Quando andávamos devagar demais, após ter deixado a viga do lado de fora, precipitava-se saltitante e, tomado de inspiração, aos berros, nos batia na bunda ou nos rins. Mas batia de modo tão desajeitado que parecia querer vencer um medo. Sem dúvida, assim, ele também se sentia um herói; não apenas um cidadão correto, mas um herói por haver transposto a barreira do próprio corpo, por ter se exibido, por ter exercido pessoalmente o poder.

Além da raiva que começávamos a experimentar contra ele — acessos terríveis que perfuravam o corpo como agulhas —, parecia que a raiva pelos SS tornara-se momentaneamente abstrata. Porque, aparentemente, ele era o oposto de um SS. Porque, aparentemente, ele não era dessa espécie que devia excluir a nossa, não era um SS. Porque ele não recebia as ordens que os SS recebiam. Era um amador, um tímido também, que, após duas horas de silenciosa maceração, terminara por ousar e saborear a própria ousadia. Era um nazi virgem. Os SS, pelo menos, eram obrigados a viver conosco; não usavam essa roupa de capelão, usavam a caveira.

Ele em breve iria sentar-se à mesa com a mulher e os filhos e talvez contasse sua iniciativa, sua atitude de homem. Ele nos usara para deflorar essa forma inofensiva de óculos de ouro.

Agora a maquilagem visível de todas as coisas na paisagem campestre, que tanto nos sensibilizara ao longo do transporte de Buchenwald, tornava-se provocativa. A mentira da honorabilidade deste homem, a mentira do seu rosto dissimulado e da sua casa de civil eram horríveis. A revelação da fúria dos SS, que se expunha abertamente, talvez não despertasse tanta raiva quanto a mentira dessa burguesia nazista que acumulava essa fúria, a abrigava, a alimentava com seu próprio sangue, com seus "valores".

Voltamos ao bloco ao meio-dia e recebemos a sopa por volta de meio-dia e meia, como todos os domingos. A praça do campo estava coberta por uma espessa camada de lama. Diante do nosso bloco, largas poças de água amarelada. Para ir às latrinas, que se encontravam no sopé do talude da via férrea, chafurdávamos com água até o meio das canelas, escorregávamos. O mesmo para ir à cozinha. O que sobrava de nossos sapatos prendia-se tão mal aos tornozelos — às vezes apenas graças a pedaços de fio de ferro que amarrávamos debaixo da sola —, que, ao tentar desgrudá-los, às vezes a sola ficava na lama.

Não fazia frio, mas não podíamos ficar lá fora. Mais uma vez havíamos embarcado numa tarde do domingo. Enxergávamos mal no bloco, de tão escuro o céu. Em volta do aquecedor, que agora só acendíamos aos domingos, reuniam-se os que assavam ou cozinhavam as cascas, como toda semana. Outros se encontravam estendidos no catre, enrolados em cobertas. Outros ainda iam e vinham pelo bloco, cujo piso estava recoberto por uma fina camada de lama escura. Assim, essa tarde poderia ter mergulhado lentamente na noite, tão pesada quanto a maioria das tardes de domingo, ao mesmo tempo passageira e demorando a passar.

Cada um poderia tentar sozinho preencher as horas com o sono. Ou poderíamos nos arriscar — como tantas outras vezes — a pousar um pé no passado. Imagens de uma riqueza insondável nos teriam mais uma vez fascinado e precipitado sobre outras imagens, cuja visão seria tão insustentável quanto uma galeria de espelhos reluzentes. Tendo cedido ao vício de acreditar que tudo era possível, cada um se arriscaria a soçobrar por causa de uma palavra qualquer do passado; uma palavra que cresceria, cresceria a ponto de se tornar pesada como uma pedra pendurada no pescoço. Em seguida, os olhos se abririam para esta tarde aqui, neste espaço quadrado, neste bloco instalado neste espaço quadrado. Os colegas seriam novamente silhuetas listradas recortadas neste espaço. O tempo da guerra se petrificaria brutalmente nesta tarde que não cessava de escurecer e se dissipar. E teríamos reencontrado a fome, a verdadeira fome. E poderíamos imaginar que eram eles, lá longe, que se encontravam separados da fome por uma distância — a mesma, a nossa distância —, e que seus olhos também deviam se abrir diante de um pedaço de espaço petrificado.

Pensar, enfim, que esta tarde era o curso da nossa vida. O que podia haver de mais sério, de mais verdadeiro em nossa vida, e que, neste momento em particular, não podia ser trocado por nada sem, no entanto, cessar de fugir, de escapar, de se modificar. O que soberbamente se chamava guerra, o que podia se chamar paciência. Coragem. Fraqueza. Amor.

Poderíamos, naquele domingo, nos forçar ou nos abandonar à solidão. Provocar ou consentir nessa hemorragia para cobrir a distância entre si mesmo e uma outra espécie de si — o mesmo homem —, essa espécie de pequeno deus sorridente ou luxuosamente triste, escutado, caprichoso, adorado ou odiado, mas ridiculamente odiado por outros pequenos deuses que não sabem odiar, ou mal-amado, mas consolado. E nos encontraríamos, como sempre, ofegantes, tendo no corpo os joelhos já enormes e a barriga vazia. Dali, começaríamos a refazer o caminho. Afirmaríamos, uma vez mais, que a verdade passava por aqui, que essa era a única via que se oferecia para uma vida possível, e os que tinham fé também deviam reconhecer que a Providência servia-se dessa via. Então não poderíamos mais sentir o outro pequeno deus senão como falsificado, ridículo. E teríamos finalmente redescoberto que os colegas daqui são os mais verdadeiros homens do nosso tempo. Finalmente acreditaríamos ser impossível extrair a verdadeira força senão através da fraternidade com os homens daqui.

Este é o caminho que poderíamos, como amiúde, ter trilhado a sós com maior ou menor fraqueza ou vigor.

Contudo, precisamente naquela tarde, não o trilhamos sozinhos.

Na véspera, Gaston havia programado a organização de uma *sessão recreativa* para este domingo.

Era o nome anódino que dávamos às reuniõezinhas que já conseguíramos organizar umas três ou quatro vezes, aos domingos à tarde, num ou noutro dormitório do bloco. Havíamos dado esse nome às reuniões porque, efetivamente, elas podiam servir de ocasião para rir ou, em todo caso, nos distrair — camaradas cantavam ou contavam histórias —, mas, sobretudo, porque os kapos vinham zanzar vez por outra no bloco, e era preferível encobrir o que podia ser dito ou anunciado entre canções e histórias, por esse vocábulo que não atraía a atenção.

Gaston Riby era um homem beirando os trinta anos. Era professor. Tinha um rosto grande de mandíbulas largas. Ele também passara pelo *Zaunkommando* e, posteriormente, pela fábrica. Agora, trabalhava com alguns outros no que chamavam de mina. Era um túnel-abrigo que os SS mandaram cavar no sopé da colina onde ficava a barraca deles. Todas as noites, os sujeitos da minha barraca voltavam exaustos e cobertos de terra. Apesar das pancadas que podíamos levar na *Transportkolonne*, não tínhamos a mesma cara que eles. Sempre era possível tentar aparar os golpes ou procurar um refúgio na fábrica por uma ou duas horas. Quanto a eles, ficavam no túnel e deviam tirar terra desde cedo até de noite, apenas com o pedaço de pão da manhã no estômago. Quando Gaston voltava para o bloco, muitas vezes mal tinha forças para tomar sua sopa e logo se estirava no catre e os olhos se fechavam.

Entretanto, não puderam impedir a besta de carga, em que o haviam transformado, de pensar, enquanto cavava na colina, nem de pronunciar veementemente palavras que permaneciam muito tempo em nossos ouvidos. Não era o único no túnel; havia outros que escavavam ao seu lado, transportavam terra, e que, assim como ele, apesar de tudo, de manhã ainda tinham um pouco mais de força do que à noite. O capataz civil podia desfilar pelo túnel seu capote de futuro *Volkssturm** e seu bigodinho preto, gritar e forçá-los ao trabalho; entretanto, não podia impedir as palavras de passarem de um homem a outro. Poucas palavras, aliás; os homens não mantinham uma conversa, pois o trabalho na mina não era realizado por grupos homogêneos e, portanto, não se podia permanecer ao lado do mesmo colega várias horas seguidas. As frases eram entrecortadas pelo ritmo dos golpes de picareta, pelo vaivém do carrinho de mão. Manter uma conversa de verdade era exaustivo demais. Fazia-se necessário concentrar o que havia a ser dito em poucas palavras. Gaston dizia provavelmente o seguinte:

— Domingo, *devemos preparar alguma coisa*, não podemos continuar assim. É preciso escapar da fome. É preciso conversar. Alguns enfraquecem, se abandonam, deixam-se morrer. Há mesmo quem tenha se esquecido do motivo de estar aqui. Devemos conversar.

Isso acontecia no túnel e passava de besta de carga a besta de carga. Assim, uma linguagem se tramava, não mais a linguagem da injúria ou da eructação do ventre, tampouco os latidos dos cães ao redor da tina de sobras. Esta linguagem cavava uma distância entre o homem e a terra lamacenta e amarelada, tornava-o distinto, não mais enfiado na terra, mas senhor dela, senhor também de arrancar a bolsa vazia do ventre. No coração da mina, no corpo curvado, na cabeça desfigurada, o mundo se abria.

Estava cada vez mais escuro no bloco. Alguns se esquentavam em torno do aquecedor. Quase todos os demais jaziam nos col-

---
*Membro da milícia popular.

chões. Sabiam que esta tarde "algo" aconteceria e esperavam. Com um colega, Gaston foi buscar atrás do bloco uma das tábuas que havíamos transportado do talude da via férrea. Quando voltaram, colocaram a tábua enlameada no primeiro andar dos beliches, perto da porta do quarto. Era o palco. Como estava muito escuro, Gaston acendeu uma pequena lâmpada a óleo — uma caixa de metal cheia de óleo de máquina na qual boiava um pedaço de pavio — e colocou-a sobre uma viga do beliche, acima do palco. Desse modo, a luz iluminaria o colega no palco. Em silêncio, mantinha-se ocupado. Os outros, de seus catres, erguiam a cabeça e lhe seguiam os gestos com o olhar. Aqueles em torno do aquecedor lançavam de vez em quando uma espiada para o palco e a lâmpada a óleo, sem cessar de vigiar as cascas que assavam.

A instalação estava pronta. Faltava começar. Mas os que deviam participar da reunião não estavam lá. Gaston foi ao quarto vizinho procurar Jo, o sujeito alto de Nevers. Jo tinha uma cara quadrada, olhos escuros e, de cada lado da boca, uma prega comprida descia-lhe do nariz até o queixo. Sentado na cama, costurava suas calças. Os outros, como os do nosso quarto, estavam sentados em torno do aquecedor ou estirados no colchão.

— O que você quer que eu faça? — perguntou Jo com sua voz forte e anasalada.

— Bem, você vai cantar alguma coisa — respondeu Gaston. — É preciso sacudir os caras.

— Tudo bem — disse Jo, cortando a linha das calças.

Enquanto esperava Jo, Gaston olhava os demais, que, apesar de terem escutado, não se mexiam. Gritou com sua voz rouca:

— Pessoal, vamos ter uma reunião aí ao lado, uns colegas vão cantar. Vocês têm que ir!

Aqueles em torno do aquecedor, também assando as cascas ou cozinhando as sopas, voltaram-se e fitaram-no demoradamente. Os deitados nos beliches se ergueram.

— Venham! — gritava Gaston.

Alguns se sentaram e vestiram as calças. Quanto a Jo, estava pronto. Desceu da cama e deixaram devagar o quarto para o nosso, enquanto Gaston continuava a chamar:

— Venham!

Em nosso dormitório, os que estavam no beliche não precisavam se dar ao menor trabalho. Aguardavam indolentemente. Francis também devia participar. Declamaria poesias. Sentado em seu colchão, pertinho do palco, a cabeça nas mãos, decorava a poesia que declamaria. Algum tempo antes, Gaston pedira aos colegas que tentassem se lembrar das poesias que conheciam e as transcrevessem. Cada um, à noite, deitado em seu colchão, tentava se lembrar e, quando não conseguia, consultava um colega. Assim, poemas inteiros puderam ser reconstituídos pela soma das lembranças, que era também uma soma de forças. Lancelot — um marinheiro que morrera pouco tempo antes dessa reunião — transcrevera os poemas nos pedacinhos de papelão encontrados no depósito da fábrica.

Era num desses pedaços de papelão deixados por Lancelot que Francis estudara a poesia que agora queria recitar.

Camaradas chegaram do outro quarto e se sentaram em bancos dispostos ao longo dos beliches, de cada lado do corredor. Esse súbito afluxo despertou os do nosso quarto, que começaram a acreditar que realmente alguma coisa aconteceria, e passaram a aguardar com mais interesse. Em todo caso, sua curiosidade fora despertada e isso era o essencial. Mesmo aqueles em torno do aquecedor agora se sentiam tentados a se aproximar do palco e sacrificar o seu lugar.

Gaston subiu ao palco. A fraca luz da lâmpada a óleo mal lhe iluminava o rosto. Retirara a boina e o crânio aparecia quadrado, ossudo, achatando seu rosto sem bochechas. Seu pijama listrado sujo, os sapatos enlameados. De pé na prancha, parecia ainda mais imponente. Não sabia direito o que fazer das mãos, deixando-as ao longo do corpo ou esfregando-as uma à outra de vez em quando.

As conversas dos colegas continuavam em voz mais baixa, mas agora olhavam em sua direção.

Gaston disse mais ou menos o seguinte:

"Camaradas, achamos necessário aproveitar uma tarde como esta para ficarmos um pouco juntos. Não nos conhecemos direito, brigamos, sentimos fome. É preciso sair dessa. Eles quiseram nos transformar em bestas nos obrigando a viver em condições que ninguém, repito, ninguém poderá jamais imaginar. Mas não terão sucesso. Porque nós sabemos de onde viemos, sabemos o motivo de estarmos aqui. A França é livre, mas a guerra continua e continua aqui também. Se às vezes acontece de não sermos capazes de reconhecer a nós próprios, este é o preço desta guerra, e é preciso aguentar. Mas para aguentar é preciso que cada um de nós saia de si mesmo, é preciso que se sinta responsável por todos. Eles conseguiram nos despojar de tudo, mas não do que somos. Ainda existimos. Agora o final se acerca, se aproxima, mas para aguentar até o fim, para lhes resistir e resistir a esse desmoronamento que nos ameaça, eu repito: é preciso aguentar firme e nos mantermos unidos."

Gaston havia dito tudo isso de um só fôlego, com uma voz que se tornara progressivamente aguda. Estava rubro, os olhos tensos. Os colegas, também tensos, aplaudiram. Os presos comuns, o ar estupefato, nada diziam. Essas frases pesavam no bloco. Pareciam vir de muito longe. Esquecíamos a sopa, nem sequer pensávamos nela. E aquilo que só se conseguia dizer a si mesmo acabava de adquirir uma força considerável por ter sido pronunciado em voz alta para todos.

Gaston, que descera do palco, voltou a subir para anunciar que alguns companheiros cantariam e declamariam poesias. Primeiro, anunciou Francis.

Francis subiu na tábua. Era baixo, bem menos robusto que Gaston. Ele também tirara a boina. O crânio era mais branco que o de Gaston e seu rosto ainda mais magro. Segurava a boina na mão e parecia intimidado. Permaneceu assim um instante, esperando que se fizesse silêncio, mas no fundo do bloco as conversas continuavam. Então decidiu começar assim mesmo.

Feliz de quem como Ulisses fez uma bela viagem...
Falava muito devagar, com voz monocórdia e fraca.
— Mais alto! — gritavam uns sujeitos lá do fundo do quarto.
... E depois retornou cheio de experiência e sabedoria...

Francis tentava recitar mais alto, mas não conseguia. O rosto permanecia imóvel, triste, os olhos fixos. O inverno do *Zaunkommando* impregnara-se em seu rosto; em sua voz também, que soava exaurida. Esmerava-se em pronunciar bem as palavras e manter o mesmo ritmo na dicção. Até o final manteve-se rígido, angustiado como se tivesse sido preciso dizer uma das coisas mais raras, mais secretas que jamais tivesse exprimido: como se sentisse medo de que, brutalmente, o poema se rompesse em sua boca.

Ao terminar, foi aplaudido pelos que estavam mais próximos. Depois de Francis, Jo cantou uma música.

"*Sur les fortifs,*
Là-bas,
Là-bas..."

Jo, por sua vez, cantava com voz forte, ligeiramente anasalada e, ao mesmo tempo, gutural. Obteve muito sucesso, estimulando outros a cantar. Pelava, bem mais velho que todos nós e que tinha edema nas pernas, desceu a duras penas do seu beliche e foi cantar "La Toulousaine".* Bonnet, ele também mais velho, cantou "Le temps des cerises".** Sucedíamo-nos sobre a tábua.

A luz se fizera no bloco. O aquecedor fora por um instante abandonado. Não havia mais cascas em cima dele. Os colegas agruparam-se em torno do palco. Aqueles que, a princípio, jaziam em seus beliches haviam se decidido a descer. Se, naquele momento, alguém entrasse no bloco, estranharia. Todos sorriam.

Estávamos deitados; as luzes acabavam de ser apagadas. A porta foi aberta com violência, a luz acesa.

— *Charlot! Wo ist Charlot?*

Era Fritz, de short, o torso nu. Lucien o acompanhava. Fritz tinha os braços grossos, a pele rosada: olhávamos a carne que trazia no corpo inteiro. Era a primeira vez que o víamos seminu.

---

*Música que se tornou o hino da cidade de Toulouse. (*N. da T.*)
**Música associada à Comuna de Paris, de 1871. (*N. da T.*)

Dava para imaginar o que podia ter sob a vestimenta, mas não braços e coxas como aquelas.

— *Charlot, los!* — repetia Fritz.

Charlot não dormia longe da porta; ergueu-se na cama.

Os colegas que tinham vindo no mesmo transporte com ele e o viram chegar a Schirmeck, seu primeiro campo, diziam que ele era ex-agente da Gestapo. Um preso comum qualquer que entrara a serviço da Gestapo, tentara traficar e acabara sendo deportado. Falava alemão e, desde o início, havia se oferecido como *Vorarbeïter*.

Tinha olhinhos azuis bastante irrequietos, a boca num ricto de cinismo, e um jeito de falar agressivo e covarde. Falava entre os dentes e seus olhos não paravam de olhar em outra direção. Mesmo se nada soubéssemos dele, seria possível dizer que ele já tinha vendido, vendia ou venderia alguém.

Os colegas que já cochilavam acordaram. Sabiam quem era Charlot. Vê-lo se defrontar com Fritz era uma cena imperdível.

— *Komme, Charlot!* — disse Fritz.

Charlot, de camisa, desceu do beliche. Esperávamos. Lucien mantinha-se a certa distância.

— O que você vai fazer na barraca dos SS à noite? — perguntou Fritz em alemão.

Charlot recebeu o primeiro soco na cara.

Lucien abriu um sorriso. Estávamos excitados porque, apesar de Charlot ser da Gestapo e ter também belas coxas, acabara de levar seu soco na cara. Os tipos de coxas grossas brigavam entre si.

Charlot respondeu:

— Eu não vou às barracas dos SS!

— *Was?*

Outro soco na cara. Charlot acusa o soco. Usando apenas camisa, parecia diminuído.

Fritz recomeçou:

— Toda noite você vai comer uma gamela com o *Lagerführer* e conta o que se passa no bloco.

Fritz queria dizer que Charlot também apresentava aos SS um relatório sobre os kapos. Eram concorrentes.

— Não é verdade! — gritou Charlot.

Outro soco de Fritz, que permanecia muito à vontade. Charlot dedurava, mas isso não lhe dava direitos. Diante de Fritz, ele não era nada. Então Fritz nos tomou como testemunhas, apontando o outro.

— Vejam só como se comporta um francês: ele denuncia seus camaradas!

Alguns colegas reagiram:

— Filho da puta! Filho da puta!

Lucien deu palpite.

— É preciso um kapo alemão para dar uma lição aos franceses!

Dissera isso bem alto, indicando Fritz com solenidade. Charlot abaixava a cabeça. Fritz o expusera por completo. Mas Fritz também queria ganhar em outro terreno. Charlot permanecia imóvel, de dar pena.

Fritz voltou a se dirigir a nós:

— Aquele que denuncia seus camaradas é um filho da puta e merece a morte.

E apontava Charlot, que levou outro soco.

Lucien traduziu e acrescentou:

— Vocês entendem o que está dizendo um kapo alemão?

Alguns sujeitos aplaudiram e gritaram:

— Bravo, Fritz!

— Bando de babacas! — berrou alguém.

Furioso, Lucien voltou-se para o sujeito, mas nada disse. O "Bravo, Fritz!" despertara outros colegas. Será que eles não compreendiam nada? Não sabiam que aquilo não passava de um ajuste de contas e que essa cena não tinha nada a ver com eles? Que simplesmente punha fim a uma concorrência secreta, que já durava vários meses, e na qual Charlot e Fritz buscavam eliminar um ao outro aos olhos dos SS? Alguns companheiros entravam assim, sem mais nem menos, no negócio, exprimiam sua insignificante opinião como se isso lhes dissesse respeito. Ainda não tinham percebido que qualquer um podia bancar o justiceiro e que Fritz batia em Charlot como teria batido em qualquer um de nós?

Sentíamos vergonha enquanto o alemão sorria. Tinha o torso as coxas, a Schlag, mas já havia quem aplaudisse a força de Fritz, que servia, ao menos uma vez, para castigar um filho da puta Safadeza de puta velha. Afinal, não era a primeira vez que víamos delinear-se essa sedução. *Dalli, dalli, Fritz!*, dois italianos exclamaram, um dia, ao vê-lo bater num dos colegas que lhes tinha, sem dúvida, aprontado alguma. Naturalmente, as mulheres na fábrica também admiravam os homens fortes que nos espancavam. Os alemães aprovavam os que tinham força para erguer as peças pesadas e os deixavam em paz. *Du, nicht Bandit!*, exclamavam. A força era o único valor capaz de convencê-los da humanidade de um detento. Porém, se fazia necessário que fosse uma força incomum. Então ela podia se tornar vagamente sinônimo de verdade, de bondade. Então o homem forte passava a ter direitos diferentes dos demais e outras necessidades: dentro dele havia um homem a ser salvo, um homem de bem, merecedor do direito de comer etc.

A partir daí, o homem forte podia, ele próprio, passar a se admirar. Exibindo as coxas, um sujeito, por exemplo, tinha dito uma noite, com muita naturalidade, a um colega que planejava fugir: "Olhe só para mim, quase não emagreci. Se fugirmos, eu conseguirei aguentar. Mas você? É loucura pensar nisso, meu velho. Olhe bem para você." E, com orgulho, mostrava as pernas ao outro.

Charlot voltara a subir no beliche e Fritz dava uma volta no dormitório. Uma volta triunfal. Lucien não o deixava. Depois apagaram a luz e foram embora.

―――

— Diga a ele que leia as cartas para mim!
— Ele já me disse que não quer mais botar as cartas — disse eu.
— Peça a ele mesmo assim; vai ser rápido!
— Uns dez já lhe pediram isso.
— É só para ver o que acontece.
Esse que pedia, um sujeito alto, pálido, encurvado, de uns vinte

anos, já desmaiara duas vezes na fábrica, nos dias precedentes. Os *Meister* o cobriram de pontapés para reanimá-lo. Sabíamos que ele tinha medo de não se aguentar.

Estávamos perto de minha cama, acabáramos de falar em voz baixa. Enquanto falava, ele espiava Francis, sentado em seu catre, um jogo de cartas aberto à sua frente. Francis contava as cartas atentamente, colocando o indicador em cada uma delas. Um ruivo baixinho mantinha-se sentado diante de Francis. Inclinado sobre as cartas, erguia a cabeça de vez em quando e, ansioso, fitava Francis. O alto, que falava comigo, os acompanhava com olhar invejoso.

Um terceiro aguardava a certa distância que Francis terminasse. Desde que tinham visto Francis botar as cartas pela primeira vez, todos queriam que lhe dissesse alguma coisa.

Francis falava em voz baixa com o colega baixinho:

— Curto deslocamento — dizia ele. — Seremos libertados na estrada.

Os Aliados avançavam e a questão da evacuação se impusera. As cartas, segundo Francis, diziam que seríamos evacuados. Agora os colegas queriam saber se eles próprios escapariam.

Os que passavam no corredor paravam ao ver o jogo aberto.

— Você vai botar as cartas para mim, Francis?

— Ele é o último, não vou botar mais nada.

O sujeito insistia:

— Agora não. Mas e amanhã?

Aproximava-se de Francis e insistia baixinho.

O ruivo defendia suas cartas:

— Não encha o saco, volte depois!

Os colegas revezavam-se em turnos.

Todo o dormitório sabia que Francis lia a sorte e todos tinham vontade de saber a sua.

A princípio, Francis falava da guerra. Então nos inclinávamos, escutando cada palavra, pedindo detalhes específicos. Francis dizia não ser bom o suficiente para poder dizer quantos dias faltavam para a libertação.

O ruivo perguntava, como debochando de si mesmo, quando Francis se calava e parecia não ter mais nada a dizer:
— Você não está vendo a morte aí?
— Não! — exclamava Francis.
Em seguida, pedia que repetisse o jogo e Francis, impacientando-se, dizia:
— Você vai se safar, não se preocupe!
O outro sorria e depois lhe perguntava:
— Você acredita nas cartas?
— Sei lá! — exclamava Francis.
— Então — prosseguia o colega —, você não tem dúvidas... Seremos libertados na estrada?
O rosto mostrava-se aliviado.
O alto observava o rosto sereno do ruivo, que se levantava e agradecia a Francis.
Com as mãos nos bolsos, o ruivo ia embora, dizendo aos outros:
— As cartas dizem que seremos libertados na estrada.
A princípio, aqueles a quem ele dizia isso debochavam. Em seguida, aproximavam-se de Francis. Não diziam nada. Atentamente observavam-no botar as cartas para outros. Esperavam. Finalmente, inclinando-se em sua direção, pediam:
— Você não quer ler as cartas para mim?
— Estou cansado — respondia Francis.
O alto se desesperava.
— Diga-lhe que eu pedi antes.
Francis recolhera as cartas e permanecia sentado com o baralho na mão, cercado no beliche. Os outros ali permaneciam, fixando o baralho na mão de Francis. Não ousariam pedir o baralho para jogar uma partida de belote. Esperavam, gostariam que Francis lhes dissesse, mesmo sem botar as cartas, o que ia lhes acontecer, se eles se safariam. Permaneciam perto da cama e Francis não dizia nada. Finalmente, o alto aproximou-se e, quase suplicando, lhe pediu:
— Você não quer botar as cartas para mim? É rápido, só para ver.

— Amanhã — disse Francis. — Esta noite estou cansado e acabaria dizendo bobagens.

— Não tem importância — disse o outro. — É só pra saber.

— Amanhã — repetiu Francis.

O alto voltou-se na minha direção.

— Que safado! — disse.

Os outros continuavam parados. Fingindo debochar, perguntavam:

— Então faremos um *curto deslocamento*?

— Não sei de nada.

— Mas foi você quem disse! — insistiam.

Alguns já acreditavam em Francis, acreditavam nas *novidades* trazidas pelas cartas.

Era como se vissem Francis pela primeira vez; doravante, quando escutassem um boato, viriam perguntar o que diziam as cartas. Agora era Francis quem podia nos dizer coisas extraordinárias, coisas sobre o futuro. Bastava simplesmente dizer, só isso — não lhe pedíamos que nos convencesse —; se nada dizia, era por ser um safado.

O fim se aproximava, seria decidido dentro de alguns dias. Não terminaria simplesmente assim. Ainda seria preciso pagar pela libertação. Francis podia dizer o quê. Aos mais crédulos, as cartas talvez tivessem despertado uma angústia brutal, pois haviam revelado a pergunta específica e urgente que se impunha: a uns revelara que morreriam em breve; a outros que sobreviveriam.

Cercavam Francis como moscas. Francis, extenuado, o baralho na mão, recusava-se. Mas não partiam. Queriam saber se iam viver ou morrer.

— Pode ler as cartas para mim?

Um barulho seguido do silêncio. Era noite. Eu tinha ido mijar. Parei na entrada do bloco.

Bumm!

Detive um colega que entrava.

— Ouça!

Bumm! Agudo. Não forte, mas distinto. Fitou-me. Outro, homem também de passagem se deteve. Ficamos os três imóveis.

Queríamos escutar de novo.

Bumm! O ouvido mal o capta; depois, o silêncio pesa. Vamos nos aproximando de mansinho da porta que vai dar na praça: está totalmente deserta, e o céu, coberto de estrelas. Nenhum avião no céu. Nenhuma voz das sentinelas...

Bumm!

A mão do colega repousa em meu ombro. Aperta-o, mas não se move. É preciso aguardar ainda.

Bumm!

O primeiro pontapé no ventre da mãe.

Bumm!

Uma voz de animal.

O colega sacode-me o ombro:

— Um canhão!

— Espere!

Outro bumm. O ouvido isolou-o da noite. Mais outro. Não há dúvida. É preciso escutá-lo de novo, melhor. A audição se apura. Os olhos escutam. O ouvido não pode afirmar que sim. Aguardar ainda. Sou eu quem ainda não quero afirmar que sim.

De novo.

É isso.

Agora não podemos mais abafá-lo. Bumm! Nosso barulho, o primeiro barulho por nós. Vozes longínquas dos SS, inútil barulho da sua língua, tudo foi lavado e dissolvido por esse bum! surgido na noite. O efeito que causa em nossas orelhas!

O barulho ainda não fura os tímpanos, não faz tudo vibrar, é minúsculo e abafado, mas parte de um lugar preciso da terra, lá do solo alemão.

Saber que eles avançavam, saber, depois de quase um ano que as coisas estão acontecendo, que um dia chegarão aqui; saber que já chegou lá longe. Saber apenas, por sobre a cabeça dos SS, por

sobre a colina, no silêncio, no pensamento, solitariamente, sem confirmação, tornava-se insuportável. Agora existe esse barulho que responde e fala — fala por nós.
Agora nada mais há a saber. É isso. A cabeça se alivia. Bum! Escutamos com os mesmos ouvidos de um ano atrás, e é com eles que, poucas horas antes, ainda escutávamos as vozes dos kapos. Basta seguir, acreditar nos ouvidos. Eu tinha ido mijar. Não pensava nisso. Não me detive por conta própria, sem que alguma coisa me detivesse, sem que algo acontecesse e me detivesse. Algo aconteceu e me deteve. Eu escutei, o som recomeçou. Bum! Novamente. Não se apaga. Recomeça. Eu escuto. Sim, eu escuto. É isso.
Ficamos muito tempo diante da porta. Contávamos os segundos entre cada ruído. Bum! Sempre o mesmo bum! Ele golpeia. Queremos ouvir o seguinte. Mais um. Impossível abandonar a porta. Mesmo as sentinelas pararam de falar. Agora, as sentinelas escutam. O som vem de trás da colina. É o vento que nos traz o bum!

PARTE II A estrada

Quatro de abril. O canhão ribombou a noite toda. Distinguíamos claramente entre o seu estrondo e o das bombas ou os da DCA.* Deviam estar a uns quarenta quilômetros. Falava-se em evacuação havia vários dias. Eu havia dormido pouco. Quando despertei, vi a luz através das persianas do bloco. Embora a hora da chamada tivesse passado, ninguém estranhava. Devia ser nosso último ou penúltimo dia em Gandersheim. O dormitório estava silencioso. Alguém abriu uma persiana e a luz inundou o lugar. Fazia sol. O céu estava claro. Pela janela, aparecia a praça da chamada, vazia e calma. Uma linda manhã de primavera, talvez a manhã mais silenciosa que tenhamos conhecido, a mais clara. Chegávamos a ouvir o canto dos passarinhos saindo do bosque.

Primeiro escutamos passos lá fora; de repente, um tumulto na entrada. Homens aos berros, de fuzil ou metralhadora no ombro, irromperam no dormitório. Nós os reconhecemos; eram os kapos. Estavam lá Fritz, Ernst, o *Werkkontroll*** e outros, vestidos de *Werkschutz*. Com eles, dois detentos alemães que não eram kapos, assim como o romeno que lavava a roupa dos SS. Todos os SS armados e de uniformes.

Na véspera, tinham perguntado os nomes dos incapacitados de andar. Explicaram que, em caso de evacuação, permaneceriam

---
*DCA — *Défense contre aéronefs* — Defesa antiaérea. (*N. da T.*)
**Kapo encarregado de vigiar os detentos na fábrica.

em Gandersheim. Alguns se apresentaram. Os kapos vinham buscá-los.

Ninguém se mexeu. Os kapos se irritaram. Gritaram mais alto e foram de cama em cama, batendo com a coronha do fuzil no chão. Os dois detentos alemães que os acompanhavam nada diziam. Fritz e Ernst caminhavam a passos largos no corredor do bloco e davam coronhadas nas traves das camas. Apesar disso, ninguém se mexia.

Então os kapos foram buscar o *Stubendienst*, que chegou com uma lista, e ameaçaram mandar todo mundo sair. O *Stubendienst* chamou os nomes dos prisioneiros: Pelava, André e outros dois.

Pelava, o velho de Toulouse, que tinha grandes edemas nas pernas, ergueu-se do colchão. Começou a calçar os sapatos com dificuldade. Fritz chegou perto e deu uma coronhada na cama para apressá-lo. Ernst fazia o mesmo com o pequeno André. Continuavam aos berros.

— *Los, los!*

Mas o velho Pelava não ia mais rápido.

Os dois outros alemães permaneciam perto da porta. Ainda não estavam acostumados, não gritavam. Quanto ao romeno, berrava. Berrava com todos os que se encontravam deitados, berrava como um galo. O *Stubendienst* acompanhava a operação em silêncio.

Fritz, Ernst e os outros não tinham mais a cruz de chumbo nas costas. Ao chegarem a Buchenwald, usavam o pijama listrado. Em seguida, tiveram direito à roupa de civis, primeiro com uma pequena cruz nas costas e o triângulo verde, depois sem cruz ou triângulo. Agora usavam o uniforme de *Werkschutz* e carregavam um fuzil. Haviam conseguido mudar de lado e, em seus uniformes, exibiam força. Trabalho lento, difícil, mas conseguiram chegar aonde queriam.

Os quatro colegas tinham descido da cama e os kapos os agrupavam no corredor do bloco. Partiriam.

Então, de repente, os que não tinham sido chamados e que até então nada haviam dito desconfiaram de alguma coisa. Dos colchões, pediam:

— Não vão embora, tentem andar, não vão embora!

Os quatro não respondiam. Tinham lhes perguntado se podiam andar e eles responderam que não. Apenas isso. Mas os nomes estavam anotados. Pelava tentou voltar para a cama, porém os kapos o impediram.

— Não vão embora, não vão embora! — berravam os colegas. Mas os kapos já os levavam. Pelava passou perto da minha cama. Arrastava-se, abaixando a cabeça. O ruivo baixinho sorria ao fitar os amigos.

— Não vão embora, não vão embora!

— *Los!* — gritavam os kapos.

Os quatro saíram do dormitório.

Tarde demais. Como assim tarde demais? Por terem respondido que não conseguiam caminhar? Por terem, confiantes, eles próprios se apresentado, lamentando os colegas que caminhariam? Por terem, confiantes, eles próprios se apresentado.

Um sujeito que havia saído pouco depois da partida dos colegas entrou como um furacão no dormitório.

Acabara de vê-los em fila subindo em direção ao bosque, acompanhados dos kapos.

Naquele exato momento, os SS haviam entrado no *Revier*.

— *Antreten!*

Na véspera, tinham dito aos doentes que iriam para o hospital de Gandersheim, onde seriam tratados. Todos se levantaram: os que tinham broncopneumonia; os tuberculosos; André Valtier, que era puro osso e praticamente não podia falar; Gérard; os irmãos Mathieu; uns sujeitos do leste que haviam participado da guerra de 1914; Félix, que o *Politzei* mais uma vez tentara matar com uma pazada no crânio e que ardia com uma febre de 40°, o crânio aberto e uma atadura cobrindo-lhe o olho. As camisolas flutuavam ao redor das pernas finas. Pelas janelas, viram a estrada que ladeava o *Revier* e a campina ao longe, a floresta ainda mais longe, já verdejante. *Los, los!*, impacientavam-se os SS, batendo no piso com o fuzil. Os colegas, que mal conseguiam manter-se de pé, as pernas vacilantes, enfiaram uma perna nas calças e depois a outra. Os pés nus, compridos e brancos, surgiam. Os que já estavam prontos aproximaram-se do aquecedor, que ainda ressoava. Sorriam. Iam ao hospital, os Aliados não se encontravam longe, eles não andariam. Olhavam através das janelas a estrada que os conduziria a Gandersheim. Pensavam mesmo em nós, nos colegas que iam penar na estrada. Eles tinham sorte por estarem doentes.

Los, los! Os SS perdiam a paciência e golpeavam sem parar o chão. Nos rostos dos SS a mesma expressão de sempre. Estavam um pouco apressados, mas com eles era sempre assim.

Finalmente os doentes saíram. Todos os leitos estavam vazios, os lençóis sujos, desfeitos. O aquecedor ficara sozinho e continuava a ressoar.

A pequena coluna ladeou a barraca do *Revier*, ultrapassou-a. Agora viraria à esquerda para alcançar a estrada. À esquerda para a estrada, à esquerda; era preciso *virar à esquerda*, mas eles viravam à direita; era preciso virar à esquerda para Gandersheim, mas os SS viraram à direita. A coluna dos doentes virou à direita e subiu na direção do bosque.

Quinze minutos talvez se passaram desde a partida dos camaradas. Eu acabara de deixar o colchão de palha e enfiava mecanicamente meus sapatos. Outros se levantavam e se vestiam devagar. Não havia outro barulho senão o ranger das camas. Nenhum barulho vinha do alojamento do chefe do bloco e dos *Stubendienst*. Quase todas as persianas encontravam-se abertas. A claridade invadia a barraca, uma claridade resplandecente. Víamos pedaços de céu azul pelos cantos superiores das janelas. A praça de chamada continuava vazia.

Rajada de metralhadoras. Outra rajada de metralhadoras Tiros isolados. Um último tiro.

— Acabaram com eles!

— Você está maluco?

— Estou dizendo que acabaram com eles!

Os dois sujeitos estavam em seus colchões de palha, os rostos tensos; entreolhavam-se enquanto escutavam. Só eles tinham falado. Mas todos os demais, sentados, os rostos tensos, escutavam com eles. Todas as cabeças raspadas, todos os olhos arregalados escutavam. Mais nada.

Pelava, o pequeno André, os dois outros, bem como os doentes do *Revier* (quanto a estes ainda nada sabíamos) acabavam de ser assassinados. Enquanto calçávamos os sapatos. Pelava, que mal despertara e depois calçara as meias como em toda manhã, os tinha acompanhado porque não podia andar. Pelava, que passara ali, perto da minha cama, sem dizer nada, sem saber aonde o levavam. Partira como alguém que nada sabe, apenas segue. Foram embora, obrigados a pegar um caminho estranho, cada vez mais estranho. Afastaram-se mais e mais do dormitório, subindo na direção do bosque. Mal tinham descido da cama e os faziam subir na direção do bosque, e Fritz nada dizia. Ninguém lhes havia dito nada. Era preciso que compreendessem sozinhos, embora fosse a primeira vez que isso acontecia aqui.

Não saberemos quando compreenderam que seriam mortos por terem dito que eram incapazes de andar. Os kapos nada tinham a lhes dizer. Haviam se irritado no dormitório por estarem com pressa, mas não reclamaram mais do que de hábito nem com Pelava nem com os outros. Não os tinham espancado. Estavam até mesmo calmos ao deixarem o quarto.

Não. Quando chegaram ao bosque, com os quatro em fila, e quando os doentes chegaram ao bosque com as sentinelas SS, eles simplesmente se detiveram.

Calmos, afastaram-se um pouco. E atiraram. Atiraram nos sujeitos com broncopneumonia, nos tuberculosos, nos sujeitos com edema, nos sujeitos sem voz, nos sujeitos de pernas esqueléticas, em todos aqueles que acreditavam que virariam à esquerda para pegar a estrada. Então tinha sido isso a primeira rajada, a segunda, o silêncio e os tiros isolados. As balas entravam em seus ventres enquanto estávamos sentados nos beliches, os olhos tensos, à escuta.

*

Tudo isso reconstituímos mais tarde. Também soubemos que Félix havia tentado fugir no bosque. Fritz o perseguira, ferindo-o primeiro no ombro e, a seguir, explodindo-lhe o crânio.

No dormitório, reinava apenas um silêncio de morte. As rajadas continuavam a ressoar em nossos ouvidos; escutávamos e compreendíamos cada vez melhor. Entrávamos na última fase, no cerne da questão. O canhão havia desencadeado os SS, que responderam com a primeira rajada. Um e outro permaneceriam unidos até o final, até uma ainda invisível virada.

Saí do dormitório para ir às latrinas. Ninguém na praça. Na trilha do bosque, uma dezena de detentos descia carregando pás e enxadas no ombro, seguidos de Fritz e dos outros kapos. Eram os russos designados pelos SS para enterrar os camaradas.

Quando cheguei às latrinas, um russo mijava. Pelo "F" em meu paletó, viu que eu era francês. Voltou-se e olhou-me fixamente.

— *Kameraden kaputt* — disse, lentamente.
— *Ja*.

Uma hora depois, a distribuição da ração começou. Receberíamos três quartos de broa, pois íamos partir. Segurávamos um pedaço de pão enorme — jamais ganháramos um tão grande — e um de margarina. Fritz assistia à distribuição. Parecia à vontade. Sorria. Ao passar ao seu lado, prendi a respiração para não sentir seu cheiro. Naquela manhã, durante a distribuição, ele não havia esbofeteado nem dado pontapés, tinha, inclusive, se mostrado mais acessível. Partiríamos juntos. Ele se mostrava bem-disposto, acabara de assassinar nossos camaradas. Em breve estaria junto à coluna para continuar.

Entrei no quarto com meu pão. Sentei em minha cama e cortei uma fatia. Outro, sentado não longe de mim, já comia. Um colega aproximou-se e lhe perguntou:

— Você acha mesmo que os mataram?

O sujeito sentado fitou-o com desprezo:

— Pobre idiota! Você ainda não compreendeu, não é mesmo?

Eles estão a quarenta quilômetros, meia hora de carro. Não podemos continuar aqui por muito mais tempo, amanhã estaríamos nós mesmos na batalha. Já os roçamos; os aviões passam mais baixo. Estão quase aqui. Os SS fogem, mas nos levam com eles. O *Kommando* reuniu-se na praça. Algumas surpresas: o chefe de bloco polonês, detento que, há poucos dias, comemorava a iminente libertação, também porta o fuzil no ombro, vestido de *Werkschutz*. Dois kapos poloneses também carregam fuzis. São prisioneiros, mas têm fuzis; os SS lhes confiaram fuzis. Esses fuzis só podem ser apontados para nós. Contam-nos várias vezes. Com a capa do travesseiro fiz um saco no qual coloquei meu pão. Todos carregam a coberta a tiracolo. Os SS chegam: o *Blockführer* que chicoteou X., o assistente de enfermaria que mandou fuzilar os doentes, o *Lagerführer*, um austríaco. As sentinelas SS, umas com fuzil, outras com metralhadora, os kapos, o *Lagerpolitzei* e os paramilitares, com metralhadoras ou fuzis. Parte da bagagem dos SS e dos kapos foi depositada em uma carreta que nos revezaremos para puxar. Quanto às bagagens que não foram despachadas, nós as carregaremos.

Chamada. Os kapos e os SS inspecionam as barracas. Encontram-nas vazias.

Na praça, a terra está bem seca, o sol esquenta. Um apito e partimos, em ordem: poloneses, russos, franceses, italianos. Somos aproximadamente 450.

O sol ilumina o bosque verde-escuro, a colina avermelhada e verde. Isso aconteceu esta manhã. Olhei ao redor, verifiquei que nenhum deles estava ali. Não estão mais aqui. Os outros estão a menos de quarenta quilômetros e ainda podemos morrer quando estiverem ainda mais perto, até o final ainda poderemos morrer. Nossos camaradas tinham ouvido o canhão e foram mortos ao som do canhão.

Chegamos perto da porta de arame farpado; à direita, o *Revier* vazio. Sobre os leitos, os lençóis desfeitos, o aquecedor ainda morno; no chão, pedaços de curativos de papel. Nos lençóis ainda havia marcas de depressão das pernas, das costas. O *Revier* onde fazia calor, onde outros como K. apagaram-se sozinhos, onde sonhávamos entrar para dormir, para nos deitarmos a qualquer custo. O *Revier* está vazio.

Eles estão na colina. Quanto a nós, não morreremos aqui. Jamais voltaremos ao interior desse arame farpado. Somos empurrados, o espaço deixado deve estar limpo, esvaziado de gente como nós. A qualquer custo é preciso nos manter ou nos matar. Tudo agora é exato.

Pegamos a estrada à esquerda, na direção oposta ao *front*. Passamos diante da fábrica; os *Meister* estavam na porta, em uniforme de *Volkssturm*. Alguns davam a impressão de rir de nós, pois nos ludibriavam novamente, porque íamos na direção oposta, lá onde ainda teriam tempo suficiente para nos fazer penar.

O renano estava com os outros. Também ele vestido de *Volkssturm*. Observou-nos passar com aquele ar triste que conhecíamos tão bem. Esses alemães talvez lutassem e ele também teria um fuzil, talvez até matasse. Ele não tinha vontade de rir; sabia há muito que a guerra estava perdida e, no entanto, deixara-se vestir, se deixaria fazer prisioneiro. Não sabia como escapar dessa situação, aguardava a catástrofe. Verdade, era chegada a hora em que os "heróis" morreriam ou se esconderiam; em que ele mesmo, caso não fosse morto, poderia voltar a respirar, sozinho. Ele nos contara que a mãe morrera nos bombardeios e que a sua casa fora destruída.

Deixamos a fábrica para trás. A estrada ladeia a escarpa na qual a igreja onde moramos três meses foi construída. As curvas que não conhecíamos. Um riacho. A igreja vista por trás. A planície atrás de uma curva. Um horizonte de colinas escuras a distância. A fumaça de um trem ainda atravessando a colina. Atrás, as barracas e os mirantes vazios. Afastamo-nos da fossa no bosque; em breve não veremos mais nada. A estrada sobe, escalamos uma colina e diminuímos o ritmo; já ofegamos. Um leve ar fresco, o céu está menos claro. Aonde vamos? Eles recuam, procuram refúgio. O vilarejo lá longe, distante mais alguns quilômetros do *front*, será mais seguro. O estrondo do canhão será mais baixo. Cada um de nossos passos conspira contra nós. Gostaríamos de andar para trás, gostaríamos de que os que têm armas dessem dois passos enquanto nós damos um. A guerra é demorada; enquanto eles não chegarem e nos derem tapinhas no ombro, não estaremos a salvo; há curvas e mais curvas antes de nos alcançarem. Quem foi avisado da nossa existência? Quem nos viu? Continuamos com os SS, fugimos da terra conquistada. Seus olhos demonstram que, talvez, acompanhemos a batalha que nos libertará. Estão avançando. Um esgar, uma coronhada; em breve, a última coronhada. Até o final permaneceremos do lado alemão. Um dia, talvez, nos encontremos sozinhos em uma estrada. Giraremos a cabeça, procuraremos e não haverá ninguém, tudo terá terminado. Atravessamos um vilarejo. O caminho está enlameado. Casas baixas. Diante delas algumas mulheres, crianças de cabelos louros, um bistrô vazio. Não vemos nenhum homem no vilarejo. As mulheres olham os SS. Um deles vai beber no bistrô. Nossos SS têm a vida mansa. Os homens do vilarejo devem estar no *front*. As mulheres ficam paradas, nos veem. É um mau sinal ver gente, como nós, passando. Lembramo-nos dos pequenos vilarejos que atravessávamos ao recuar, atrás da linha Maginot. Aqui também tudo permanecerá em seus devidos lugares. Nós os deixaremos para os nossos. O vilarejo quase deserto, a passividade dessas mulheres e a coluna passando são sinais da derrota, não há como se iludir. Mas esse vilarejo ainda ocupa o espaço alemão que diz *não*. Quer se defenda ou não, ele diz *não*. Ainda há fotos de Hitler nas casas. Um SS ainda pode entrar no bistrô e ser bem-recebido pela dona. Continuamos sendo nada. Talvez em dois dias o vilarejo seja digerido, as casas permanecerão iguais. Lá longe, diante de nós, há casas, colinas onde por mais um dia dirão *não*. Também querem nos obrigar a dizer *não*. É preciso ser dócil, é preciso *preferir* a Alemanha, permanecer com aqueles que a defendem até o último centímetro.

Saímos do vilarejo. Uma sentinela SS me entregou sua mala para carregar. Ela é pesada. Somos nós que carregamos tudo o que não cabe na carreta. Mudo-a de mão de vez em quando. A mão arde. A mala repuxa meu braço desde o ombro, as costas, este braço que não passa de uma vareta repuxada pelo peso. Se abrir a mão, a mala cai, talvez estrague. Está ficando doloroso demais. Mudo de mão. Meu rosto se congestiona. Até quando vou conseguir carregá-la? Ainda me resta um pouco de forças para andar, mas acabarei sendo obrigado a abandonar a mala. Troco novamente de mão. Devo trocá-la a cada instante; não dá tempo de a ardência diminuir. Olho meus colegas. Os que carregam malas também estão rubros; os demais, cinzentos, caminham lentamente, tentando se afastar dos que carregam malas para não ter que segurá-las.

Deposito-a no chão e sigo andando. Os colegas atrás a evitam e continuam a caminhar. Ninguém a pega. O SS me vê e se precipita sobre mim. Coronhadas. É preciso voltar para buscá-la. Ela continua no chão, a uns trinta metros do final da coluna. Eu a pego, o SS me vigia. Caminho rápido, a passos curtos, o corpo envergado para a esquerda, tentando voltar ao meu lugar. Transpiro ligeiramente, os óculos escorregam-me pelo nariz, levanto-os com a mão esquerda. Mudo a mala de mão. Estou me afogando, é isso. Busco o ar, mas só consigo fazer caretas. Se parar, apanho. Se cair, levo uma rajada. Isso pode acontecer num segundo. Volto a depositar a mala no chão. O SS não me viu. Escondo-me à direita da coluna e esqueço a mala.

Agora sei que tal esforço, caso se prolongasse, seria suficiente para me matar. Já estava quase desvalido, não podia mais fechar a boca, não distinguia mais um companheiro do outro. Minha força de súbito se extinguiu; a cabeça, todavia, ainda pode se esforçar em repetir "você precisa", "você precisa", mas não por muito tempo. Ela também se exaure, nada mais deseja. Aguentei nove meses. Se, além disso, ainda me obrigam a carregar a mala, estou liquidado.

A coluna prossegue. As pernas avançam uma após a outra; não sei do que ainda são capazes estas pernas. Entretanto, acho que ainda não vou desmaiar. Contudo, se isso acontecer, talvez possa me agarrar ao braço de um colega; mas, se não me recuperar, ele não poderá me puxar por muito tempo. Eu lhe direi: "Não aguento mais." Ele me forçará, fará mesmo um terrível esforço por mim, fará o que é possível fazer por alguém que não pode mais ser ele mesmo. Repetirei: "Não aguento mais" duas, três vezes. Terei um rosto diferente do de agora, o rosto de quem perdeu a vontade. Ele nada poderá fazer por mim e eu cairei.

Atravessamos diversos povoados, depois entramos em uma região arborizada. A estrada seguia reta, ladeando a floresta. O SS apitou anunciando a pausa. A coluna se desfez. Fomos nos sentar sob as árvores. Eu estava com Francis, Riby, Paul e Cazenave, de Paris. Tiramos o pão. O céu estava encoberto; o bosque, escuro. Um ar frio batia em nossas costas. Começamos a comer. Os SS formaram um círculo ao nosso redor, a uns vinte metros uns dos outros. Tinham se sentado e comiam, o fuzil ao lado. O pão não era do mesmo tipo que o nosso. Cortavam o pão em pedaços mais grossos, não o vigiavam como nós. Meus três quartos de pão encolhiam; ainda era o primeiro dia de marcha e eu já havia comido mais de um quarto. Cortei uma fatia bem simétrica e passei um pouco de margarina; com a faca cortava pequenos cubos na fatia e os mastigava um tempão. Este pão formava rapidamente um mingau na boca. Comíamos de cabeça baixa, olhando ora o solo, ora o pão. Os poloneses e os russos, assim como nós, mantinham o silêncio. Os italianos conversavam. Lucien tinha uma caixa que levava pendurada no ombro com um bastão. No bosque abriu sua caixa, comeu pão com carne e fez café; era gordo, carregava a caixa com facilidade. Desde a partida, mantinha-se discreto, caminhava com os cozinheiros e não berrava.

Todo mundo comia. Lucien, carne; os SS, salame e geleia; nós, pão e margarina. Os SS comportavam-se como soldados enquanto comiam. Nós estávamos atentos, não podíamos comer e falar. Meu pão diminuía. Consegui enfiá-lo debaixo do paletó e guardei a faca no bolso. O apito ainda não anunciara o final da pausa. Estendi-me sobre o musgo úmido. A guerra ia terminar. Havia pedaços de céu branco entre os galhos das árvores. No bloco, um colega dizia: "Será o mais belo dia da minha vida, sim, o mais belo dia da minha vida." O céu estava bem pertinho, fazia frio, o musgo estava úmido, o pão pesava em meu estômago, eu ainda tinha pão. Daqui a pouco cortaria outra fatia. Ainda serei prisioneiro quando cortar a última fatia. A última fatia da guerra. Era verdade, eu ainda estava aqui e preparava-me para viver o dia mais lindo da minha vida. Os SS nos rodeavam para impedir a chegada desse dia. Ou eles ou nós morreríamos. Quem pagaria? Cazenave não era robusto, sofria de reumatismo; os SS não pareciam ter vontade de morrer nem de ir embora. E funcionaria: se houvesse paraquedistas, poderia acontecer agora, dentro de quinze minutos. Não nos confundiríamos a respeito dos amigos; correríamos pela estrada; encontraríamos ainda forças para correr.

A umidade do musgo penetrava-me nas costas. Os SS conversavam entre si. Interromper-lhes a conversa, dizer: "A guerra terminou, vocês já podem parar... Quanto a nós, estamos indo embora." Não podíamos dizer a verdade. *Jamais* acreditariam em nós. Não podíamos ver o mesmo sol. *Krieg ist nicht fertig, nein, nein...* e depois o fuzil na barriga. Eles estavam prestes a perder a guerra, mas comiam.

Eu sentia frio; levantei-me. Paul comia; olhou o pão que lhe restava e cortou outra fatia; não hesitou por muito tempo. Eu vacilei, tateando o pão sob o paletó. O apito salvou a minha fatia de pão.

A coluna voltou a se formar. Tenho as pernas firmes; faz frio, os piolhos não mordem. A coluna partiu. Estamos prestes a ganhar a guerra. Esta manhã eles mataram nossos camaradas, mas estamos prestes a ganhar a guerra, e eles, a perdê-la. Cazenave se pendura no braço de um amigo. Os SS vendem saúde. O detento polonês, chefe de bloco, vestido de *Werkschutz*, o fuzil no ombro, marcha ao lado do comandante SS. Cazenave arrasta-se, ofegante.

Andamos horas a fio. Já devem ser cinco horas da tarde. Deixamos a planície para trás. Começamos a subir uma rampa íngreme no flanco de uma montanha. Ladeamos uma pedreira. Nenhuma casa. Escutamos, ao longe, latidos de cachorros. A coluna detém-se um instante porque os que puxam a carreta encontram dificuldade para prosseguir. Devemos esperá-los. Quando os vemos aparecer na última curva, retomamos a caminhada. O ar está muito frio. O céu fica avermelhado. As nuvens correm, deslizam. A tarde cai. A rampa é íngreme. Um camarada à minha frente se detém, para e abaixa a cabeça; um amigo fica com ele.

— Não pare, ande, já estamos chegando, ande, ande! — repete o amigo. Ele não responde, arqueja. Ninguém ainda caiu. Os kapos o viram. Passamos por eles. Ainda lhe resta algum tempo. Os italianos estão atrás, mas ele não deve se deixar ultrapassar por toda a coluna. Fritz parou, está pronto. Eu me volto. O camarada continua parado, imóvel na estrada, a cabeça pendida. Finalmente o amigo passa o braço dele ao redor do seu pescoço e o arrasta. Andamos muito devagar e ele acaba por nos alcançar a passos curtos. Está chorando.

Fritz retomou a marcha. Novamente o camarada se detém, abaixa a cabeça, aperta o ventre, a boca se contorce. O amigo sustenta-o; o braço do doente ainda apoiado em volta do seu pescoço. Os kapos esperam. Todos viram que os kapos estão preparados. O amigo o puxa: "Anda, venha, ande, ande, estamos chegando." O homem aperta o ventre. É preciso voltar a andar. Dá dois passos. Detém-se, curvando-se sobre o ventre. Os kapos continuam observando, aguardando sua decisão. Nada podemos fazer.

Mais uma vez consegue recomeçar.

A luz vai baixando; os latidos dos cachorros aproximam-se, vêm do vale escuro à nossa frente. Não ouvimos mais o canhão. Num cruzamento, a coluna se detém. Uma estradinha desce a pique à nossa direita. Os poloneses e os russos continuam na estrada principal; pegamos, junto com os italianos, a ladeira. Andamos rápido. Os latidos aproximam-se cada vez mais, é o único barulho na noite. O céu está vermelho, as nuvens deslizam. Descemos, tropeçamos nas pedras, os joelhos mal se aguentam. No fundo do vale aparece uma casa grande de madeira, vemos mesmo as casinhas de cachorros. Esses latidos são como os de

Buchenwald, de Fresnes, dos cachorros dos SS, da dupla SS-cão. Eles também, como os SS, a princípio, são pequenos e graciosos e brincam.

O vale está escuro. Os cães nos oprimem, a noite nos oprime. Os cães são deles, assim como o vale e também a noite; estamos no terreno deles. Este pedaço de céu vermelho, estas florestas pesam sobre nós. Quem pode nos alcançar aqui? Os nossos ganham a guerra, mas aqui não se ouve mais o canhão; não se ouve nada além dos latidos dos cachorros.

Quase atingimos o fundo do vale. À esquerda, a casa grande. Deixamos a estrada e pegamos um caminhozinho que vai dar lá. Diante da casa, um grande jardim com casinhas de cachorro. Em cada uma, um cachorro latindo. É ali, sem dúvida, que vamos dormir. A coluna estaciona no jardim. Contam-nos. Em seguida, entramos em uma sala que se assemelha a um ginásio. Tem piso. Agrupamo-nos e nos sentamos no chão.

Estamos amontoados uns sobre os outros. A sala está na penumbra. Uma sentinela e um kapo vigiam a entrada. Para cagar é preciso sair um de cada vez. Já tem fila. Os cachorros se calaram. Os kapos mandaram uns colegas buscarem uns sacos. Os sacos estão cheios de biscoitos de cachorro. A princípio, os kapos tentaram distribuí-los, mas atacamos os sacos. Uma briga. Enchemos os bolsos, passando alguns a um amigo que os enfia em seu saco. Os que não puderam se aproximar começam a berrar. Os SS chegam com os cassetetes. Abandonamos os sacos semivazios. Mordo um biscoito; é duro, tem ossos triturados dentro, um gosto acre.

Agora já anoiteceu e os SS querem dormir. Instalaram-se numa pequena peça vizinha, deixando a porta entreaberta, por onde a luz se filtra. Os detentos novamente atacam os sacos. A briga recomeça, mas os sacos estão quase vazios.

Ao passar, os que vão cagar pisam as pernas dos que estão deitados. Um enorme rumor enche a sala escura. Um SS entra: *Ruhe!* O rumor silencia por um instante para a seguir voltar a aumentar de volume. Não sabemos quem grita. Eu não grito; estou deitado entre as pernas de um italiano. Quem está gritando?

— Filho da puta, dá para olhar por onde anda?
— Você quer que eu me cague aqui mesmo?
— Não encha o saco!
Isso vem lá de trás. Um pé pisa o meu rosto; seguro seu tornozelo entre as mãos e, como ele não resiste, levanto-o e o coloco no chão, entre as minhas pernas. Ele passa por cima de mim. Tento dormir em meio ao tumulto, mas a fila continua perto da porta. Alguns colegas berram; têm diarreia e os impedem de sair. Não se aguentam mais e, finalmente, encostam-se na parede e, agachados, abaixam as calças.
— Droga, tem gente cagando aqui!
O sujeito não responde, continua.
— Kapo! Ele está cagando aqui!

Uma lâmpada elétrica se acende; o sujeito está agachado sob o facho da luz.
— *Scheisse, Scheisse!* — grita o kapo.
O kapo bate, o sujeito cai.
— *Scheisserei, Scheisserei* (diarreia) — geme o sujeito.
— *Was Scheisserei, Schwein!*
Se, de repente, a sala se iluminasse, veriam um emaranhado de andrajos listrados, braços encarquilhados, cotovelos pontudos, mãos arroxeadas, pés imensos, bocas abertas na direção do teto, rostos de ossos cobertos de pele enegrecida e olhos fechados, caveiras, formas semelhantes que nunca deixarão de se parecer, inertes, como no lodo de um pântano. Veriam também seres solitários, sentados, loucos serenos, mastigando biscoito de cachorro em plena noite, enquanto outros, diante da porta, batem os pés no chão, curvados sobre o ventre.

———

Lá fora, o vale está escuro. Dali não chega ruído algum. Os cachorros dormem um sono são e satisfeito. As árvores respiram calmamente; os insetos noturnos alimentam-se nas planícies. As folhas transpiram, e o ar se enche de umidade. As planícies se cobrem de orvalho e, dentro em breve, brilharão ao sol. Eles estão lá, bem perto, talvez possamos tocá-los, acariciar essa imensa pelagem. O que se acaricia e como se acaricia? O que é doce ao contato dos dedos, o que existe apenas para ser acariciado? Jamais nos sentíramos tão sensíveis à saúde da natureza. Jamais estivéramos tão perto de confundir a árvore, que, certamente, ainda estará viva amanhã, com a onipotência. Esquecemos tudo o que morre e apodrece nesta noite poderosa, esquecemos os animais doentes e sozinhos. A morte fora banida por nós das coisas da natureza, pois nela não vemos nenhum gênio trabalhando contra elas e as perseguindo. Sentimos como se tivéssemos absorvido toda a putrefação possível. O que existe nesta sala nos aparece como a enfermidade extrema, e nossa morte aqui como a única morte verdadeira. Para nós, tão semelhantes aos animais, todo animal tornou-se, a nosso ver, suntuoso; tão semelhantes a qualquer planta apodrecendo, o destino desta planta nos parece tão luxuoso quanto um destino que se encerra com a morte numa cama. Estamos a ponto de nos parecer com tudo que luta apenas para comer e morre por não comer; a ponto de nos nivelar a outra espécie, que não será jamais a nossa e na direção da qual nos encaminhamos; mas essa espécie, que ao menos vive segundo sua lei autêntica — os animais não podem se tornar mais animais —, parece tão suntuosa quanto a nossa "verdadeira" espécie, cuja lei também pode ser nos conduzir até aqui onde estamos. Mas não há ambiguidade, continuamos homens, só terminaremos como homens. A distância que nos separa de outra espécie permanece intacta; ela não é histórica. É um sonho SS acreditar que temos por missão histórica mudar de espécie e, como essa mutação se dá lentamente demais, eles matam. Não, essa doença extraordinária não é senão um momento culminante da história dos homens. E isso pode significar duas coisas. A primeira, que somos a prova da solidez desta espécie, da sua estabilidade. Segunda, que a variedade das relações entre os homens, sua cor, seus costumes, sua formação em classes, mascara uma verdade que aqui, no limiar da natureza, quando atingimos nossos limites, surge, ofuscante: não há espécies humanas, e sim uma única espécie humana. É por sermos homens como eles que os SS estão definitivamente impotentes diante de nós. É por terem tentado questionar a unidade desta espécie que serão finalmente esmagados. Mas o seu comportamento e a nossa situação são apenas a magnitude, a caricatura extrema — na qual ninguém quer ou é incontestavelmente capaz de se reconhecer — de comportamentos, de situações que existem no mundo e fazem mesmo parte desse antigo "mundo real" com o qual sonhamos. Lá longe, na verdade, tudo se passa como se existissem diferentes espécies — ou, mais exatamente, como se pertencer à espécie humana não fosse garantido, como se fosse possível nela entrar e sair; nela estar apenas parcialmente ou a ela pertencer plenamente ou jamais pertencer, mesmo ao custo de gerações —, sendo a divisão em raças ou em classes o estopim da espécie e sustentando o axioma sempre pronto, a linha definitiva de defesa: "Eles não são como nós."

Pois bem, aqui, o animal é luxuoso, a árvore é a divindade e nós não podemos nos transformar nem em animal nem em árvore. Simplesmente não podemos, e os SS não são capazes de nos fazer chegar a tal resultado. E é no momento em que a máscara assume o rosto mais hediondo, no momento em que vai se transformar em nosso rosto, que ela cai. E se, nesse momento, acreditamos então no que, aqui, é certamente a coisa mais notável em que podemos acreditar: "Os SS não passam de homens como nós"; se entre os SS e nós — ou seja, no momento mais categórico da distância entre os seres, no momento em que a servidão de uns e o poder de outros atingiu tais limites, parecendo se petrificar numa relação sobrenatural —, se diante da natureza e da morte não podemos perceber nenhuma diferença substancial, somos obrigados a dizer que só existe uma espécie humana. Dizer que tudo no mundo capaz de mascarar esta unidade, que tudo o que coloca os seres na situação de explorados, de escravos, e implicaria, por essa razão, na existência de variadas espécies, é falso, é loucura; e que disso temos aqui a prova, a mais irrefutável prova, pois a maior vítima nada pode fazer além de constatar que, em seu pior exercício, o poder do carrasco não pode ser outro senão um dos poderes do homem: o poder de matar. O carrasco pode matar um homem, mas não pode transformá-lo em outra coisa.

———

Quando abri os olhos, já era dia; o céu estava leitoso, pálido. Minha boca estava pastosa, eu tinha sede. Ao meu redor, os camaradas dormiam colados uns aos outros, empilhados, os sacos de biscoitos vazios ao lado. Não havia qualquer barulho. A sentinela SS continuava diante da porta. Saí para mijar. O solo estava molhado, o orvalho cobria a relva. Os cachorros ainda dormiam. Mijando, espreguicei-me. O vapor da urina quente subia rápido no ar. Abaixo, o vale estava claro; um riacho corria ao longo do jardim. Nas encostas das montanhas, via os troncos marrons e avermelhados dos pinheiros. Do outro lado, à margem do caminho que descêramos na véspera, estendia-se uma grande campina. Em todo o vale molhado batia uma brisa fresca. As montanhas recortadas sobre o céu tinham formas ligeiras e eu mesmo, no cascalho do jardim, sentia não ter peso. Fui beber no riacho e joguei água em meu rosto. Tremia. Sentia a pele de minhas coxas arrepiadas; meu maxilar vibrava, eu não conseguia mais me manter firme; se tivessem me empurrado, teria caído; se tivesse corrido, teria caído. Estávamos quase todos assim, todos com os ombros curvados sobre o peito, sempre tremendo ao sentir o ar matinal.

Quando voltei à sala, recebi uma lufada de calor; a maioria dos colegas ainda dormia. Ainda produzíamos esse calor, esse odor. Todos esses sujeitos ocos, colados uns aos outros, produziam essa nuvem quente e a urina ainda fumegava ao mijarem. Densidade do odor, densidade dos biscoitos no estômago, roupas fedorentas, densidade mesmo desta pele que, no entanto, fica ressequida, do calção cheio de piolhos entre as coxas, da camisa ensebada. Eu deveria ter ficado nu lá fora, me escovado e esfregado até sangrar, me estirado na relva orvalhada deixando o ar e a água terminarem a tarefa.

Aos poucos, os colegas acordaram e recomeçaram a comer os biscoitos de cachorro. Ainda me resta um pedaço de pão. Deveria guardá-lo. À noite não terei mais nada. No entanto, acabo comendo o pão e também os biscoitos. Desse jeito, com certeza teremos diarreia.

— *Antreten!* — grita o kapo.

Termino de amarrar os cordões. Saímos lentamente. Os cachorros continuam sem latir. Depois de nos contarem novamente, atravessamos o riacho e entramos na planície, subindo na direção da estrada que deixamos ontem. Ainda não ouvimos o canhão. Parece que vamos percorrer vinte quilômetros hoje. Sem dúvida, conseguirei. Sentamos na planície e comemos biscoitos. Até rimos. Eles com certeza vão nos alcançar e nos cercar; não chegaremos ao destino final. Aonde vamos? Buchenwald? Dachau? Dachau? Só pode ser brincadeira... Dachau é longe. Seremos libertados antes. Nenhuma hipótese se confirma, nada a consolida. Não conseguimos saber mais nada. As sentinelas falam pouco. Os *kapos* não estão a par de nada. "Libertados na estrada" foi o que Francis viu nas cartas. Um colega acaba de lembrá-lo. Francis repete o que diziam as cartas: "Um curto deslocamento... Seremos libertados na estrada." O outro não diz nada. Jamais acreditou nas cartas. Tampouco acreditou que poderia cair na estrada de repente e ser metralhado. Agora, não sabe mais em que acredita ou no que não acredita. É possível que sejamos libertados assim; os americanos podem chegar rápido. Entretanto, os SS nos matarão antes. Mas não podem matar todos. Não obstante, mataram todos os doentes, sem que o rosto se alterasse. As cartas dizem que seremos libertados na estrada, depois de um curto deslocamento; repetiram isso todas as vezes que Francis as consultou. Ora, as cartas não passam de uma grande bobagem. Mas, se é um curto deslocamento, talvez seja amanhã. Amanhã está perto. Mas nada sugere isso; algo assim sentiríamos vir de longe, deixaria sinais. Mas estarmos na estrada, sem que ninguém pareça saber aonde deve nos conduzir, não deixa de ser um sinal. O colega desiste.

— *Krieg ist fertig! Krieg ist fertig!*

É Alex, o bravo kapo beberrão, quem murmura isso ao passar por nós. Sabemos que a guerra terminou; já faz uns quinze dias que sabemos, mas para nós, até a hora em que nos alcançarem e nos arrancarem das mãos dos SS, nada terá terminado. Quanto mais evidente a vitória, mais nítido o perigo. Chegará o momento em que nos ver lhes será, a cada instante, mais insuportável. Nossa vida dependerá cada vez de menos coisas; talvez, em breve, apenas de um momento de mau humor. Neutralizados durante alguns meses, a vitória volta a nos colocar como um problema a ser discutido. Ressurgimos como feras de pele dura demais, criaturas de pesadelo, invencíveis. Até aqui eles só nos viram como uma massa, cuja liquidação aceleravam ou deixavam morrer obedecendo às ordens recebidas. Os esqueletos de costas vergadas e ventre vazio agora vão começar a perturbá-los. Imagem, talvez, de seus futuros vencedores. Se o SS vacila por causa da vitória que se anuncia, somos nós que ele verá primeiro, e somos nós que pagaremos por essa humilhação. Doravante, o fuzil e a metralhadora exprimem melhor a natureza de nossas relações. Atiram ou não atiram. Até aqui eles deram um jeito de nos fazer viver em condições tais que a morte nos chegava, por assim dizer, sozinha. Agora, aguardam a ocasião de acabar rápido conosco, e na estrada ocasiões não lhes faltarão. Depois, o motivo será simplesmente o fato de ainda estarmos vivos e de eles não poderem simplesmente nos deixar ir embora assim...

Subimos na direção do alto da campina. A rampa é íngreme. Na estrada, os poloneses e os russos, de quem tínhamos sido separados ontem à noite e que passaram a noite alhures, nos aguardam. Dominamos a casa de madeira, seu teto vermelho. A estreita coluna roxa serpenteia sobre a relva. O sol está muito fraco, a bruma cobre a superfície das planícies. É bonito. É bonito e talvez nos matem daqui a pouco; é bonito e vamos ter fome. Vi a relva, a bruma, os bosques amarronzados; nós também podemos ver tudo isso. Tento guardar essa imagem. Daqui a pouco tentarei concentrar-me apenas nas árvores, captar sua diversidade, perceber a passagem da floresta densa à clareira, tentarei mesmo aguardar com curiosidade o que nos reserva a próxima curva. Será que podemos estar na coluna e ver apenas as flores nas escarpas, sentir apenas o cheiro das folhas molhadas que pisamos? Tive esse poder por um instante. Mas logo verei apenas a estrada e costas como as minhas, só escutarei o grito do kapo: *Drücken, Drücken, Drücken!* (Cerrem as fileiras!) Seria bom, durante esses vinte quilômetros, não pensar em mais nada: estou passeando e a montanha é linda; estou cansado, mas é natural ficar cansado quando andamos. No rosto, o ar frio. Esgotado, talvez desabe daqui a pouco; é bom desabar quando estamos esgotados; não escutarei nada, não verei chegar o kapo e, pronto, uma rajada de metralhadora. Terminou, na escarpa. Mas não posso sequer começar a dizer: "Estou passeando." Com o calor da marcha, os piolhos despertam, a voz do kapo nos atormenta, o sol queima, o chefe do bloco polonês ainda carrega o fuzil. Onde termina a nossa estrada?

A guerra termina. Não sabem se ainda estou vivo. Mas eu gostaria que soubessem que faço parte desta manhã, que prestei atenção, que minha presença nesta manhã deixa traços indiscutíveis e transmissíveis.

O alemão evangelista deteve-se na estrada; tem duas rugas muito profundas ao longo das bochechas. Fez um sinal para mim. Ele se mantém ligeiramente afastado da coluna, os braços pendentes. Não se move, simplesmente olha a montanha e o vale ao redor. É um homem velho, tem a expressão ausente e, ao mesmo tempo, decidida, definitivamente imóvel. Ninguém fala com ele. Se fôssemos lhe dizer algumas palavras, seus olhos brilhariam e responderia com sua voz lenta algo como *"Got ist über alles"*. Quando passei, revi seus olhos e seu triângulo violeta de "objetor de consciência". Fritz estava perto dele. O pregador evangelista havia sido designado como objetor de consciência. O objetor encontra-se sozinho na estrada, isolado. Diminuímos o passo, não sei por quê. Retomamos a marcha; voltei-me, vi seu rosto na coluna. Acreditara que ele tivesse decidido não se mover mais. *Das ist ein schöne Wintertag.* Objetor de consciência. Quatrocentos objetores marcham, ansiosos por aguentar até o fim. O objetor, um indivíduo; os sete milhões de judeus, objetores; os 250 mil políticos franceses, objetores; objetor também L., cinquenta anos, que marcha à minha frente, apoiado por dois colegas, pálido, sofrendo de hemorroidas. Caminhamos há um tempo. Dois tiros na retaguarda. Resta apenas o barulho de nossos pés. Todo mundo ouviu; as costas permanecem arqueadas, o andar se precipita. Voltei-me e vi apenas a curva, o precipício à margem da estrada e os pinheiros. Quem terá sido? Aceleramos o passo. Alguém caiu. A coluna continua. Quem terá sido? Adiante, os SS não mostraram nenhuma reação; ninguém mais se volta, já chegamos à outra curva. Já faz cinco, dez minutos que atiraram. Não sentimos mais os dois tiros nas costas; passou. Outra curva. Duas curvas atrás, um sujeito que há pouco estava na partida jaz agora sob uma árvore.

— Acho que foi aquele velho, o alemão — diz alguém atrás de mim.

Um italiano o vira deter-se uma segunda vez. Fritz aproximou-se e o obrigou a recuar alguns passos. Logo a seguir surgiu uma curva e o italiano não pôde ver mais nada.

Era o pregador evangelista. Fritz atirou nele. Dois tiros disparados enquanto andávamos. Ninguém girou a cabeça. Não houve sequer a solenidade do crime nem seu segredo. Uma de nossas vidas fora interrompida enquanto andávamos, os quatrocentos ouviram; não obstante não conseguirem pensar em mais nada, todos se fizeram de surdos. Mas a coluna que não reagiu, que continuou marchando, sabe agora quem morreu enquanto andava, e o motivo da sua morte; sabe que ela foi atingida, que suprimiram uma de suas vidas e que isso continuará.

Todas as costas arqueadas o sabem. A objeção continua. Os olhos azuis me fazem mal, bem como sua solidão ao pé da árvore, enquanto continuo andando junto aos colegas; carregávamos a cesta de dural juntos e ele contava que era de Wuppertal, na Renânia. Numa bela manhã de inverno, apertamos nossas mãos. Conforme ando, juro que, enquanto minha vida durar, ela guardará isso para sempre.

Fritz voltou para a lateral da coluna, a metralhadora no ombro, o passo leve, o nariz empinado farejando o ar. O velho alemão é o primeiro a ser morto desde que deixamos Gandersheim.

———

É de tarde. Paramos em um terreno ermo na beira da estrada, a cerca de dois quilômetros de uma cidadezinha. O céu está fechado; chove. Desdobro minha coberta, usando-a como capa para cobrir a cabeça, e ela cai pelas minhas costas. A maioria dos camaradas faz o mesmo. A grama está molhada; não nos sentamos, vagamos de um grupo a outro. Procuro Cazenave, o caldeireiro. Há pouco diminuíra o ritmo; não lhe prestamos atenção, o que ocorre com frequência na coluna. Seu reumatismo o incomodava, os joelhos ancilosavam; ele não dizia nada, outros o ultrapassaram. Não encontro Cazenave. Gaston também o procura. Olho o rosto dos sujeitos sob a coberta sem nunca encontrar o dele. A coberta está encharcada, faz muito tempo que estamos ali. Aonde vamos? Parece que estamos cercados. Desde que partimos de Gandersheim, só falam do cerco. Comentam também que os Aliados estão em Weimar, portanto não podemos ir para Buchenwald. Talvez eles não saibam mais aonde nos conduzir, talvez aguardem ordens. O comandante SS foi averiguar na cidade.

Lucien come com os cozinheiros. Esquentam o café. De longe, observamos o grupinho isolado de gente gorda. O doutor espanhol também esquenta o café.

O vento traz rajadas de chuva.

Onde está Cazenave? Gaston vem na minha direção, aterrorizado.

— Parece que ele foi abatido.

— Mas... não ouvimos nada! Não, mataram foi o velho, o alemão.

— Não — repete ele —, Cazenave também foi abatido, bem depois; tinha caído na estrada.

As mãos nos bolsos. Da coberta, goteja chuva sobre meu nariz. Gaston tem barba, os lábios grossos e pálidos; a água também escorre pelo seu nariz. Entreolhamo-nos como dois anciãos. Lucien, lá adiante, bebe seu café e ri.

— *Antreten!*

Partimos. A estrada é asfaltada. Em breve vamos entrar na cidade. É preciso retirar a coberta, enrolá-la. As primeiras casas. Ruas enlameadas, estreitas. Nas janelas, as cortinas se abrem e, grudados aos vidros, aparecem rostos de mulheres que ouviam rádio, esquentavam-se no fogo e cerziam. Uma coluna passa. A rua é comprida. *Konditorei. Kaffehaus...* Algumas riem, apontando um de nós.

— Podem rir, vocês vão se foder! — diz um colega.

Outras demonstram horror e cobrem os olhos com a mão, como se as cegássemos. A rua desce. Nas calçadas, pessoas se detêm. Fritz, à margem, sorri para as jovens. Uma delas lhe pergunta quem somos. Lisonjeado, ele lhe responde respeitosamente. Ela acena a cabeça. Agora subimos a rua e chegamos a uma praça, diante de uma igreja. Somos obrigados a nos enfileirar na entrada. O comandante SS fala. Alguém traduz: "Vocês vão dormir nesta igreja. É um monumento histórico. Não se comportem como bandidos senão haverá sanções." Os poloneses entram primeiro. Lentamente os seguimos.

É mesmo uma igreja. O órgão toca; sim, um órgão. Entramos em fila, devagar. É a penumbra de uma igreja de verdade; é o som de um órgão de verdade. O organista não sabe quem acaba de entrar. Uma velha entra em pânico e retira os missais das prateleiras. O órgão continua a tocar. Júbilo, gravidade, contemplação, nobreza.

Sem saber de nada, o organista não se interrompe. O altar está vazio. O organista continua tocando. Eu e uns colegas sentamos petrificados no banco. Depois, começamos a achar graça.

Os poloneses deitaram no tapete ao pé do altar. Dormiremos nos bancos ou no chão de pedra. Há piolhos agora na igreja, pelo menos nos tapetes que dão no altar. A velha desapareceu. O órgão calou-se. Não vimos o organista.

Para cagar, será preciso sair um a um, como na casa que tinha os cachorros. Para mijarmos, trouxeram uma barrica para a igreja. Já está muito escuro. Na entrada, apenas uma pequena lâmpada ilumina a sentinela. Comi um biscoito de cachorro, depois me enrolei na coberta e me estendi sobre um banco. Distinguimos muito mal as cenas devotas pintadas nas paredes. Estamos congelando.

Os biscoitos de cachorro provocaram diarreia. Há uma fila perto da sentinela. Os sujeitos batem os pés, impossibilitados de continuar esperando. Às escondidas, cagam pelos cantos da igreja, perto dos confessionários, atrás do altar. Os que têm forças para se segurar gemem perto da porta. Outros cagam na barrica reservada à urina. O doutor espanhol aparece:

— Seu nojento! O que está fazendo? Desapareça!

O sujeito continua sentado na barrica. A sentinela vem, dá-lhe um empurrão e ele vai embora segurando as calças. Italianos apertam o ventre perto da porta; não conseguem mais se conter. A esta altura, quase todos estão cagando pela igreja. No escuro, cruzamos com vultos ligeiros que se escondem atrás das colunas. Minha coberta ainda está ensopada e não consigo vencer o frio. A dor de barriga também me ataca. Não aguento mais esperar; a fila é comprida demais: faço na barrica. Assim como eu, outro senta-se na borda oposta; sinto sua pele fria. Terminamos rápido, ninguém nos viu.

Tentei dormir apesar dos gritos e das queixas, mas o frio me impediu. Deixei o banco e perambulei pela igreja. Não enxergava quase nada. Perto da porta, a lamparina ainda ilumina a sentinela. Consigo ver alguns sujeitos curvados sobre o ventre, batendo os pés.

Uma luz malva entra pelos vitrais. Enrolados nas cobertas, uns dormem no chão e outros nos bancos. A igreja emerge da escuridão com seus destroços humanos ao pé das colunas. A penumbra

se retira, revelando os confessionários, os calvários, os crucifixos, o altar de mármore, toda a Casa do Senhor.
Os kapos chegaram. Sabem que cagamos na igreja. *Alle Scheisse!* Estão furiosos e felizes por terem um motivo que justifique sua fúria. Vão poder ajustar as contas. Saem para informar os SS.
O doutor espanhol chega com um cassetete.
— Todo mundo de pé!
— Bando de filhos da puta! Eles cagaram na igreja!
Os colegas acordam. À aproximação do cassetete, levantam-se. Lucien intervém.
— Todo mundo de pé! Podem começar a limpar!
— Limpar com o quê?
— Se virem!
O espanhol encoleriza-se sobretudo com os italianos:
— Limpem, limpem!
Persegue-os com o cassetete. O altar, as lâmpadas, as imagens devotas, as estátuas e os crucifixos permanecem imóveis.
— Limpem, bando de filhos da puta!
Italianos limpam o chão com papel. Foram buscar pás. Há merda por todo lado, manchas negras no meio da igreja, em todos os cantos. Removem com as pás, esfregam em seguida o piso de pedra com papel, mas, como os pés estão imundos, sujam outro lugar. É impossível limpar tudo.
— Chegou a nossa hora.
Foi Charlot quem disse isso. Ele veio na direção do grupinho onde me encontro, os olhos muito agitados.
— Quem disse isso?
— É sério, daqui a pouco vai chegar a nossa hora. Foi o antigo kapo das cozinhas que me contou.
— Vamos ver.
— Vamos ver, Vamos ver... Não acham que podíamos tentar nos defender?
Parece muito ansioso. Com certeza está bem-informado. Deve ter sido pessoalmente ameaçado.
— Então vão deixar que isso aconteça, assim, sem mais nem menos?

— Como vamos nos defender? Vamos ver.

Ele segue na direção de outro grupo para sondá-los.

Retorno para o meu banco e cruzo com um colega que me diz em voz baixa:

— Parece que vão fuzilar os reféns.

— Porque cagaram na igreja?

— É o pretexto.

O espanhol continua ameaçando com o cassetete. Escutamos ainda o rangido da pá no piso de pedra. Continuamos tentando descobrir o que se prepara. Enquanto passava, ouvi:

— Eles vão nos fuzilar aos poucos, em grupos pequenos.

O espanhol continua gritando. Ele deve saber.

Grupos pequenos. É fácil em uma estrada deserta. Com todos juntos, sempre há de haver quem fuja, é possível errar. Grupos pequenos. Vagamos pela igreja, agora iluminada. Escutamos "grupos pequenos" por todo lado.

Os italianos e os franceses são sempre os mais ameaçados. Hoje, entretanto, todos aqueles com quem cruzamos correm tanto perigo quanto nós. Tanto o que come tranquilamente seu biscoito quanto o que esfrega o piso de pedra ou aquele que olha para o chão, desanimado. Talvez hoje não nos suportem mais. Um SS percorre a igreja. Seu rosto não expressa nenhuma emoção em particular. Talvez saiba que daqui a pouco estaremos todos estirados no chão. Talvez não saiba nada. Ele anda e vigia como ontem, como anteontem, como há seis meses. Num lampejo, me vejo de pé, de costas para uma vala e Fritz à minha frente, munido da metralhadora. A imagem se apaga, retorna. Para os colegas doentes, já acabou, para o pregador evangelista e para Cazenave também. Agora temos pressa de sair desta igreja; melhor que tudo acabe de uma vez.

Saímos. Formamos filas de cinco na frente da igreja. Contam-nos, como de hábito. Depois chamam vários sujeitos, pelos nomes, para a carreta. É a primeira vez que chamam pelos nomes para a carreta. Charlot e o *Stubendienst* que dormia com o *Lagerältester* são chamados — estes para o ajuste de contas —, mas também alguns políticos, dentre eles Gilbert.

A coluna se põe em marcha. O céu está nebuloso. Primeiro descemos a rua por onde chegamos ontem. Depois, saímos da cidade por outra estrada lamacenta. Um sujeito com diarreia tenta chegar à dianteira da coluna para, ao terminar, não se encontrar na altura da carreta.

Ao lado da carreta estão Fritz, um outro kapo, um SS e o cozinheiro grandalhão que dirige a manobra.

Viramos à esquerda, rumo ao sul; de cada lado da estrada estendem-se terrenos vazios, cobertos de bruma. Deserto. Nem um muro, nem uma casa.

O SS apita. A coluna estaciona. Bem perto da estrada, à nossa direita, uma larga e comprida vala. Vou mijar na vala. Nem terminei e me volto, sentindo-me encurralado. Entretanto, aparentemente, nada acontece de anormal. Tudo está calmo. Mas eu já me sinto dentro da vala e saio dali. A pausa é curta. Os sujeitos da carreta são substituídos.

A estrada continua subindo através do terreno árido e, de vez em quando, por arvoredos esparsos. Alcançamos o início do Harz. Na coluna, a carreta é como um abscesso. Ninguém quer ficar perto, num secreto desassossego, num jogo de fugas, de esquiva, de cálculos. Afastamo-nos, tentando nos misturar aos poloneses, que se encontram à frente da coluna.

— *Zehn Rusky!*

Foi o SS quem chamou os dez russos, que se apresentam, sérios. Os mesmos russos que desciam, anteontem pela manhã, do bosque em Gandersheim, após terem enterrado os colegas.

A coluna retoma sua marcha. Os que haviam sido designados para a carreta, pela manhã, na saída da igreja, já não estão mais ali. Não olhamos para trás, andamos apressados. Não andamos, fugimos. Tentamos ganhar o começo da coluna e ficar o mais longe possível da carreta. Ninguém fala. Estamos sozinhos na estrada, não se vê uma casa sequer nos arredores. E sempre a bruma sobre o terreno árido. Andamos por um bom tempo, em meio a um pânico silencioso.

A rajada, prolongada. Primeiro um estrondo, seguido de tiros isolados. Logo após, o silêncio.

— Não se virem, porra! — grita o cozinheiro grandalhão que comanda a carreta.

Avançamos mais rápido.

— *Los, los!* — ordena o cozinheiro aos que puxam a carreta. Em pequenos grupos. Em três horas, não sobrará mais ninguém. Não devemos reduzir a velocidade. Os que estão agora na carreta serão abatidos. É a vez deles. "*Los, los!*" Eles puxam. Andamos ainda mais depressa.

Algo se passa lá atrás. Fritz diz: *Du, zurück!* O sujeito para, não quer ir para trás. *Zurück!*, repete entre os dentes. O outro enrubesce. *Zurück, los!* O sujeito tenta argumentar; Fritz não é um SS, nós o chamamos pelo nome. *Zurück!* Nenhuma hesitação em seu rosto. Tampouco qualquer cólera visível. Não obstante, ele mata. Pausa. Outros são designados para a carreta. Os que a deixam entreolham-se um instante, apavorados, mas não são detidos. Rapidamente misturam-se à coluna; não é desta vez que serão mortos. Gilbert chega lá de trás e vem em nossa direção. Está muito pálido.

— Eu estava na primeira fornada; Fritz queria acabar comigo. Escapei por pouco...

A fala sai entrecortada.

— Estou marcado; não olhem para mim quando eu falar.

Volta para o início da coluna. Sempre a bruma. Subimos. Esfriou. Desta vez, não mataram os da carreta. Agora andamos na ordem: russos, poloneses, italianos, franceses. Andamos um tempo. Em seguida, o *Blockführer* SS, que se encontrava na frente, aproxima-se do meio da coluna. Plantado na beira da estrada, as pernas afastadas, olha a coluna passar. Observa. Os italianos estão passando. Ele procura.

— *Du, komme hier!*

Apontou o velho com os enormes carbúnculos nas costas. O velho sai da coluna, o rosto exaurido, os olhos desvairados. Permanece à beira da estrada, perto do *Blockführer*. Nós o fitamos. Ainda tem cinco minutos de vida à beira da estrada. Passamos. Nada podemos fazer. Estamos completamente exaustos, a maioria incapaz até mesmo de correr.

O SS continua:
— *Du, komme hier!*
Outro italiano sai da coluna, um estudante de Bolonha. Eu o conheço. Olho para ele. Seu rosto ficou rosado. Fito-o atentamente. Ainda trago este rosado nos olhos. Permanece na beira da estrada. Ele tampouco sabe o que fazer com as mãos. Tem o ar confuso. Passamos diante dele. Ninguém o prende, não tem algemas, está sozinho na beira da estrada, perto da vala, e não se mexe. Espera Fritz, vai se entregar a Fritz. Passamos. A "pesca" continua. Agora é a vez de os franceses passarem. Aprumamo-nos na tentativa de não demonstrar nenhum sinal de fadiga. Tirei os óculos para não me notarem. Tentamos nos camuflar o melhor possível do lado direito da coluna. O SS encontra-se à esquerda. Andamos rápido, de olhos baixos, aproveitando para nos escondermos atrás de alguém mais alto. O principal é não encontrar o olhar do SS.

O brilho do olho, a faculdade de julgar. Isso é o que desperta a vontade de matar. É preciso ser manso, dócil, já inerte. Cada um tem consciência do perigo de seus olhos.

O SS voltou-se na direção dos italianos.

Outro.

Sai da coluna e também permanece na beira da estrada.

Alguns instantes se passam.

A rajada. Sempre a mesma coisa, tiros a rodo, como se uma caçamba fosse descarregada, seguidos de tiros isolados. Sonoridade terrível. Penetra em nossas costas, nos empurra para a frente. Silêncio do bosque. Não é o barulho da caça, nem o barulho da guerra. É um barulho de temor solitário, de terror noturno, diabólico. O último tiro isolado é para um olho que ainda brilha.

O terror aumenta na coluna sempre silenciosa, avançando sempre no mesmo passo. Ninguém olha para trás, tudo se passa às nossas costas. Continuamos a andar. Não fazemos a menor ideia do que vai acontecer. Esperamos. Eles poderiam matar uns cinquenta desse jeito, depois mais cinquenta. Talvez nos matem a todos, mas, enquanto restar apenas um, a coluna existe e prossegue, as costas arqueadas. Não há outra coisa a fazer. Mesmo quando não restarem mais de vinte, eles ainda esperarão, avançarão ainda, até os SS não terem mais coluna a conduzir. Haveria de se acreditar que somos coniventes com eles. Éramos pouco mais de quatrocentos na partida. Os SS chegarão sozinhos com os kapos e, sem dúvida, com os poloneses. Vimos a morte no italiano. Ele se tornou rosado depois que o SS lhe disse: *Du, komme hier!* Ele deve ter olhado ao redor antes de corar, mas fora ele o escolhido, e quando não teve mais dúvidas ficou rosado. O SS que buscava um homem para matar, não importa qual, havia "encontrado" justamente ele. E, ao encontrá-lo, não teria parado e se perguntado por que ele e não outro? E o italiano, quando compreendeu tratar-se de si próprio, teria aceitado essa fatalidade? Não teria se perguntado: "Por que eu e não outro?" O prisioneiro ao seu lado deve ter sentido metade do seu corpo exposto.

Não falamos. Cada um de nós tenta estar preparado. Cada um tem medo por si; mas talvez nunca tenhamos nos sentido tão solidários uns com os outros, tão substituíveis por qualquer outro, não importa qual. Preparamo-nos. Preparar-se consiste em repetir "Vão acabar conosco em pequenos grupos" e em se ver de pé diante da metralhadora. Acredito que estamos preparados para morrer, mas não preparados para ser escolhidos ao acaso para morrer. Se isso acontecer comigo, ficarei surpreso e meu rosto ficará rosado como o do italiano.

A estrada sobe. A neve derrete sobre as escarpas. Novamente nos detemos. É minha vez de ir para a carreta. Novamente partimos. Eu empurro por trás. A meu lado, H., um normando que conheço pouco. O cozinheiro alto tem um bastão comprido na mão. Aos berros nos manda empurrar com mais força, com a intenção de, sem a menor sombra de dúvida, distinguir-se de nós.

— Não olhem para trás, avante, avante!

A subida é íngreme. Na frente, colegas estão presos ao timão por correntes nos ombros. Arquejamos, desaceleramos.

— Avante, avante! — berra o cozinheiro.

Atrás, colados uns aos outros, nos atrapalhamos, empurramos com as mãos. Atrás de nós, apenas os kapos e os SS. É aqui que tudo se resolve. Estamos no limite. O vazio atrás de nós nos enrijece as costas. Pressionamos o nariz na carreta.

Ao meu lado, H. chora.
— Eu vou morrer.
— Se vamos morrer, morreremos todos — diz um colega do outro lado —, não vai ser só você. Aguente mais um pouco.

Ele fala chorando:
— Não, eles vão acabar comigo. O espanhol reparou em mim, me deu um pontapé, me chamou de preguiçoso.
— E daí?

H. tropeça, perde o lugar na carreta, fica um pouco para trás. Tenta recolocar as mãos. Não quer que o vejam à toa. É necessário ter as mãos na carreta.

O cozinheiro alto briga com ele:
— Ei, você aí, o alto, não vai empurrar um pouquinho, não?

H. se precipita, tenta colocar a mão na carreta. Nós o ajudamos. Aterrorizado, ele choraminga:
— Está vendo? Eles repararam em mim, vão me matar. — Recomeça, a voz trêmula: — Você vai ver minha mãe, está bem? Explicará tudo?
— Porra, não fique nesse estado, estamos todos na mesma situação, ora essa! — responde o colega.

Falam em voz baixa. Agora H. se cala, as lágrimas escorrem pelas bochechas. Ao meu lado, o que respondeu a H. não diz mais nada. Estamos quase no cume da encosta. Começamos a ficar exaustos. Sinto as pernas e os braços. Esqueço os que estão atrás, penso apenas na marcha da mula, na cabeça subindo e descendo. Chegamos ao cume. A carreta pesa menos.

O apito. Estancamos a carreta. Eles estão lá atrás. Juntam-se a nós. Não nos voltamos. Eu os sinto às minhas costas, sinto Fritz.

Ele não disse *zurück*. Deixamos a carreta com vagar e nos juntamos à coluna. O rosto de H. se recompõe, depois sorri.

É o fim do dia; descemos às pressas as encostas do Harz. Os bosques estão escuros. Chegamos a uma cidadezinha. O cume da encosta marcou a ruptura deste dia. Agora não fuzilam mais.

Podemos relaxar e conversar. O dia foi difícil, já o sabíamos na partida. Talvez recomece amanhã, mas antes teremos uma noite de sono. Já deveríamos estar habituados. Atravessamos a cidade e chegamos a uma serraria, perto da estação. Chafurdamos na lama e na água. Já anoitece. Entramos na serraria. Não há luz. Pego duas tábuas e as coloco lado a lado no chão; são ásperas, cheiram a madeira recém-derrubada. Estendo-me em cima.

Bebi água gelada no Harz, a barriga dói, preciso me levantar. No escuro, passo por cima dos corpos. Perto da porta há um balde de metal; sujeitos estão em volta; um deles sentou-se no balde; os outros, diante dele, batem os pés, impacientes.

— Anda logo, anda...

O que está sentado reclama:

— Não temos tempo nem de cagar.

Outro protesta:

— Levanta, depois você volta, não aguento mais. — O sujeito se levanta; o outro se precipita sobre o balde e, por sua vez, demora. O que se levantou segura as calças, acha que o outro já está ali há tempo demais.

— Eu cedi o lugar para você, agora sai e volta depois.

O outro não se mexe, gemendo baixinho. O que se levantou bate na cabeça do homem sentado.

— Você disse que eu estava demorando, né? Imagina então você.

Atrás começam a reclamar.

— O que está acontecendo? Anda logo, porra!

O sujeito continua sentado; os outros se aproximam mais e mais. O círculo se fecha ao seu redor, quase o sufocando. Levanta-se sem dar uma palavra, mas não vai embora.

— Eu estava aqui antes de você.

Os dois se empurram, um terceiro senta-se. Ninguém diz mais nada. Queixas e, a seguir, paciência — é tudo.

Deixamos a serraria ao alvorecer. Há quatro dias partimos de Gandersheim. O ar está muito frio. Margeamos um riacho que atravessa uma campina, depois o cruzamos e ganhamos o sopé de uma colina. Ao redor, as escarpas estão cobertas de árvores. Conheceremos todos os céus da Alemanha, a enorme desordem das nuvens. Escalamos a comprida vereda. A coluna estreitou-se e andamos um atrás do outro. Atingimos uma estrada ladeada por florestas. O relaxamento de ontem à noite passou. Temos medo dos bosques, da bruma. O sono bebeu a paz que, à custa da fadiga, de tanta fadiga, voltáramos a recuperar ao descer o Harz. Estamos de novo magros, vazios, prontos. Se recomeçarem, mais uma vez voltaremos a nos colar uns aos outros, mais uma vez fugiremos da carreta, mais uma vez curvaremos as costas e mais uma vez continuaremos acelerando o passo. O dia anterior não nos deixou indiferentes, como chegamos a acreditar ontem à noite. Estamos tão inocentes quanto ontem de manhã. Nossa angústia permanece intacta, o repouso a refez. Para cada um, o assunto talvez tenha sido simplesmente adiado mais um dia. Ontem nos preparamos, tivemos medo por nada, e a tensão, como uma enorme bolsa de ar, esvaziou-se na descida do Harz. Quando abrimos os olhos esta manhã, ela pesava de novo no peito. Alguém disse o que todo mundo pensava:

— Eu queria que já fosse hoje de noite.

Esta noite estaremos a vinte ou trinta quilômetros; talvez a simplesmente dois ou três quilômetros daqui, sob as árvores. Mas a pausa chega, depois outra. O dia será calmo. O sol está bem alto no céu. Atravessamos pequenos vilarejos. Já colocaram obstáculos nas estradas, mas não ouvimos o canhão. As montanhas bloqueiam o som. Avançamos. Aproximamo-nos da etapa final. A fadiga retorna, a fome e, de repente, também a paz. Relaxamos. Temos sede. Colegas deixam a coluna e correm na direção das valas à beira da estrada. Ajoelham-se, tentam pegar água com as mãos. O SS os viu. Atira, mas erra. Embora não fuzilem hoje, trazem a arma sempre preparada; há sempre rajadas à espera.

No céu, um avião de cauda dupla como uma libélula! Somos obrigados a nos esconder na trincheira. Desliza, patrulhando as estradas. Solta uma bomba. Outros aviões chegam, o ronco quente nos acaricia. Os SS se escondem, enquanto nós olhamos para o ar, tranquilos e relaxados. O alerta passou, a coluna volta à forma. Chegamos a Wernigerod. Devem ser umas seis da tarde. A luz do céu é amarela. Entramos na cidade por aleias arborizadas. Cidadezinha calma. Há gente passeando pela calçada ou voltando para casa. Mercearias. Padarias. Lojas.

Ontem de manhã, enquanto matavam nossos companheiros, essa gente passeava assim pela calçada, o açougueiro pesava a ração de carne e, talvez, uma criança estivesse de cama, o rosto rosado observado pela mãe preocupada. Também o italiano na estrada ficou com o rosto rosado; a morte penetrava docemente em seu semblante, e ele não sabia como se comportar para manter o ar natural. A mãe do menino talvez agora nos observe passar: prisioneiros. Há cinco minutos nos ignoravam, como também esta manhã, quando tínhamos medo e alguns colegas viam a mãe. Quanto a esta mãe aí, nos olha e nada vê. Solidão desta cidadezinha entorpecida após o alerta. Estão perdendo a guerra, seus homens morrendo, as mulheres rezam por eles. Quem os vê estraçalhados pelas granadas e quem ontem via, no Harz, os que acabavam de ser metralhados sob as árvores? Quem vê a criancinha de rosto rosado em seu leito e ontem via o italiano de rosto rosado na estrada? Quem vê as duas mães, a da criança e a do italiano de Bolonha? E quem refará a unidade de tudo isso e explicará essas distâncias enormes e essas similitudes? Mas todo mundo pode ver.

Enquanto estão vivos, ocupam um lugar, desempenham um papel. Todos os que ali estão nas calçadas, passando de bicicleta, nos olhando ou não, desempenham um papel nesta história; todos têm alguma relação conosco. Embora deem pontapés na barriga dos doentes e os matem, embora obriguem os que têm diarreia a permanecer trancados numa igreja e, em seguida, os fuzilem por terem cagado; embora berrem *alle Scheisse, alle Scheisse* pela milionésima vez, há entre nós e eles uma relação que nada pode destruir. Eles sabem o que fazem e sabem muito bem o que vem sendo feito conosco. Sabem-no tão bem como se eles fossem nós. E são. Vocês são nós mesmos! Olhamos cada um desses seres que "não sabem"; gostaríamos de nos instalar em cada uma dessas consciências que gostariam de ter percebido apenas um pedaço de tecido listrado, ou uma fileira de homens, ou um rosto barbudo ou o SS marcial à frente. Não nos conhecerão. Cada vez que atravessamos uma cidade, é um sono de homens que passa através de um sono de homens. É isto a aparência. Mas nós sabemos tudo, tanto uns quanto os outros, e uns de outros.

Atravessando Wernigerod, dirigimos nosso olhar para os das calçadas. Nada lhes pedimos; bastaria apenas que nos vissem, que não deixassem de nos notar. Nós nos mostramos.

Paramos perto da estação e sentamos no chão. Pertinho, há um hospital militar com grandes sacadas envidraçadas. Vemos passar os chapéus brancos das enfermeiras. Vemos alguns feridos sentados no terraço; uma enfermeira circula entre eles conversando e sorrindo. Olhamos essa mulher limpa e sorridente, esses homens vestidos de pijamas brancos ou cinza. Podem se levantar, podem se sentar. Levam leite para eles. Estendidos ao ar livre, são amados. Quando vejo essa mulher aproximar-se deles, a imagem do amor é tão forte que sinto, por eles, o aconchego. Hospital limpo onde o mal é luxuoso, onde não se apodrece, onde se deve morrer com a alma cantando. Ainda um dia de felicidade, de calma, de consciência limpa, na véspera da catástrofe, pois somos nós, a *podridão*, os vencedores.

Novamente partimos. Saímos da cidade. A superfície do campo é plana. Vago horizonte de colinas. Definitivamente as montanhas ficaram para trás. Aqui e acolá, casinhas de chaminés fumegantes. A tarde cai. Desde a saída de Wernigerod, arrasto a perna. Meus joelhos estão travados; ando curvado para a frente, de cabeça baixa. De vez em quando a levanto, respiro profundamente, tento sair do torpor, mas são as pernas que estão exaustas.

Tento modificar, vigiar esse perigoso modo de andar. Estando os jarretes, ergo alternadamente os pés do chão como se pedalasse, mas minhas pernas são de chumbo; minha cabeça também pesa muito. Se eu fechasse os olhos, desmoronaria. À direita, no meio de um campo, avista-se um grande silo. Provavelmente é para lá que vamos. Não há outro lugar à vista onde possamos parar. Aos poucos nos aproximamos. Meus pés arranham cada vez mais o solo; do campo, nada vejo além desse teto. Sei que ao chegar vou cair. Não consigo fazer qualquer outro esforço senão arrastar meus pés. Não poderia sequer virar a cabeça ou me abaixar. Estou com dor de barriga, mas não quero parar na beira da estrada. Não me levantaria mais. O teto se aproxima. Calculei minhas forças considerando essa distância. Estava certo de não conseguir ir além. Entretanto, estamos na altura do galpão e não viramos à direita, mas o ultrapassamos. Não sei como ainda posso avançar, qual o limite de minhas forças. Sou dois pés que se arrastam, um depois do outro, e uma cabeça que pende. Eu poderia cair aqui mesmo, poderia mesmo ter tombado antes de alcançar o galpão; mas não há um momento em que se deva cair, em que se possa cair. Cairei ou não e, caso caia, terá sido uma decisão do meu corpo. Já não sei mais. O que sei é que ando, apesar de não poder mais andar.

Ao longe, vislumbro uma comprida chaminé de tijolos. Talvez seja lá. A estrada sobe ligeiramente. A noite está clara. Hoje não fuzilaram. Dentro em breve dormiremos, mas não sei se chegarei até a chaminé. Ela cresce. Não paro de dar passos e de avançar; ganho a estrada, como os que não estão fatigados. Avanço, enquanto me pergunto se vou chegar. A decisão do corpo é inabalável. Vai além de me interrogar, de martelar "é preciso, é preciso", ou de deixar pender meu pescoço; os pés continuam avançando. Entretanto, não aguento mais, não aguento mais e a chaminé está lá. Viramos à direita. Ainda cem metros. Está ali. Chegamos, não aguento mais, chegamos, mas ainda andamos, está ali. A coluna se deteve. Deito no chão. Eu poderia ter continuado.

Dormimos ao lado de uma olaria, em um galpão para feno e palha. Deitei perto de Paul e de Gaston, os três encaixados uns nos outros, num espaço exíguo. Comboios militares e até mesmo tanques passaram pela estrada esta noite. Novamente ouvimos o canhão. Não me sobram pão nem biscoitos. Não nos distribuirão comida. É preciso encontrar qualquer coisa para comer. Acima de nós, pelas vigas, vemos sujeitos carregando sacos cheios. É amido de beterraba, semelhante a grãozinhos duros de aletria, marrons e brancos, guardado em grandes sacos de papel, nos corredores de um dos prédios da olaria.

Por uma escada, chego a um piso em cujo centro há um monte de feno. Neste andar, sentinelas vigiam as laterais abertas do galpão. Fiquei bem arqueado para atravessar uma abertura na parede. Encontrei-me em um corredor escuro e desci devagarzinho as escadas. Ao seu pé, uma montanha de sacos. Vejo dois sujeitos esconderem-se nas sombras. Quando me reconhecem, voltam para perto do saco furado. Com as duas mãos deixam cair o amido no próprio saco e, uma vez cheio, se vão. Estou sozinho. Abro meu saco de pano, mergulho a mão no amido. É seco. Minha mão afunda; o saco está cheio, é inesgotável. Passo-o para o meu saco. Desta vez, não são pregos, isto é comível. Diminui a quantidade de amido do saco; apresso-me, o meu já está lotado. O amido continua a vazar do saco de papel, esparramando-se pelo chão.

Subi novamente as escadas, de volta para onde há luz. Curvei-me de novo para atravessar o espaço descoberto, o saco de amido na mão. Penso no saco furado e no amido vazando. Tenho certeza de que dentro em breve o kapo descerá as escadas. Aquele saco não pode continuar vazando daquele jeito, é demais. O kapo verá um detento de costas, o braço enfiado no saco. Aparecerá de repente, no momento em que a mão estiver lá dentro. É preciso que alguém seja pego assim. Podia ser eu, mas não serei eu. Como um punhado de amido. É uma matéria gomosa, dura, porém flexível, açucarada, deixando ao final um leve sabor de beterraba e que se mastiga com dificuldade. Depois de engolir alguns punhados, dá enjoo.

Lá fora, sob o sol, Paul, Francis e eu acendemos uma pequena fogueira entre duas pedras, onde colocamos uma gamela cheia de amido e de água. À nossa volta, grupinhos de três ou quatro também acendem o fogo. Os que conseguiram achar batatas as cozinham. Outros fervem o amido. A fumaça escurece o rosto, os olhos lacrimejam. Curvados, sopramos para atiçar o fogo. O amido começa a tostar; quando ferve, deixamos que se reduza, obtendo assim uma espécie de xarope de açúcar. Quem tem garrafas o armazena para depois. Comemos o amido fervido. É horrível e vai piorar nossa diarreia.

Um alerta. Os kapos se precipitam sobre as fogueiras e as destroem a pontapés. Entramos no galpão com o amido e a gamela. Comi demais. Acabei passando mal. Agora só posso comê-lo cru, aos pouquinhos.

Vi camaradas com batatas. Parece que há muitas numa sala escura no térreo da fábrica de tijolos. Vou até lá. Peguei o mesmo caminho de antes, quando fui buscar o amido de beterraba, mas no topo das escadas virei à esquerda, atravessei um celeiro e alcancei outra escada. Desci. Estava escuro. Ao avançar, dei num corredor com aberturas na altura da cintura; essas aberturas davam no pátio da fábrica de tijolos, onde vi sentinelas. Fui até o final do corredor, onde encontrei uma porta. Empurrei-a e me vi no escuro. Avanço, os braços estendidos como um cego, sem sentir nada. Continuo avançando e, ao cabo de um momento, encontro sacos. À força de tatear, acho uma abertura e enfio o braço. Sinto coisinhas redondas e duras debaixo da mão. Apressando-me, tento pegar as maiores. Guardo-as em minha sacola. Depois, ouço um barulho. Se fosse uma sentinela, a lâmpada elétrica seria acesa. Não me mexi. Os passos se aproximam, estão perto de mim; a mão procura, alcança um saco. Nenhuma palavra. Saio.

Encontrei Francis junto ao fogo que os colegas tinham voltado a acender. O peso da sacola é reconfortante. Não precisamos mais olhar os outros cozinharem com olhos dos quais nos envergonhamos. Não olharemos mais a chama entre as duas pedras consumindo-se à toa, nem as pedras nuas; não nos olharemos mais, revezando-nos para soprar os tições na vã tentativa de manter o fogo aceso. Nós também vamos "cozinhar".

— Antreten!

Os kapos chegam. Vamos embora escondendo as batatas debaixo da coberta. Pisoteiam de novo o fogo. As duas pedras ficam no chão, a lenha ainda um pouco fumegante. A fumaça deixou nossos olhos vermelhos, o rosto escuro, mas não comemos. Voltam a falar em nos matar. O intérprete russo afirma que isso é certo. Não têm mais com o quê nos alimentar. Os Aliados estão a trinta quilômetros, e eles não sabem mais o que fazer conosco. Todavia, na granja vizinha, fervem água com pedaços de cenoura para nós; cada um ganhará meio litro. Próximo à granja fica o silo de onde vêm as cenouras. Precipitamo-nos, mergulhamos as mãos e pegamos algumas, lamacentas, que esfregamos um pouco e comemos.

Depois de ter tomado a sopa, partimos. Faz calor. Seguimos rumo ao sul. As batatas estão dentro do saco, é tudo o que resta para comer. Ao atravessar um vilarejo, o saco fura. Não posso me abaixar para recolhê-las. Devo economizar forças. Quando consigo estancar a hemorragia, restam umas cinco ou seis. L., que está na minha frente, sofre muito por causa das hemorroidas. Dois colegas o sustentam. Na olaria, sangrava terrivelmente. Está muito desanimado. Afirmou ter certeza de que não chegaria.

Nas placas das bifurcações, lemos "Halle", "Leipzig". Desistimos de saber aonde vamos. Não identificamos as paisagens que percorremos na geografia da Alemanha. Estradas que sobem e descem, curvas sob o sol que vai baixando imperceptivelmente. Na coluna, cessa a opressão que pesava durante a travessia do Harz. Não temos nenhum motivo para nos tranquilizarmos, porém estamos todos muito fatigados. O nascimento desta primavera nos atormenta; o corpo está fraco demais para suportá-lo. A luz está amarela sobre os campos que secam; a beira da estrada, branca de poeira. Prisioneiros de guerra quebram pedras para construir obstáculos que impeçam a passagem dos tanques. O suor escorre nos rostos queimados. A coluna arrasta-se diante deles. Há franceses entre os prisioneiros. Também vimos franceses passeando de mãos nos bolsos, na cidadezinha por onde acabamos de passar. Somos mais inimigos do que os que quebram pedras, que, por sua vez, o são mais do que os que passeiam pela cidade de mãos, nos bolsos.

———

Já é de tardinha. Estou enganchado no timão da carreta. Fomos ultrapassados por comboios de veículos camuflados sob galhos e por ambulâncias. O barulho do canhão agora é bastante nítido. Seria possível assinalar com o dedo a direção onde se encontra o tanque.

Já tem um bom tempo que puxo a corrente; do outro lado do timão, outro também puxa. Não puxamos por igual. Amiúde o veículo vira para a esquerda e, quando está prestes a ser abalroado por um caminhão, nós o desviamos com força na direção da vala e os kapos berram. A corrente machuca meu ombro; às vezes a afrouxo e respiro fundo. Civis estão parados na porta de casa; veem passar os comboios fugindo do *front* e nos olham. Assim, a imagem que têm da derrota não lhes desperta apenas lástima, pois nós, inimigos ainda vivos, estamos integrados ao curso dessa derrota que, nos engarrafamentos, roçamos em seus próprios feridos. Essa imagem poderia ser odiosa e grotesca. Estamos sobrando. Mas os rostos dessas pessoas assumiram uma expressão definitiva desde o início da derrocada. É com certo olhar que viram passar suas tropas em debandada, e quando chegamos, de tão aflitos, com tanto para lastimar, seus olhos não têm a força de mudar o olhar, de adaptá-lo a nós. Quando muito, os menos abatidos trazem uma dureza no rosto, o sinal de um despertar. Mas, em geral, os olhos já estão pesados demais de angústia; ao passar, recolhemos exatamente o desespero e a comiseração provocados pela visão dos seus, que nos precederam, e que aqueles que nos sucedem encontrarão.

Atrás de nós, à esquerda, o céu ilumina-se intermitentemente de vermelho. Durante a fuga, cada vez mais sentimos que não servimos para nada. Com a corrente no ombro, não pertencemos mais nem aos que fogem nem aos que avançam, mas aos SS e aos kapos que ali estão. Esses são nossos senhores pessoais; nós, seus escravos particulares. Para onde nos obrigam a andar? Temos certeza de que desconhecem o destino. Começa mesmo a nos parecer espantoso que, em meio à derrocada, existam alemães uniformizados cuja função consista em se ocupar de nós. Esta guerra não podia terminar com uma derrota sã. Era preciso que a Alemanha se visse apodrecer. O nazismo era uma realidade, precisava impor sua marca até o fim. No rosto e no corpo de seus soldados, apenas ferimentos novos, enquanto em torno dos rostos descarnados dos nossos, apodrecendo nas valas, há moscas.

Anoiteceu. Não sinto nada além desta corrente no ombro. Há uma imagem do escravo à qual nos habituamos desde os tempos de escola. Estátuas, quadros e histórias a representam. Mas nós não sabíamos — eu, em todo caso, não sabia — que eu próprio podia assumir tal forma, ser eu mesmo esse escravo do antigo Egito, esse cativo dos assírios... Cada um traz na mente uma pose clássica do homem escravo. Dissipados todo terror e toda angústia, vejo minha própria imagem nessa pose. Ponho-me a me descrever interiormente. Uma vez desencadeado, meu pensamento acelera e repito os mesmos fragmentos de frases, num arquejo: "A corrente no ombro, preso ao timão, a noite, a cabeça curvada para o chão, meus pés que vejo deslizando para trás, meu suor, meu suor..." A boca cerrada, repito e torno a repetir o fragmento de frase.

Depois, mais uma vez, a coluna se deteve. Larguei a corrente e imediatamente me deitei na vala. Os colegas também se estenderam e ficaram imóveis. Talvez fiquemos aqui. À esquerda, o clarão vermelho elevou-se no céu. Não ouvimos mais um simples barulho isolado, mas o ribombar do canhão. Parte do lugar onde se é livre: embora reduzida, a distância ainda existe. O ribombar faz tremer SS e kapos. Eles discutem no meio da estrada. No rosto, a noite é tépida; não estamos perdidos. Basta abrir os olhos. A partir de agora o céu não mais cessará de acender e de apagar. Voltamos a partir e voltamos a nos deter mais adiante, em um entroncamento. Deitei-me no cascalho à beira da estrada. Não sei onde estão Paul e Francis. Quase todos os camaradas estão exaustos e se separam; duplas se desfazem, se abandonam. Todos jazem no chão, imóveis.

Chegamos finalmente diante de grandes construções que dão na estrada. Entramos num pátio e, em seguida, num galpão. Desabo na fina camada de feno.

———

Faz sol. Francis continua estirado no feno. Não quer ir embora. Ocupa pouco espaço, encolhido debaixo da coberta. Seu rosto está encovado, pálido. Enfiou a boina até as orelhas. Levanta as pálpebras quando Paul se aproxima. Seus olhos negros estão úmidos.

— Francis, levanta daí, vamos embora — chama Paul.

— Não, vou ficar aqui — responde, ao mesmo tempo exausto e irritado.

— Você está maluco? Não sabe o que te espera?

Paul agacha-se ao seu lado.

— Vamos ser libertados, anda.

Paul o sacode pelos ombros.

— Levanta, você tem que levantar!

Quando o solta, Francis volta a desabar.

— Não, não aguento mais — resmunga em tom muito fraco.

Paul caminha na direção da porta do galpão. Nada lhe resta a fazer senão dizer "você tem que". Talvez Francis realmente não aguente mais. Paul não pode saber. Francis tampouco. Ele disse: "Vou ficar aqui", o corpo entregue a esse abandono. Talvez tenha chegado a sua hora — a hora em que ele se recusa a passar mais tempo ouvindo falar disso tudo, como houvera a do evangelista, a de Cazenave. Francis sabe que, se decidir ficar, será morto, mas Paul nada pode fazer. Não tem sequer meios de medir a extensão da sua impotência ou a fatalidade da decisão de Francis. Tudo se passa numa bruma; Paul mal teve forças para insistir. Francis está deitado e Paul de pé, mas a posição de Paul em relação ao outro é incerta. Ele empregou parte de sua energia para simplesmente dizer: "Levanta." Falta-lhe convicção.

O reagrupamento tem lugar no pátio. Francis está entre nós. Retomamos o caminho que havíamos seguido ontem, mas no sentido inverso. Pronto, agora andamos em direção ao *front*. Ladeamos um campo de aviação. O SS que nos conduz não sabe aonde ir, mas a coluna prossegue. Ele aborda um oficial aviador alemão e consultam um mapa. Escutamos a palavra *"Franzosen"* na conversa: diante de nós, a uns trinta quilômetros, o *front* teria sido tomado pelos franceses. É a primeira vez que, em sua língua, captamos uma alusão tão direta à guerra. Todo mundo agora conhece a situação, e o SS deve sentir mais do que nunca a nossa presença. Não podemos avançar na mesma direção. Na verdade, viramos e pegamos uma estrada vicinal à esquerda.

O tempo está abafado. Vamos começar a andar em círculos. A estrada vicinal é comprida, ladeada por velhas árvores nodosas. De cada lado, campos sem cor.

Só me sobraram algumas batatas cruas. Desde ontem de manhã não como nada, porém não tenho fome. Minha língua está grossa, a nuvem de calor gruda como cola. Não faz muito tempo que partimos; andamos assim há apenas seis dias, mas a coluna já perdeu a forma. Não conseguimos mais nos manter no lugar, ao lado dos colegas; já não temos mais forças para manter esse laço elementar que nos faz — ou nos fazia — seguir ao lado do camarada escolhido. Tampouco forças para falar. De vez em quando um: "Tudo bem, Paul?" "Tudo." Um recobrar de respiração, um breve despertar, como uma síncope nesta meditação das costas e dos pés para onde logo retornamos. Cada um de nós está sozinho. Já nem fazemos mais previsões. A libertação gira ao nosso redor, sobrevoando como o avião que passa. Estamos ali, levantamos a cabeça e depois olhamos para a frente: nosso senhor é o mesmo, vestido de verde. Vão nos deixar morrer com os olhos voltados para cima?

No final da estrada vicinal, algumas casas e uma pontezinha. O riacho está sujo. Diante das moradas, colocaram baldes d'água. Os kapos falam de nós. As pessoas lhes dão cerveja. O SS que comanda a coluna fala com um dos notáveis do vilarejo, deixando-o aparentemente perplexo ao lhe mostrar seu circo. Os kapos tentam fazer as mulheres rirem, apontando alguns camaradas. Elas não riem. Toda a população do pequeno vilarejo está presente. Os rostos demonstram perplexidade. Olham para nós e parecem completamente desconcertados; nunca mais, sem dúvida, se confrontarão com tão absoluto mistério. Foram forçados a transpor limites humanos, dos quais dão a impressão de não conseguir retornar. As crianças olham esses desconhecidos, mais extraordinários que os de seus livros de figuras, homens de territórios ameaçadores, homens que fazem maldades e vivem incríveis aventuras, todos os homens que os deixam tremendo à noite e sobre quem já fizeram perguntas ao pai e à mãe. Observam-nos beber água nos baldes. É nos olhos dessas crianças que podemos ver no que nos convertemos. Quando nos aproximamos dos baldes, as mulheres se afastam. Uma delas inclina-se para mudar o recipiente de lugar, no momento em que me inclinava para beber. Eu disse: "*Bitte?*" Ela estremeceu e rapidamente largou o balde. Fitei-a com naturalidade, creio eu, e curvei-me para pegar água. Ela não se mexeu. Quando me ergui, fiz-lhe um leve aceno de cabeça. Ela permaneceu imóvel e eu fui embora.

Durante um instante, diante dessa mulher, conduzi-me como um homem *normal*. Eu não me via. Mas compreendo que foi o humano em mim que a fez recuar. "Por favor", dito por um de nós, devia soar diabólico.

Deixamos o vilarejo e pegamos uma nova estrada vicinal, paralela à que ladeia o campo de aviação, mas na direção oposta. Voltamos ao ponto de partida desta manhã. A tarde está tórrida. Paul, alto, amarelado, caminha ao meu lado. Avança sobre as pernas rígidas. Às vezes faz uma careta, ergue os ombros para respirar. Seus olhos são negros, pequenos e estão afundados nas órbitas. A coluna anda muito devagar. Começamos a vagar de manhã em volta do campo de aviação, agora à nossa esquerda. Aqui e acolá, montes de palha fornecem sombra.

— Vou parar, não aguento mais — diz Paul.

Há tempos não falava; deteve-se. Estamos no final da coluna.

— Eu fico com você. Deita.

Dirigimo-nos para a beira do caminho e Paul deita-se no chão. Inclino-me, segurando-o pelo ombro, como se ele estivesse doente. Fritz e sua metralhadora chegam. Paul jaz de olhos fechados, totalmente espichado no chão. Fritz olha para ele. Hoje alguns sujeitos pararam sem que ouvíssemos rajadas. Talvez a ordem seja para não mais fuzilar. Com a cabeça, Fritz pergunta o que Paul tem.

— *Krank* (doente) — respondo.

Ele nada replica e faz menção de ir embora. Embora queira ficar, Fritz me empurra as costas com a metralhadora. Eu ando; Paul continua deitado sem se mexer. Sigo acompanhando a coluna uns duzentos metros até que tomo uma decisão. Deito-me na beira da estrada. Fritz chega com o doutor espanhol. Estão diante de mim.

— *Krank* — digo mais uma vez, desta feita referindo-me a mim.

Fritz me observa um instante. Tenho os óculos no nariz. Talvez tenha chegado a hora. Entretanto, Fritz vai embora. Não notei nada de especial em seu rosto. No Harz, quando acabara de assassinar os camaradas, tinha essa mesma cara, sua cara normal. O doutor espanhol se aproxima de mim, estende o dedo na direção das colinas do oeste e diz:

— Eles estão a quarenta quilômetros.

Estou livre.

A caravana vira, perco-a de vista. Permaneço deitado. A terra parou de girar. Até aqui vi florestas, clareiras, tudo o que se vê quando se anda. Agora, perto de mim, vejo uma moita. Há onze meses não via uma parecida. Tanto os campos quanto o céu estão imóveis. Volto-me e me estendo na vala. Esta vala não se mexe, não desfila à minha frente como todas pelas quais passei desde

Gandersheim. Sou eu sozinho na terra. Nunca vi moita igual. É redonda, imóvel. Seus pequenos galhos marrons se destacam, mas não se mexem. Tem pequenas bagas escuras, também imóveis, presas na parte superior. Encontra-se distante e firme como um grande inseto. Pela primeira vez, estou sozinho diante disso. Não sei o que vou fazer, nem mesmo se vou me mexer. Estou estupefato. Duas silhuetas listradas, a cerca de duzentos metros de mim, andam no campo rumo ao sopé da colina, na direção oeste. Penso reconhecer Paul. Levanto-me, chamo, mas ninguém responde. Meto-me no campo imenso de terra cultivada. Tento andar depressa para juntar-me às duas silhuetas fugitivas. A caminhada no terreno cultivado é cansativa. Tento adivinhar quem são esses dois andando apressados. Estou completamente a descoberto no campo e certamente repararam em mim, assim como nos dois colegas dos quais me aproximo. Não é Paul que está à minha frente, mas reconheço Balaiseau e Lanciaux. Uno-me a eles. Com os rostos negros de poeira, mancamos na terra abundante. Fugimos nas piores condições: exaustos, sem nada para comer.

Chegando ao sopé da colina, começamos imediatamente a escalada. Alcançamos uma espécie de pequena pedreira escondida. Balaiseau quer passar a noite ali e partir antes de o dia nascer. O ideal seria já nesta tarde ganhar o bosque na direção oeste e nos escondermos, mas ele está cansado demais para ir logo embora. Deita-se. Lanciaux e eu também nos esticamos. O sol baixa, o vento invade a pedreira, trememos de frio. Devem faltar cerca de 35 quilômetros para alcançarmos o *front*. Os dois colegas são velhos, têm os pés machucados. Precisaríamos de muita sorte. Permanecemos estirados.

Acima de nós chegam gritos de crianças. Devem vir do topo da pedreira. Assim que levantamos, aparece um garoto de uns catorze anos calçado de botas; grita, apontando o dedo para nós. Há menos de uma hora deixamos a coluna e já terminou.

Não nos movemos. O garoto vai embora. Poucos minutos depois, aparece um sujeito de uniforme verde, provavelmente um gendarme. O que estamos fazendo ali? *Krank*. Estamos doentes, deixamos a coluna; aliás, eles não sabem mais para onde nos levar, a guerra terminou. Aonde queríamos ir? A lugar nenhum. Só queríamos ficar ali e dormir, estamos doentes.

O gendarme é gordo, tem o rosto vermelho. Não questiona nossas respostas, simplesmente meneia a cabeça. Faz sinal para que o sigamos. Nada podemos esperar dele; nos levantamos e o seguimos. Alcançamos a cume da colina de onde descortinamos a mata um pouco mais baixa. O garoto que nos encontrou vem na direção do nosso grupo; ele nos escolta, como as crianças seguem os circos ou o homem-orquestra pelas ruas da aldeia. Levam de volta a presa. Somos como passarinhos mortos, a cabeça pendente. O gendarme nos observa, desconfiado. Devemos ser mais perigosos que os da coluna, pois conseguimos fugir.

Temos sede. O garoto nos conduz a um laguinho de água clara, recoberto de capim comprido e de agrião. Afastamos o capim, pegamos a água com as mãos. O garoto nos observa beber, atentamente. Quando terminamos, nos conduz na direção do flanco da colina. À nossa frente, ao longo do horizonte, estende-se a floresta que devíamos alcançar. Atrás da colina, na extremidade do campo, a estrada que tínhamos deixado.

Outro gendarme chega: é moreno, mal-humorado, no quepe verde ostenta a águia. Guia-nos na direção do vilarejo. Indicam um fosso onde já estão russos e italianos. Comboios vindos do *front* passam por nós sem parar. Outros franceses chegam; também acabam de ser capturados — no total, somos uma dúzia.

Os gendarmes nos deixam sozinhos. Estamos atordoados. Sentados na beira da calçada, os pés numa valeta de água suja, vemos passar os caminhões, o exército alemão que recua. Por que não nos matam?

Esperamos um tempão. Finalmente, o gendarme que nos capturou volta e nos chama. Saímos do vilarejo; ele nos conduz a um galpão aberto, no meio de um campo. Pouco depois chega uma carroça de onde retiramos dois italianos e os deitamos no chão. estão imóveis. Dois embrulhos listrados e rasgados de roxo, puros andrajos; os rostos murchos, cinzentos. Não sabemos se estão vivos ou mortos. Aproximo-me, espreito algum movimento no peito, qualquer sinal no rosto — nada. O maxilar inferior pende, em vez do nariz há uma crosta preta, muco escorre-lhe dos lábios. Já vimos homens assim em Buchenwald, deitados sob uma tenda no campo pequeno; impossível saber se estavam mortos; às vezes levantavam uma das pálpebras. O gendarme avisou que viriam nos buscar. Andamos de um lado para o outro diante dos dois italianos. Às vezes paramos, nos curvamos para olhá-los; eles permanecem imóveis. Dois sujeitos chegam, um a pé, outro de bicicleta. O que está a pé é um SS da nossa coluna e traz sua metralhadora. O de bicicleta, um kapo croata, carrega um fuzil a tiracolo. Tão logo o SS nos vê, começa a berrar. *Los, los!* O gendarme se vai. Partimos. Deixamos os dois italianos no chão. *Los!* Retomamos a estrada vicinal; é preciso andar rápido. O SS e o kapo estão atrás de nós, gritando sem parar. Vamos quase a passo ginástico. A essa velocidade, meus sapatos não vão resistir; nessa estrada há enormes sulcos de lama endurecida.

Encaminho-me para a frente do nosso grupo, mas acabo por me deixar distanciar; agora só tenho atrás de mim o kapo de bicicleta e o SS. O kapo entra com a roda da frente entre as minhas pernas. Coronhadas de metralhadora do SS. *Los, Schwein!* O pequeno grupo está em pânico. Eu caio. Aos berros, o *kapo* se aproxima e arranca o saco da minha mão. Pontapés, coronhadas. Levanto-me. Tiro os sapatos, ando descalço. Corro, mas a roda da bicicleta me arranha os calcanhares; procuro ganhar a orla do campo. Sem o saco, sem nada para comer, mas pouco me importa. Andamos desvairados, feito loucos. Ninguém diz nada, só ouvimos os gritos do SS, cuja raiva aumenta. Não podemos manter essa velocidade. O kapo avança com a bicicleta e enfia a roda entre nossas coxas. O SS cola o cano da metralhadora em nossas costas. Meus óculos escorregam; levanto-os com a mão esquerda e, com a outra, seguro meus sapatos. Os pedregulhos entram-me na sola dos pés. Cambaleamos nos sulcos de lama, açoitados pelos gritos, inclinados para a frente. Isso dura uma hora.

Já é quase noite quando chegamos diante de um galpão aberto cheio de palha, onde se encontram os camaradas da coluna. O comandante SS está na estrada, observando-nos chegar; ao lado dele, um kapo polonês. O SS que nos conduziu nos obriga a fazer uma fila diante dele. *Alle kaputt morgen!*, diz o *Blockführer*. Foi o que ouvi. O kapo polonês me reconheceu por causa de meus óculos. Aproxima-se de mim. *Du? Du?* Aponta para mim, rindo. Somos levados na direção do galpão, onde nossos colegas já estão dormindo. Procuro um lugar entre as pernas. Não encontro. Vendo que ainda não estou deitado, o kapo polonês precipita-se sobre mim. Sento nos pés de alguém, mas não posso me deitar. Então ele segura o fuzil pelo cano e me cobre o fígado de coronhadas, gritando: *Bandit, Bandit!* Os olhos estão arregalados, as narinas infladas; bate com alegria. Viro ligeiramente, tento contrair o fígado para que não arrebente. Ele desiste. Tento me recostar rápido, ao lado da perna de um sujeito semiadormecido atrás de mim, que me dá um pontapé nas costas. Levanto-me. O kapo acompanhou a cena, volta-se na minha direção e recomeça a bater com a coronha. Desta vez, virei-me para o lado direito, a coronha bate no quadril. Sua cólera perde a força, ele para e ofega olhando-me, os olhos vazios. Hesita e se vai.

    Deixa para amanhã de manhã. Os colegas dormem, a noite está fria, também tento dormir. Não estou coberto de palha, sinto frio e acordo com frequência. Estou fatigado, mas não consigo conciliar o sono como os outros. Desta vez, fui notado. O kapo reparou em mim. Nuvem de fadiga, de sono, de angústia, cercada pelo sono dos outros. O pé debaixo da minha cabeça não se move, o homem dorme profundamente; para ele, não passa de uma etapa a mais. Eu cochilo, dentro da cabeça uma protuberância, uma espécie de corpo estranho, um inseto que também cochilaria, caso cessasse de importunar. Amanhã, a morte; o sono vai e vem entre a fadiga e esse amanhã. Não será a marcha de todos os dias, não poderei escolher entre me levantar rápido ou me arrastar, mijar olhando as nuvens como se fosse simplesmente difícil estar aqui e continuar. Haverá outra coisa a mais. É exatamente o grão dessa coisa a mais que pesa. Para o evangelista e os outros, chegou muito rápido; aqui, tenho tempo para observá-la chegar. Também estarei diante de uma vala. Tenho sono. Amanhã, diante de mim, uma vala. Acabaram-se as outras etapas, é idiota me deixar abater desse jeito. Sono. Esse pé debaixo da minha cabeça, as pernas frias, o sono permanece à flor da pele. O sono invadiu completamente os colegas; em mim, o sono volteia, apresenta-se como uma imagem da vala, que por sua vez se apresenta como o sono... Não estou aqui ou em casa, nem diante da vala, nem no sono, todos os lugares são imaginários. Não estou em lugar nenhum.

Mal amanheceu. Já ouço as metralhadoras. Dormi. Chegou logo o sono. Passamos do barulho do canhão ao da metralhadora. Obrigam-nos a levantar rápido. Os SS estão apressados. Eles devem estar a sete quilômetros.

Esquecem-se de nos fuzilar. Nós também quase esquecemos que devíamos ser metralhados. Partimos. Estou na coluna como os outros. Nenhum sinal da minha evasão; eles esqueceram. Estão atrás de nós, bem perto. *Los!* Pegamos um caminho entre duas planícies. Somos obrigados a andar rápido, mas tentamos frear a marcha, impedi-los de fugir. *Los!* Os SS nos apressam. Voltam-se em nossa direção como quem se volta para mulas recalcitrantes. Despertar precipitado, partida precipitada, voltei a me encontrar na coluna, não faço nenhuma pergunta; eles deviam, sem dúvida, estar com pressa demais para nos fuzilar. Ao partir, abaixo a cabeça para que o SS e o kapo não reparem nos meus óculos e deixamos o local. Cem metros ganhos, duzentos metros. Eles esqueceram. Entre a advertência de ontem à noite e hoje, o barulho das metralhadoras. Que sorte! Ando, sinto o vento no rosto como alguém que se sente sortudo.

Nesse caminho, passam por nós soldados alemães de bicicleta. Alguns vão a pé, uns sozinhos, outros em grupos de dois ou três. Andam apressados. Estão sujos, sem boina, bastante desarrumados. O soldado sozinho, sem boina, com ou sem fuzil na mão, o barulho da metralhadora pertinho. Não estamos enganados. Não é mais a lenta retirada organizada, com engarrafamentos, mas mesmo assim tranquila. É a pressa do derradeiro momento, o terreno livre que se reduz, a hora do soldado solitário. Antes de um cruzamento, diante de algumas casas, nos detemos. Agora ouvimos também rajadas de metralhadoras. Ao passar, um soldado alemão, com um gesto de braço, indica ao SS onde eles estão e, a seguir, desaparece. Por um instante, o SS parece desconcertado. Estou com dor de barriga, entro na campina, rio sozinho. A situação está esquentando para eles. Rio, olho na direção da curva precedente. Vai terminar aqui, comigo agachado na campina. O SS permanece à frente da coluna parada. Os kapos olham ao redor, rodopiam no mesmo lugar. É irresistível. Não podemos mais seguir em frente. Somos convocados a recuar até a curva. Sempre as metralhadoras. Ninguém decide nada, somos levados pela correnteza. Percebe-se um movimento: italianos tentam fugir, escondendo-se atrás das árvores. O SS precipita-se, atira; os kapos também. Um italiano, escondido na relva, é abatido.

Imediatamente o SS reage. Manda um kapo buscar dois tratores numa fazenda; o kapo volta com os tratores, dirigidos por civis. Em cada uma das máquinas, um reboque com uma carroça de bancos; o SS tem pressa. Continuamos a ouvir as metralhadoras e olhamos na direção da última curva. *Los, los!* O SS e os kapos exaltam-se e berram. Somos amontoados nas carroças e partimos de imediato. Atravessamos um vilarejo fantasma onde só vemos algumas mulheres na porta. Seremos os últimos "alemães" a atravessá-lo. Os tratores fogem a toda velocidade. Colidimos nos bancos das carroças. Ainda ouvimos as metralhadoras. Rodamos agora numa estrada principal. Continuamos a vigiar atrás. Enquanto estamos nas estradas, podemos ser capturados.

No entanto, deixamos a estrada e pegamos um caminho não pavimentado que atravessa uma floresta. Os veículos sacolejam nos sulcos de lama. Ainda vislumbramos o cruzamento onde deixamos a estrada, mas ele se estreita e rapidamente vira um pontinho. Depois fazemos uma curva e rodamos em plena floresta. Eles passarão daqui a pouco na estrada, mas não nos encontrarão. Somos imperceptíveis. Saímos da floresta. O caminho agora ladeia uma campina no meio de um círculo de colinas. Não ouvimos mais as metralhadoras. O comboio se detém; todos desembarcam e os tratores partem. Eu me reclino na campina. Estou sozinho. Gilbert deixou a coluna na olaria. Paul e Francis no mesmo dia que eu e, desde então, não voltei a encontrá-los.

Do outro lado da estrada, os SS se reúnem em torno do *Blockführer* que designou os colegas a serem mortos no Harz. Estirados na campina, observamos. Eles nos conduziram a este canto isolado para tomar uma decisão.

Um SS joga fora o fuzil. Outro arranca os galões do ombro. Outro ainda rasga alguns documentos.

Recostados na campina, vimos isso. Vão nos soltar aqui. Pronto, terminou. Poloneses partem em grupo na estrada, russos também e alguns franceses. Os SS não se ocupam mais deles.

Jo, o colega de Nevers, que também perdeu seus amigos, vem se deitar ao meu lado. Estamos exauridos. Gaston, exausto, também se encontra ali e mal responde quando falamos com ele. Não temos mais nada para comer. Combinamos partir, mas demoramos demais. Um carro da Gestapo chega e estaciona à nossa frente. Um oficial desce, revólver na mão, e chama o *Blockführer*. Os SS estão aterrorizados. O sujeito da Gestapo fala secamente com o *Blockführer*, que se apruma. A conversa dura cinco minutos. Ao final, saudação hitlerista lenta e muito solene do sujeito da Gestapo, à qual o *Blockführer* responde apaticamente. O carro vai embora. O sujeito da Gestapo explicou ao nosso SS que ele não pode sequer cogitar em nos soltar.

O *Blockführer* chama os SS e lhes infunde coragem. O que tinha jogado fora o fuzil vai buscá-lo. Em seguida, o *Blockführer* parte com um guarda, enquanto os outros retomam seus postos. Receberam uma ordem e a engrenagem volta a funcionar. Ao longe, o grupo de poloneses caminha tranquilamente na estrada.

Muito tempo depois, o *Blockführer* retorna com um trator e dois grandes reboques. Amontoam-nos lá dentro e partimos. Não mais ouvimos as metralhadoras. Atravessamos progressivamente a linha das colinas e desembocamos numa estrada principal que atravessa uma imensa planície rasa, ladeada ao longe por outras colinas escuras. O céu está baixo sobre toda a colina. Aqui, novamente a debandada: ultrapassamos comboios de caminhões, cavalos, tanques isolados, soldados de infantaria. Cruzamos com um caminhão carregado de soldados comendo pão com geleia; temos tempo de ver a camada grossa de geleia escura sobre a grossa fatia de pão. Os soldados têm as bochechas rosadas. Perdem a guerra, mas ainda estão em casa, com o pão, a geleia, as bochechas. Nós? Nós ganhamos a guerra, e a fome chega de assalto, terrível, quando vemos essas fatias de pão com geleia, claro e escuro luzindo, essa comida de verdade. Não há civis nas estradas; reconhecemos esses sinais: a cozinha de campanha encostada de qualquer jeito na beira de uma vala. Os artilheiros apoiados em seus canhões. Os soldados amontoados nos caminhões. As ambulâncias presas no engarrafamento. Até mesmo o oficial, que permanece ereto sobre seu cavalo, à frente de sua coluna, e o sargento olhando seus homens deitados na trincheira. Os aviadores, os soldados da artilharia e os da infantaria, os gendarmes, todos misturados na estrada. Um tanque parou no meio de uma campina, grande mosca inofensiva. Esses homens não lutarão mais nem essas armas atirarão; tanques e canhões que embora intactos já são ferro-velho. Os campos ao redor estão vazios. Há inúmeras trincheiras e fossas prontas para o combate, todas vazias. Os homens querem estar na estrada, não querem mais parar nem voltar. Querem dar as costas ao inimigo. Depois de bancar os heróis, num combate de igual para igual, usando manobras táticas, o inimigo tornou-se um espantalho. Na retirada, a casa que os soldados acabam de deixar já está assombrada pelo inimigo, a curva precedente também. Na estrada, à medida que recuam, o medo infla às suas costas. Agora não podem mais enfrentá-lo. Só conseguem andar; andar e depois correr; o inimigo está ali, logo atrás, em seus calcanhares.

O poder que desencadeia esse tumulto é invisível. O horizonte inteiro atrás deles está envenenado e é neste horizonte que nós, apenas nós, depositamos nossa esperança. O trator se detém na periferia de uma cidade. Retomamos a marcha a pé. É final de tarde. Chegamos à cidade. Os aviões aliados passaram por ali há poucas horas. Casas estripadas, ambulâncias, fumaça, gente correndo, rostos atordoados de viúvas de pouco mais de meia hora. Já vimos isso. É exatamente a mesma coisa aqui, a mesma indecência: o quarto expondo o armário com espelho, o papel de parede, e o mesmo tipo de acidentados reunidos na rua em volta dos entulhos, erguendo a cabeça na direção das ruínas de muros, indo e vindo diante das vigas rachadas e das pedras em frente de suas casas. Reconhecemos tudo isso com indiferença. Essas crianças perdidas nas ruas, essas velhas com roupa de cama debaixo do braço diante dos escombros são uma imagem da calamidade que passa à minha frente como eu mesmo passo pela cidade. Nossos desesperos entreolham-se. Olhares desesperados cruzam com olhares desesperados; e não há nada senão doçura nos olhos para os olhos, pena de si mesmo no olhar dos outros.

Começa a anoitecer; ando ao lado de Jo e de Gaston, que está com dor de barriga. Desde hoje de manhã, ele só fala por frases curtas, vagas, parece em coma. Ele me passa o saco e para na beira da estrada. Caminhamos muito. Gaston não retorna.

Paramos em um cruzamento engarrafado pelas tropas. A escuridão é completa. Civis distribuem café aos alemães e, como estamos todos misturados, vertem café em nossas gamelas. Dão de beber aos infelizes soldados que fogem; nós bebemos como os infelizes soldados. Estamos sentados no chão entre eles. As sentinelas nos procuram. Essa confusão é tranquilizadora. Os soldados se vão e nossa coluna parte logo em seguida. Chegamos a uma pequena estação. Vamos pegar o trem. Estamos perdidos na escuridão. Não vejo nem mesmo a grade protetora. Estou com um grupo de colegas. Eles avançam. Subimos. Amontoamo-nos num

vagão pequeno. Piso no pé de uma sentinela que, reclamando, me acerta coronhadas nas pernas. Não se enxerga nada. Fritz fala com um guarda. Um colega traduz: "Daqui a oito quilômetros sairemos da zona de perigo."
O trem parte, mais uma vez somos levados. O exército alemão perdeu a forma; apesar de a derrota ser visível, eles nos mantêm. Os nossos puderam arrasar vilas, atravessar o Reno, derrotar os mais poderosos exércitos, capturar generais, porém os prisioneiros de pijama listrado perdidos na Alemanha, reféns, escorrem entre seus dedos. Permanecemos no mesmo planeta alemão, agora temeroso, onde o SS continua senhor, onde homens de sangue vermelho e homens cobertos de pus e de piolhos misturam-se uns aos outros numa maria-fumaça do interior. Estou grudado na sentinela que me cobriu de coronhadas; ele gostaria que o trem andasse mais rápido, e eu, que o trem parasse. Sinto seus odores, ele jamais conheceu um inimigo de tão perto — inimigo de pele, de roupa. Quanto tempo é possível continuarmos grudados um ao outro e ainda sermos inimigos? Eu não deveria poder suportar esse cheiro de couro. A faca afundaria bem em sua nuca. No escuro, entretanto, sou tomado por uma espécie de torpor e em breve nada mais sinto a não ser os sacolejos do vagão. Já que para ele talvez eu não passe da evidência do poder que ele ainda possui, talvez seja pelo meu odor que ele perceba que eu existo, graças ao odor inexpressivo a ponto de não passar de um odor.

Percorremos os oito quilômetros e o trem parou. É noite fechada. Fritz trocou algumas palavras com as sentinelas, que riem. Descemos, *los, los!* Eles se sentem seguros. Não se ouve mais o canhão nem as metralhadoras.

Retomamos a estrada. Continuamos andando horas a fio. Até as sentinelas estão fatigadas. Atravessamos Halle no escuro; depois do asfalto, paralelepípedos, casas fechadas, nem uma única luz, paredes e mais paredes, depois os primeiros taludes da saída da cidade e novamente o asfalto. Prosseguimos. Roçamos as paredes de Halle, onde milhares de pessoas vivem suas vidas. Jamais saberão quem passou esta noite em sua cidade. Por

ali passaram homens com vontade de dormir que olharam as persianas fechadas, pensaram em suas camas numa vertigem e também estremeceram diante da ignorância dessa gente e desse sono iniciado a cada noite por trás dessas persianas.
Após Halle, atravessamos o Saale numa balsa. O Saale está negro. Deitamos nas tábuas. O motor da balsa zumbe baixinho. Ploft! Alguém pulou dentro d'água. Um tiro. O barulho mal interrompe meu sono. Chegando à outra margem, encontramos dificuldade em nos levantar, os joelhos parecem de madeira. O rio que acabamos de transpor nos afasta ainda um pouco mais do fim. Os quilômetros na estrada tornam o afastamento menos perceptível que a travessia de um rio.
Mais uma vez tomamos a estrada. B. pendura-se em meu braço. Traz um trapo branco em volta do pescoço; graças a isso eu o avisto no escuro. Ele caminha de cabeça baixa. Veio pendurar-se sem uma palavra. Não aguenta mais. Pesa em meu braço quando eu mesmo, sozinho, já me arrastava. Desta vez, a fadiga chegou lentamente, não é um cansaço repentino como antes da olaria. Caminhamos horas a fio sem descanso. Atrás de nós, outro camarada se detém; dois colegas o sustentam por baixo dos braços e o arrastam. A coluna chega ao limite de suas forças.
— Pausa! Pausa! — ousam gritar alguns colegas.
— *Ruhe!* — gritam os kapos.
A marcha continua. B. agarra-se com força. Eu o arrasto, a cabeça baixa. Tento ficar atrás do que me precede, acompanhar seu passo, obrigando-me assim a avançar, mas é impossível, diminuo o ritmo. Outros esbarram na gente ao nos ultrapassar. Não temos nem mesmo força para nos desviarmos. Caminhamos como sonâmbulos. Não aguento mais. Desvencilho-me do braço de B. Ele geme: "Sou velho, você não vai me deixar." Volta a segurar meu braço; não respondo. Eu poderia cair agora; levantando e abaixando a cabeça, relincho como as mulas, resfolego buscando o ar, mas já não consigo. Sinto minha boca aberta, pendurada, meus olhos fechando. Disseram que andaríamos a noite toda; se for verdade, estaremos todos arriados no chão antes de o dia nascer. A frente da coluna diminui o passo, talvez paremos.

— Pausa! Pausa! — gritam os colegas.
— *Ruhe!* — berram os kapos.
Continuamos. B. continua ali. A noite está muito escura. De B. vejo apenas seu trapo branco. A unidade do grupo em marcha se desfez, cada um cuida somente de si, com suas pernas, sua cabeça curvada. Se nos forçarem a andar assim muito tempo, desabaremos uns atrás dos outros e seremos todos mortos. É fácil; é possível. Desde que estamos na Alemanha, não cessamos de nos submeter à experiência do que é possível. Caminhamos em ziguezague, aleatoriamente; não há mais objetivo, não há mais etapa. B. continua agarrado ao meu braço. Ele disse "Sou velho". Para ele ainda sou jovem. Entretanto, quando viro a cabeça vejo um vulto, traços que poderiam ser os meus. Nenhum de nós tem mais idade. Agarrando-se a mim, esse pobre B. lembrou que era velho. Vez por outra escutamos arquejos, queixas esparsas, mas o que predomina é o atrito dos sapatos contra o solo. O desespero é a respiração que falta, a estagnação do fôlego. B. fala sozinho, chora, não lhe restam forças para formar frases:
— Não posso mais... Vou parar aqui...
— Já estamos chegando, já estamos chegando. — Aquele que está à nossa frente precisou sussurrar para dizer isso de uma só vez, retomando o fôlego.
Estacamos. Toda a coluna desaba do lado direito da estrada. B. não está mais ali. Caio no talude.

Um barulho de motor me acorda. Já é dia. Estou deitado, o rosto na grama, na mesma posição de quando deitei à noite.
À nossa frente, dois tratores com reboques. Vamos partir novamente. Descobrimos que os *Volksturm* que perambulavam esta noite no local queriam nos matar e que teriam sido impedidos pelos SS.
Estafados, arrastando os pés, o corpo alquebrado, nos espichamos nos reboques. Partimos de novo. A planície deve ser bela, amarela e verde, o ar da manhã deve estar frio e revigorante, o orvalho deve brilhar, a manhã deve estar linda. Agora, entretanto,

nossos olhos já não captam o amarelo, o verde e o orvalho. Vemos desfilar um espaço sem cor, sem relevos. Pego um punhado do amido que sobrou no fundo do saco de Gaston e mastigo. Toda a carga sacoleja nos reboques.

Alcançamos a autoestrada que vai de Berlim a Leipzig e, alguns instantes mais tarde, chegamos a Bitterfeld, a trinta quilômetros de Leipzig. Estacionamos em um terreno baldio perto da estação. Civis passam por uma avenida que domina o local onde nos encontramos. Recostam-se nas grades protetoras e olham os homens de roupa listrada deitados, os que catam piolhos, os que, vacilantes, vão às latrinas: rostos barbudos cobertos de placas de casca negra e sem bochechas, crânios raspados, corpos trôpegos de pernas brancas de pus. De vez em quando nós também nos viramos e olhamos os civis passarem. Alguns trabalhadores franceses estão entre eles. Aproximam-se.

— De onde você é? — pergunta um civil.

— De Paris — responde um sujeito.

Alguns berram:

— Somos da Resistência. Você não teria pão?

Os kapos intervêm para impedir a comunicação. Ficamos calados vendo os civis se afastarem.

Um kapo foi com os poloneses buscar pão. Uma fatia para cada um e um pedaço de salame. Passamos em fila diante do kapo encarregado da distribuição. O pão não é grande, mas cheira bem, e o salame também. Corto o pão em cubinhos e guardo a metade do salame em uma caixinha de dural. Não consegui guardar nada do pão. Após ter comido, me deitei. Faz sol, meu rosto está quente, cochilo. Deixam-nos tranquilos durante várias horas.

Os civis que passam pela avenida sempre se detêm diante da grade de proteção. Apoiam os cotovelos e olham. Depois de verem diversas vezes o mesmo sujeito e observado seu jeito de deitar, depois de acompanharem o modo de andar do que vai às latrinas até que ele desapareça na barraca, olham demoradamente a pradaria, a estação ao lado, o SS, e vão embora.

Hoje é dia 14 de abril. Há dez dias partimos de Gandersheim. Na partida, havíamos recebido três quartos de pão. Só duraram dois dias. Acabamos de ganhar uma nova fatia de pão.

Os SS sabem que não conseguimos mais andar. Sabem também que nas estradas seríamos capturados. O *Blockführer* não dá a menor impressão de querer nos matar, pois se deu ao trabalho de nos trazer até aqui. Deram-lhe ordens de nos conduzir a algum lugar, talvez a Dachau. É essa ordem que conta. Os Aliados estão a uns trinta quilômetros de distância. Talvez ainda reste ao SS um meio de levar a cabo a execução da ordem. O trem.

PARTE III O fim

O trem partiu ao pôr do sol. Enquanto restava um pouco de luz, uma sentinela permaneceu em nosso vagão, diante das portas abertas. O SS ficou plantado, o fuzil apoiado no pé, olhando para fora. Suas costas ocupavam quase toda a abertura da porta; víamos passar pedaços de árvores, pedaços de casas entre suas pernas e de cada lado do seu corpo. Quase não se movia. Depois a luz sumiu. As costas do SS escureceram, destacando-o como se estivesse na entrada de uma guarita. Numa parada do trem, ele desceu e trancou a porta do vagão. Ficamos sozinhos.

Não éramos numerosos; uns cinquenta. Estávamos sentados no chão, em duas fileiras, um de frente para o outro, a cabeça recostada na parede do vagão. Em cada extremidade, uma claraboia recortava um quadrado no céu.

O carregamento se afundou no escuro. Cada um olhava a claraboia, por onde já aparecia um pedaço de céu enegrecendo e uma ou duas estrelas. Era a única saída para o espaço e olhávamos naquela direção porque dali viria a luz. Tudo o que acontecesse acompanharia a rítmica sucessão do claro e do escuro dentro desse buraco cada vez mais sombrio.

Eu estava recostado ao lado de Jo e de H., o normando que tinha puxado comigo a carreta no Harz. Nessa metade do vagão, encontravam-se também Lanciaux, que eu reencontrara após ter deixado a coluna, três espanhóis, C., alguns habitantes dos Vosges, um da Vendeia etc.

O trem não ia muito rápido. Abandonávamo-nos a esse deslocamento que, para nós, não fazia o menor sentido. Não sabíamos aonde íamos. Éramos transportados. A carga preciosa de objetores de consciência tinha sido "salva".

Permanecemos sentados enquanto estava claro, talvez por acharmos que algo podia acontecer durante o dia. Poderíamos, por algum sinal, saber o local onde nos encontrávamos, quanto tempo ainda permaneceríamos no vagão, o lugar para onde íamos; talvez a porta se abrisse brutalmente e gritassem *Los, alle heraus!* para, quem sabe, nos darem um pedaço de pão, talvez para nada, apenas para ficarmos perto dos trilhos.

Pouco a pouco o vagão foi ficando totalmente escuro. Praticamente não distinguíamos mais os rostos. Na escuridão, nada mais havia a esperar. O trem rodaria durante a noite, talvez até parasse, porém não veríamos mais nada pela claraboia, nem sequer escutaríamos os SS. Começamos por tirar os sapatos, colocá-los debaixo da cabeça; depois, nos esticamos. O que estava na minha frente era muito alto e seu pé pressionava meu sexo; peguei seu pé e tentei fazê-lo dobrar a perna, mas ele insistia em estendê-la; levantei-a e a coloquei de lado. Ele reclamou:

— Dá para ficar quieto?

Deixei que a perna caísse, pressionando minha coxa. Então, por minha vez, estiquei a perna e senti seu rosto debaixo do meu pé.

— Filho da puta!

— É só tirar seu pé daí!

Ele pegou meu pé, levantou-o e afastou minha perna, que desabou em cima da coxa do seu vizinho.

— Você já está enchendo o saco! — berrou o vizinho, que se pôs a pedalar com todas as forças. H., ao meu lado, recebeu as pernas sobre as suas e também se pôs a dar pontapés.

Não havia espaço para acomodar as pernas. Os primeiros a se cansar da luta eram esmagados. Na outra metade do vagão, o mesmo acontecia. O vagão inteiro urrava. No escuro, as pernas emaranhadas formavam nós violentamente desfeitos; ninguém queria ficar amassado. Não passava de uma luta de pernas. De olhos fechados, nos abandonávamos a essa agitação como se o corpo, abaixo do ventre, estivesse ausente. Afinal as pernas desabavam, exaustas, consentiam em ser amassadas por outras mais fortes. Entretanto, os mais fortes sempre querem ser ainda mais fortes, espalhar-se em um leito de pernas. Então os mais fracos se revoltavam; nas trevas, a agitação recomeçava, e pernas debatiam-se por todos os lados. A claraboia escura nada mais indicava. Isso se passava no meio do vagão. Sentíamos o rosto debaixo do pé ou o pé sobre o rosto. Todos gritavam na escuridão. Mas essa luta era exaustiva e, ao final, as pernas desistiam. Amassadas ou não, inimigas e coladas umas às outras, acabavam por aceitar.

Virei para o lado direito. O osso do quadril batia no piso. Apoiei a cabeça nas costas de H., e Jo apoiou a dele nas minhas. Conseguimos nos imobilizar em meio à vibração do vagão. Então os piolhos acordaram lentamente. Começaram a perambular; paravam e se incrustavam na pele imóvel. Comecei a me coçar, primeiro mexendo os ombros, em seguida esfregando a camisa contra a pele com a mão; mas logo a comichão estava por toda parte: nas costas, no peito, nas axilas, entre as pernas. H. e Jo também começaram a se coçar e a se remexer. Os círculos do cativeiro se multiplicavam. Estávamos na jaula do vagão, éramos um carregamento de piolhos numa jaula de piolhos, éramos prisioneiros do vagão e a prisão dos piolhos. Tratávamos de não mudar as pernas de lugar, mas a ardência era tão viva que se tornava impossível: era preciso que nos mexêssemos, era preciso que nos coçássemos; os que estavam à minha frente também começaram a se remexer. A batalha das pernas recomeçava e com isso distraíamos nossa atenção da coceira dos piolhos. Mas quando as pernas relaxavam a comichão recomeçava.

Estava escuro. Mas nesse vagão a noite era vaga, tão imprecisa quanto o dia e o sol. Mais tarde, o dia seria um quadrado branco na parede. Descobriria as cobertas emaranhadas e as pernas agitadas. Os rostos também apareceriam e os que se xingaram de idiotas, os que tinham travado uma luta de pernas e coxas a noite inteira, não se odiariam mais do que antes, nem sequer se olhariam. Quando o dia raiasse, nada mais restaria deste furor que surgia no escuro, quando as faces e os olhos não se viam, desta fúria do corpo a tentar se libertar de pernas, de braços, da pele, deste pesadelo compartilhado com desconhecidos. O dia devolveria a cada um sua reserva, seu pudor.

A claraboia iluminou-se. A caixa clareou progressivamente e os que se amontoavam no chão emergiram da noite. O dia também se levantou sobre nós. Tínhamos ainda olhos para vê-lo. Havia mesmo nuvens que víamos circular através da claraboia. Os piolhos adormeceram com o alvorecer embora continuassem todos lá, muitos, debaixo da camisa, nos pelos do sexo, por todo lugar. Sentíamos os piolhos, intuíamos seu peso, mas eles tinham deixado de se mexer. O trem havia parado várias vezes durante a noite; quando o vagão ficara imóvel, sentíramos ainda mais sua presença; a prisão tinha se tornado ainda mais estreita, mais precisa. Quando não se perdia mais na vibração do vagão, a circulação dos piolhos tornava-se de uma clareza intolerável. Agora, com o dia, sentíamos menos a coceira, mas ainda permanecia a sujeira das camisas pegajosas, a espessura abundante dos piolhos adormecidos.

O velho espanhol que se deitara sob a claraboia sentou-se, encostado na parede do vagão. É um catalão. Um de seus filhos foi fuzilado na França diante de seus olhos; o outro está ali, deitado a seu lado. O velho tem uma cara amarelada, redonda e ressecada, cheia de rugas; impossível saber sua idade. Quanto ao filho, deve ter uns vinte anos.

Um dia, em Gandersheim, o pai atracara-se com o *assassino* por conta de umas batatas. Sangrava e fora chamado de velho idiota. O filho o defendera e, em seguida, aproximara-se dizendo: *Padre!* O velho de rosto ressequido o fitara e chorara.

Um pai chamado de idiota na frente do filho. Um velho faminto, disposto a roubar na frente do filho, para que este comesse. Pai e filho cobertos de piolhos; todos os dois não parecendo a idade que têm, já ficando parecidos. Ambos famintos, oferecendo ao outro seu pão com olhar de veneração. E os dois aqui agora, no piso do vagão. Se os dois morressem, quem carregaria o peso dessas duas mortes?

À noite, o velho fora empurrado pelo vizinho e começaram uma discussão. Ouvimos a ameaça na voz aguda e trêmula: *Maricón!* Seu filho também ouvira e o acalmara dizendo baixinho: *Calla, calla.*

Agora ele também acorda e diz:

— *Padre! Que tal?*

O velho está sentado; faz uma careta sem responder. Todos os segredos do velho estão impressos em seu rosto. O mistério do estranho irredutível que sempre existe num pai aparentemente dissolvido na fome e nos piolhos. Ele agora é transparente.

Os SS acreditam que, na parte da humanidade que eles escolheram, o amor deve apodrecer porque não passa de uma imitação do amor entre os homens de verdade, porque entre eles o amor não pode existir realmente. Mas ali, no chão daquele vagão, a extraordinária estupidez desse mito vem à tona. O velho espanhol talvez tenha se tornado transparente para nós, mas não para o rapaz. Para este, o rosto pequeno, amarelado e enrugado no assoalho do vagão ainda é o rosto do seu pai, e nele, impregnado, o rosto de sua mãe, e, através dele, todo o possível mistério da filiação. Para o filho, a linguagem e a transparência do pai permanecem tão insondáveis quanto na época em que o pai ainda era plenamente soberano.

Alguns dias se passaram. Não posso mais contá-los nem dizer exatamente o que aconteceu durante esses dias. Nosso espaço não se modificou: o vagão. Quanto ao tempo, é sempre o buraco ora claro, ora escuro da claraboia. Nunca pensamos em perguntar a hora nem em descobrir se era segunda ou terça-feira.

Lembro-me de ter descido do vagão numa parada; mal conseguia me manter de pé. Lembro-me também de ter ganhado uma fatia de pão, dois dias após nossa partida de Bitterfeld, e de ter bebido água que um colega foi buscar na locomotiva. Fora isso, gritos, pontapés no escuro e os piolhos queimando as costas e o peito. Rostos de camaradas que vi no vagão na partida e que, de repente, já não vejo. Desapareceram não sei quando nem como. Uma exaustão vai, aos poucos, imperceptivelmente me paralisando. Percebo que mal consigo me levantar e me aguentar sobre as pernas. Camaradas que conservaram um pouco de vigor esforçam-se em dizer calmamente: "Vamos sair dessa! É preciso aguentar firme!" Enquanto isso, outros morrem ao seu lado.

Foi em Dachau, ao tomar conhecimento da data de nossa chegada, que soubemos quantos *dias* havíamos passado no vagão, pois conhecíamos a data da partida.

Do que aconteceu entre essas duas datas, um número reduzido de momentos permanece definido. Mas, entre aquele do qual me lembro e o resto, acredito não haver diferença, pois sei que existem nos momentos perdidos alguns que eu tive vontade de reter. Resta uma espécie de surda e cega memória da consciência.

Por isso não distingo melhor o que ainda vejo do que cessei de ver. Mas, com certeza, é a pressão das coisas não vistas que faz com que esses poucos pedaços de luz e escuridão surjam radiantes e cheios de vida.

O trem parou. É dia. Lanciaux cata piolhos. C. está sentado, a cabeça inclinada no ombro.

— Cate seus piolhos — diz Lanciaux com sua voz abafada.

C. não se mexe. Responde vagamente:

— Daqui a pouco.

Intransigente, Lanciaux recomeça:

— Cate seus piolhos. Você está nojento. É por causa de sujeitos como você que a gente não consegue mais dormir.

C. não responde.

— Cate os piolhos, C.! — repete um colega.

C. está prostrado.

— Não encham meu saco, sei muito bem o que tenho que fazer! — responde.

Deixamos C. de lado.

Tirei meu paletó e minha camisa. Faz frio. Olho meus braços: muito finos, sujos de sangue. A camisa também está coberta de manchas de sangue escuro. Viro-a pelo avesso; compridas fileiras escuras de piolhos estriam o tecido. Esmago montes de piolhos de uma só vez. Não é preciso procurar. A camisa está cheia deles. Eu os esmigalho. Os braços ficam cansados de tanto permanecerem dobrados assim para espremê-los; as unhas estão vermelhas. De vez em quando paro e olho a camisa: eles andam devagar, tranquilos. Montanhas e montanhas de lêndeas nas costuras. Um barulho mole entre as unhas. Mãos obstinadas tentando agir rápido. Não levanto os olhos. Quase todo mundo cata piolhos. Gritamos com um cara parado na frente da porta, tapando a luz. Tenho vontade de jogar fora a camisa. Na verdade, seria preciso jogar tudo fora, inclusive as cobertas — ficar nu. Isso é demais para mim. Os piolhos ainda andam pela camisa. É preciso recuperar a disposição. Só a paciência já não basta. É preciso ter forças para manter os braços dobrados, para esmagar. Recomeço o ataque. Eles são marrons, cinza, brancos, recheados de sangue. Eles me sugaram. Talvez possamos ser vencidos pelos piolhos. Os braços não têm mais forças para espremer. Esse simples e pequeno movimento repetitivo os fatiga. Bem que eu abandonaria a camisa e me deixaria cair para trás. Cadáveres de piolhos ficaram grudados no tecido; é isso que vou voltar a colocar nas costas. Meu peito está todo picado, minhas costelas protuberantes. Até na cabeça tenho piolho. Neste momento, passeiam pelo meu pescoço. A boina está repleta deles. Volto a vestir a camisa. Tiro as calças e as cuecas: o gancho das cuecas está negro. Impossível matar todos. Enrolo as cuecas e as atiro pela porta do vagão. Fico perto da porta com as pernas de fora; estão violeta, ásperas, sem forma; os joelhos enormes como os dos cavalos. Em torno do sexo, estou cheio de piolhos. Ficam suspensos nos pelos. Eu os arranco. Sou seu ninho, sua doçura, a eles pertenço.

 As calças estão repletas de piolhos, assim como o colarinho do paletó e a coberta. Também os pedaços de coberta que cortei e que me servem de meias. Jo e H. igualmente esmagam, as pernas desnudas.

Há homens cujas coxas deslizam entre as das mulheres; a mão dessas mulheres passa por onde estão os nossos piolhos. "Se minha mulher me visse...", dizem os colegas. Mas lá longe não sabem de nada. De um momento para outro, tantas coisas podem acontecer aqui. Lá longe não sabem de nada. As mulheres não sabem que agora somos intocáveis. No *Kommando*, eu chamava por M. Acredito que agora não ousaria mais chamá-la. Uma névoa me envolve. Reúno minhas forças para ficar de pé e esmagar piolhos.

———

O trem chega a Dresden. A porta do vagão se abre. A estação formiga de gente correndo, carregada de malas e pacotes. Civis sobem. Deitados, olhamos essas pessoas prestes a viajar conosco. Uma sentinela as acompanha e nos obriga a nos espremermos uns contra os outros para deixar espaço no centro do vagão. Os civis estão bem-vestidos, têm bochechas. Olham de soslaio em nossa direção, sem se arriscar a virar a cabeça. Permanecem juntos, agrupados no centro do vagão. Eles têm suas mulheres, seus pacotes, fogem livremente. Agora há pouco, há pouco mais de uma hora, ainda estavam em casa. A sentinela está mais próxima de nós do que deles. Estes civis aqui deitam à noite na cama, fazem amor, vão a enterros. Rostos plácidos, inalterados, corretamente postos no colarinho da camisa. A nação alemã vai ser vencida, contudo seus homens continuam gordos. Eles não conseguem nos olhar. Já lhes basta ter que fugir, subir no vagão dos animais. Os inimigos, as bombas, tudo isso é cruel, mas sabem do que se trata, os jornais falam do jorrar do sangue vermelho; a guerra, *Krieg* em alemão, é uma instituição. Mas não precisavam ver essa gente deitada ali, por isso o vagão estava fechado. Em geral, os mantêm escondidos, mas evidentemente em momentos assim pode-se topar com eles.

O trem volta a partir. Na estação seguinte, os civis descem.

Os solavancos do trem nos embalam. Apesar da lentidão, o trem dirige-se a algum lugar. Quando para, as paredes do vagão tornam-se mais opressivas; a pele, sem vibrar, fica mais sensível à escalada dos piolhos; os corpos reaparecem petrificados, condenados no silêncio do vagão parado.

Levantei-me para ir à claraboia e pisei algumas pernas; fui ofendido. Na abertura, o ar estava fresco, era ar puro. Sempre os mesmos taludes, o mesmo cascalho no leito da estrada. Lá no alto do campo, uma casa; poderia olhá-la por muito tempo, olhar por muito tempo qualquer coisa, qualquer pedaço de espaço desde que ele estivesse fora desta caixa. Ao voltar para meu lugar, voltei a pisar alguns pés e novamente os colegas me xingaram. Reclamavam de imediato, talvez antes mesmo de eu ter lhes tocado os pés. Eu não devo me mexer nem ter vontade de olhar pela claraboia.

———

A noite chega, o trem roda. O francês da Vendeia, usando uma faixa para cobrir o olho direito, perdeu o lugar. Resta-lhe apenas um rosto mutilado. Seu olho esquerdo vagueia, semiamortecido. Está com diarreia. Quer se deitar no meio de nossas pernas. Senta-se e gritamos com ele, damos pontapés em suas costelas. Geme. Não tem mais forças para chorar.

— Deixem um lugar para mim, só um lugarzinho! — suplica. E senta-se.

Nossas pernas estão espremidas. Não aguentamos mais. Reclamamos.

— Volta para o seu lugar!

Recolho as pernas, ele se vira na minha direção:

— Filho da puta!

Cala-se e depois volta a gemer:

— Deixem eu me deitar.

As pernas se agitam para todos os lados. Os colegas gritam.

— Esse cara está enchendo o saco!

Esmagado por nossas pernas, levanta-se; vemos sua comprida silhueta dando voltas no escuro, a cabeça baixa.

— Dane-se! — diz ele.

Deita-se ao comprido.

Voltamos a encolher as pernas. Todo mundo xinga. Ele geme, martelando:

— Vocês são todos uns animais, uns filhos da puta, não veem que vou morrer?

Suplica:

— Deixem um lugar para eu morrer...

Ele chora.

— Todo mundo aqui vai morrer!... Vê se não enche o saco!

Mas ele continua deitado, queixando-se baixinho.

Na extremidade do vagão, do nosso lado, um sujeito dos Vosges desfaz-se em lamúrias. Também está com diarreia. Procura sua gamela.

— Ei, o que você está fazendo? — pergunta seu vizinho.

Ele não responde.

— Filho da puta, imagina se todo mundo fizesse isso!

— Não aguento mais! — responde.

— Bastava não ter bebido nada!

Não vemos o sujeito, mas escutamos um barulho na gamela.

— Que nojo!

— Estou com caganeira, porra! — diz ele, gemendo.

Depois se levanta, tentando alcançar a claraboia para esvaziar a gamela; anda devagar, pisa pernas, leva pontapés; derrama um pouco do conteúdo da gamela.

— Filho da puta, filho da puta! — explode um sujeito, louco de raiva.

O sujeito dos Vosges não responde, tenta manter o equilíbrio com a gamela entre as mãos. A sombra hesitante atinge a claraboia.

Eu também estou com dor de barriga. Chegou de repente. Não consigo mais me segurar, esperar o dia. Rasgo um pedaço da minha coberta, abaixo as calças. Jo e Marcel não dizem nada. Que vergonha! Dobro meu pedaço de coberta e o mantenho na mão; levanto e tento passar por cima dos colegas para chegar à claraboia. Caio em cima da barriga de um sujeito, que me xinga. Continuo segurando meu pedaço de coberta. Volto a me levantar. Sou agarrado pelas pernas, ando tateando; onde quer que coloque o pé, há um rosto, um ventre, sujeitos xingando. Que vergonha! Miro o buraco azul. Quando chego pertinho, lanço-me adiante, apoio uma das mãos na parede e atiro o pedaço de coberta. Quando quero voltar, perco o rumo. O trem desacelera bruscamente, volto a cair. Avanço de quatro, amassando sujeitos que me chutam as costelas; fico calado, acreditando estar no meu lugar. Deito-me em cima de Jo, que reage, mas não grita. Meu lugar deixou de existir. Estou perdido. As mãos apoiadas nos ossos, tento encontrar meu lugar, mas seria preciso forçar. Empurro o francês da Vendeia, que geme: "Animal, animal!" Não abro a boca, deito. Não me mexo mais. O buraco da claraboia está pertinho.

O dia chegou. Como está claro, automaticamente nos levantamos e nos sentamos encostados à parede do vagão. Apenas o colega da Vendeia permanece estirado, prostrado. Nós o acordamos. Está bem mais fraco que ontem. Arrasta-se com dificuldade até a porta, onde se reclina. Tem ainda o tampão negro sobre o olho direito, o outro já nada mais vê. A cabeça tombou sobre o ombro. Um gemido abafado sai de sua boca.

— Eu vou morrer, tenho certeza de que vou morrer! — diz ele.

Agora não lhe respondemos mais, apenas o observamos.

Uma voz baixa, perto de mim, sussurra:

— Esta noite ele estará morto.

Mucosidades enegrecidas de poeira secaram em volta do seu nariz. Os colegas ao seu redor são tão magros e cinzentos quanto ele, mas ele traz os sinais: a pálpebra que já não fecha, a mandíbula que começa a pender. Tento dormir, mas os piolhos me impedem. Tiro de novo a camisa e recomeço a esmagá-los; de vez em quando, paro e olho o sujeito da Vendeia; depois volto à camisa, depois mais uma vez ao da Vendeia. Enquanto mato piolhos, ele morre. Quando levanto a cabeça, vejo-o morrer. Está sentado como nós, entre dois colegas que se afastaram ligeiramente. Vez por outra viram a cabeça e tentam ver seu olho.

— Ele está morto? — pergunta alguém.

— Não, ainda não — responde o vizinho.

Ele já não ouve. Eu não tenho mais forças para catar piolhos. Olhamos o sujeito da Vendeia, sem angústia, sem constrangimento. Sem dúvida, começamos a ficar parecidos com ele. Por estar mais fatigado do que nós, vai morrer. Não falamos dele; tampouco falamos de nós mesmos. Os que estão com dor de barriga gemem, mas não falam do seu mal. Não há precisamente um mal. É o corpo devorando a si próprio.

Na outra extremidade do vagão, dois sujeitos ainda um pouco vigorosos descrevem uma *bouillabaisse*, depois uma torta de creme, depois um guisado. Se acompanharmos com os olhos a fileira de uma extremidade à outra do vagão, todos são mais ou menos parecidos. Apenas o rosto com o tampão negro destoa.

— Ele morreu — diz seu vizinho.

Os que descreviam a *bouillabaisse* emudecem.

Esta manhã, ele não era diferente de agora. Foi durante a noite que a morte chegou. Seu rosto não é terrível, é o tampão negro que o dramatiza. Ele continua sentado.

— Fomos uns canalhas esta noite — diz um colega.

Calamo-nos. Não é remorso, não é nem mesmo raiva. É repulsa. Este morto sentado, que não causa medo e que recebeu esta noite nossos pontapés no início da agonia, espelha a vida de todos nós.

Dois colegas o deitaram e o cobriram com uma coberta. Mais tarde, quando o trem parou, esmurramos a porta do vagão. Uma sentinela chegou e a abriu.

— *Ein Kamerad tod!* — disse alguém lhe mostrando a coberta. O SS fez sinal para retirá-lo. Os dois que o haviam coberto descem-no do vagão e o depositam numa vala comum.

Acabamos de entrar na Tchecoslováquia. O trem desce rumo a Praga.

Desde que deixamos Bitterfeld, ganhamos uma fatia de pão e uma tigela de sopa numa estação; já faz vários dias, talvez cinco.

Em seu vagão, os poloneses têm sacos de batatas. Durante as paradas, já os vimos cozinhar sopas grossas. Víamos a sopa engrossar, depois mijávamos e subíamos novamente no vagão. Os kapos não toleravam que os franceses ficassem parados do lado de fora do vagão.

Durante uma parada, H. conseguiu recolher alguns dentes-de-leão na beira da via férrea. Passou algumas folhas para mim e para Jo. Limpamos as folhas e as comemos devagar. Não sobrou nada. Devíamos dormir, mas com esse vazio aqui dentro fica impossível. A fome é vigilante, como uma chama velando noite e dia dentro do corpo. Espia o silêncio, espreita o menor sinal. Quem sabe chegue alguma coisa para mastigar.

No vagão, alguns ainda têm um pouco de amido; outros, grãos de soja encontrados durante a marcha. Trocam entre si soja por amido; meia mão de grãos de soja pela mão-cheia de amido, porque o grão é mais gorduroso, mais nutritivo. Um sujeito passou alguns grãos para Jo. Jo está deitado e me dá as costas. Como todos, está faminto. Minha cabeça está apoiada em suas costas. Seu braço direito se ergue, voltando-se na minha direção com o punho fechado. Sigo o movimento do braço; ele abre a mão na minha frente. Grãos. Não diz nada. Eu pego os grãos. Mastigo um. É pequeno, mas oleoso, e incha na boca. Pode-se mastigá-lo por bastante tempo. Ele deixa um sabor que nos faz acreditar que o grão ainda existe, embora já tenha sido engolido, e depois podemos ainda mastigar a saliva com seu cheiro.

É o último grão. O colega à minha frente tem um saquinho. Não para de mastigar. Acompanho suas mãos pegando os grãos aos pouquinhos e sua mandíbula que se mexe. O colega ao seu lado, de vez em quando, come o que ele lhe dá. O dono dos grãos mantém seu saquinho à frente, entre as pernas. Tem diante de si um celeiro. Abre e fecha cuidadosamente o saquinho e, quando deita, coloca-o debaixo da cabeça. Eu não tenho mais grãos. Ele, nenhum motivo para me dar algum.

Praga, país ocupado. Pela claraboia, vemos os campanários pontiagudos, enferrujados. Os alemães comportam-se aqui como se comportaram na Gare de l'Est. Os ferroviários tchecos, como os ferroviários franceses. A língua tcheca ressoa nos alto-falantes. Cumplicidade ambiente por não sermos alemães. Essa língua é pastosa e doce, e muitos alemães não a compreendem. Foram obrigados a lidar com essa língua, como com a nossa. O soldado que passeia pela plataforma deve precaver-se.

O vagão está num trilho lateral da estrada de ferro. Soubemos que Fritz, evidentemente com a autorização dos SS, acaba de deixar o comboio.

A noite chega e com ela todos os habituais barulhos da estação: o movimento dos trens e dos reboques nos trilhos; os jatos de vapor e os apitos entram no vagão, que continua parado. Da plataforma, deve-se enxergar um vagão de mercadorias, um número, uma claraboia; um vagão parecido com os que permanecem dias a fio imóveis sob chuva e sol. No interior deste aqui há homens.

Deixamos Praga no meio da noite.

Primeira parada do dia numa pequena estação tcheca. Um colega instala-se na claraboia. Dois ferroviários passeiam pela plataforma. Não há sentinelas naquele pedaço. O colega chama um dos ferroviários:

— Hier, Franzose! Brot, bitte...

Faz sinal levando várias vezes a mão à boca: comida!...

No vagão, acordam e começam a falar alto.

— Calem a boca! — avisa o colega da claraboia. — Talvez a gente ganhe alguma coisa para comer...

O ferroviário partiu. Uma mulher, os cotovelos apoiados em uma grade protetora fora da estação, nos viu. O colega repete o mesmo sinal feito ao ferroviário; ela aquiesce com a cabeça. Nossos olhos não abandonam o sujeito na claraboia. Silêncio absoluto no vagão. De repente, o rosto dele se crispa. Estende o braço e pega um pacote que repassa a Ben, sentado a seus pés debaixo da claraboia.

— Anda rápido... — diz ele —, ainda tem mais.

Volta a mergulhar o braço trazendo outro pacote. Ri ao agradecer. Mantém-se a postos. Ben colocou os dois pacotes entre as pernas; nós os olhamos. Ele abre o primeiro pacote: fatias de pão; no segundo, também. Vamos dividi-los por 49.

A mulher voltou para perto da grade de proteção e passou um pacote a outro ferroviário. Ele vigia.

— Ele está chegando! — anuncia o colega. Mergulha novamente o braço. Pão e alguns cigarros.

Saímos do torpor. Os olhos fixos no colega na claraboia só se desviam para vigiar o pão que Ben expõe numa coberta. Os da outra extremidade do vagão se inquietam:
— Vão dividir tudo, né?
— Parem de gritar, vocês também vão ganhar! — responde Ben. — Eu divido e Jo cuida da distribuição. Combinado?
— Combinado.

Entretanto, eles espicham os olhos e vigiam a divisão. As fatias de pão amontoam-se, grandes como metade da mão e da grossura de dois dedos. Formam um belo monte. Jo começa a distribuição. As fatias passam de mão em mão, dando a volta no vagão. Mordo o pão. Não o olho. Nunca mastiguei assim tão devagar. Esse pão me anestesia: não o vejo sequer diminuir. Quando não tenho mais nada na boca, detenho-me um instante e depois, lentamente, pego outra porção. A boca se entope de pão. Tenho a impressão de que o corpo engorda.

Um cigarro para sete: cerca de três tragadas para cada um. O primeiro cigarro parte do canto próximo à claraboia. Uma boca traga e já a mão do seguinte se ergueu e se aproxima da boca. O primeiro ainda segura o cigarro, os olhos fixos; depois, brutalmente o retira da boca e, ainda a segurá-lo, volta-se para o seguinte, furioso:
— Calma... Calma! — diz ele.

A mão abaixa. Os olhos não abandonam a boca que dá outra tragada. A mão volta a se levantar, aproxima-se do cigarro e a retira da boca, que, desta vez, não o retém. O que fumava abaixa a cabeça e se esvazia lentamente da fumaça como da mais profunda reflexão.

Outra mão aproximou-se agora da boca que traga o cigarro; permanece suspensa e, à terceira tragada, arranca a guimba.
— Calma... Calma! — diz o sujeito.

Mas o seguinte já o tem entre os lábios: não ouve mais nada.

Numa parada, uma sentinela abriu a porta do vagão. Desci para mijar na linha do trem. Esse sexo — que deboche! Ainda pertenço ao gênero masculino. Não tenho mais cuecas e minhas calças estão rasgadas; o vento entra e arrepia a pele das coxas. O mais leve sopro de ar causa tremores.

Reencontrei um camarada do outro vagão. Está barbudo e pálido, tem o rosto encovado, os lábios lívidos; ele flutua na beira da via férrea; o ar poderia derrubá-lo. Os ombros curvados, a cabeça enfiada nos ombros, ele também sente frio. Sua mandíbula treme. Ainda tem ao longo do corpo essas listras sujas que ninguém pode apagar, barras que não podemos serrar. Eu não o via desde Bitterfeld. Examinamo-nos. Sabemos agora onde estamos. Ele me contou que D. havia morrido; enlouquecera de fome e passara muito tempo gritando antes de morrer. Enfiaram-no numa fossa. Agora é certo que vamos para Dachau. Um colega perto da claraboia ouviu uma sentinela contar para um kapo. Os Aliados não estão longe, dizem os ferroviários tchecos. Mas a guerra ainda não terminou. A Alemanha é um abismo. O pânico crescente. Algumas vezes, penso que a guerra não terminará enquanto estivermos vivos. Ela terminou com D., com o colega da Vendeia e com outros antes em Gandersheim. O Estado-Maior Aliado deve estimar que *a situação evolui de modo bastante favorável*. Lá longe, os nossos, os nossos *reféns*, giram o botão do rádio e olham os mapas, acompanhando a marcha, acreditando fazerem parte dela, mas só podem acompanhá-la como um pesadelo a distância.

— É preciso aguentar! — afirmam certos colegas. Estamos imóveis, mas engajados na corrida. Estirados neste vagão parado, sem dúvida é conosco que a guerra mantém o laço mais estreito. Ou ela termina ou nós... Não podemos coexistir por muito mais tempo.

———

O velho corso que, em Gandersheim, tinha trocado seu dente de ouro por sopa jaz perto de H. Agoniza silenciosamente, pede água.

— Não temos muita água sobrando... mas podemos lhe dar um pouco — diz Ben em voz baixa.

O corso tem os olhos vidrados. Alguém despeja água na boca aberta, que permanece aberta.

Estou estirado, não me mexo; o estertor chega abafado até mim; é um dos rumores do vagão.

Enquanto o corso agonizava, dormi um pouco. Quando acordei, já o encontrei morto. Pusemos uma coberta sobre ele e esperamos junto à porta. Ontem ele chateava todo mundo por causa do seu lugar. Foi chamado de velho idiota e, por ser surdo, berravam bem alto com ele. Quando um sujeito está próximo da morte, torna-se difícil e queixoso e nós o ofendemos. Depois de receber sua saraivada de insultos, morre.

O barbeiro espanhol do *Kommando* procura um lugar para se sentar. Ele também leva pontapés; vira de um lado a outro, solta palavrões, faz menção de se sentar em cima do morto.

— Vê se não vai sentar aí em cima! — avisa Ben.

Do outro lado do vagão, um sujeito caga no próprio lugar. Seu vizinho o insulta:

— Mas deixa de ser porco! — berra.

Camaradas o sacodem. Ele murmura baixinho:

— Eu vou morrer... me deixem em paz!

Outros protestam:

— Não banquem os babacas como fizeram com o outro!

— Vocês não estão vendo?... Ele está deitado em cima da própria merda; vamos todos morrer envenenados.

O sujeito chora. Deixa-se escorregar contra a parede. Sua cabeça pende. O trem continua a rodar. Abandonamos o colega agonizante. Torpor no vagão. Sem dúvida, isso já dura umas duas horas. Ele morreu. Uma coberta por cima.

Quando o trem para, deixamos os dois numa fossa.

Parece que vamos ganhar batatas cruas. É preciso sair do vagão. Levanto-me, apoio-me na parede e desço. Entramos na fila. Com a boina na mão, passamos um a um diante do kapo. Algumas batatas cruas na boina. Estou com Jo e mais dois colegas. Podemos procurar água para cozinhar. Eu devo buscar água, enquanto os outros acendem o fogo. Estamos bem abaixo da estrada. Para alcançar a água, é preciso escalar. Parto com uma gamela. O terreno é acidentado. Ando em ziguezague. Na tentativa de escalar, levo um tombo. Volto a levantar, mas já não consigo avançar. Um colega vai buscar água no meu lugar e eu sopro o fogo. Ao nosso redor, várias pequenas fogueiras se acendem. Usam urtigas, ervas para ferver e comer com as batatas ou então para economizar parte das batatas. A água chega. Cortamos as batatas e as cozinhamos. Divido com Jo uma gamela de sopa; comemos muito devagar. Está quente, grossa. Não levanto a cabeça da minha gamela; enfio a colher toda na boca e a lambo. Nas últimas colheradas, diminuo o ritmo, sem desviar os olhos da gamela. A gamela está vazia. Alguma coisa cai — a mão, a cabeça, a colher; a parede da gamela está fria... e os meus olhos continuam lá dentro.

O SS apita. *Los! Los!* Lembramos desses gritos, mas tudo nos parece muito distante. Há dias eles não têm oportunidade de gritar assim. Ainda nos falam na mesma velha língua. Os colegas já escalavam o talude para alcançar o trem. A rampa é muito íngreme. Ando muito lentamente, estou entre os últimos. Chegando ao sopé da escarpa dou um passo, mais um, e caio. Agarro-me à grama, avanço de joelhos, olho para o alto, ainda falta muito. Mais um passo ajoelhado. A grama cede. Ao meu lado, entretanto, escalam com bastante facilidade. Controlo-me, minhas pernas tremem, estou quase no topo. O SS está ali, diante de mim. *Los!*, ele grita. A mão erguida com que me iço já sente a areia da trilha na beira da via férrea, mas todo o meu corpo ainda pende na encosta. Desabo com a cara na grama. O SS está lá, acima de mim. Meus braços já não têm força. *Los!* Sou o último, o SS só tem a mim para olhar. Observa meu esforço. *Los!* Minha mão agarra-se com força à areia. Não posso mais, não vou conseguir voltar para o vagão. Estou suspenso diante do SS, as pernas na encosta.

Um polonês aproxima-se e me iça pelo braço. O SS se vai.

Chegando ao vagão, estendo as mãos; sou içado e rastejo pelo assoalho até o meu lugar. Choro.

Quando acordamos, o trem tinha parado. Era dia claro. A porta do vagão abriu-se para uma imensa pradaria. Vacas pastavam; ao longe, algumas casinhas.

Uma sentinela passando perto dos trilhos diz que estamos em Dachau.

O trem cresceu consideravelmente. Perto dos últimos carros, sujeitos como nós, de roupa listrada, mijam perto da via férrea. Na pradaria, ao longe, formas curvadas colhem grama, silhuetas roxas sobre o verde: são mulheres.

O tempo está cinzento. Dizem: "É Dachau", e vemos a pradaria. Não vemos o campo de concentração. Procuramos em vão o arame farpado, os muros, as barracas, um lugar sobre o qual não haja engano, mas não vemos nada.

Não sabemos ainda quantos dias passamos no vagão. Tudo está colado. Separamos apenas a escuridão da luz. O tempo era a fome; o espaço, a raiva. E agora esta pradaria é doce de se ver, refresca nossos olhos.

O trem voltou a partir. A carga está serena. O velho espanhol olha seu filho. Um vago sorriso percorre o vagão. O próprio vagão não faz mais parte de nós, retransformando-se em *vagão da estrada de ferro*.

Entramos na estação do campo. Eis as primeiras casernas SS. Há um engarrafamento de caminhões, de bagagens. Estão de mudança. Reencontramos sua derrota.

O sol surge. Quando saímos do vagão, a luz nos cega, nos queima. Desde a partida de Gandersheim nossa coluna foi reduzida à metade. Talvez restem 150. Jo me ajuda a andar. A silenciosa fraternidade de Jo. A cabeça em suas costas no vagão, os grãos na mão, agora o braço sobre o qual me apoio.

— *Zu fünf!**

De novo. Passamos sob o arco da entrada. "O trabalho é a liberdade", diz a inscrição. Um SS nos conta na passagem. Está sozinho, sombrio. O sol brilha, o céu está pesado. A grande praça do campo resplandece de luz. Ao redor, as barracas. SS correm em

---

*Em cinco.

todas as direções. Ficamos encurralados num canto da praça. Deitamos no chão. Onde quer que deitemos, a terra ficará infestada de piolhos. Parecemos náufragos retirados da água, secando ao sol. Alguns franceses do campo vêm nos ver. Vão se encarregar de nós, mas não se aproximam muito; somos intocáveis. Perambulam em torno dos montinhos deitados, dos ninhos de piolhos. Não somos livres para sermos fraternais e acessíveis. Abrigamos algo, nossos piolhos, e eles o sabem; nossos rostos estão mortos; nossos corpos, imóveis; nosso conjunto, uma caverna cujas paredes pululantes poderiam pulverizar-se, desaparecer como pó ao sol.

Hoje é dia *27 de abril*. Partimos de Bitterfeld dia 14. Permanecemos 13 dias no vagão.

Acabamos de ganhar uma fatia de pão. Cada um come sozinho, fera doente e abatida.

Os franceses do campo nos tranquilizam. Os Aliados não estão longe. A guerra está chegando ao fim. Ouvimos boquiabertos a voz que fala, igual à nossa, a linguagem do homem que sabe, que nos dá o pão e não nos insulta. Os rostos deixam-se acariciar pela voz; estamos dispostos a acreditar em tudo.

Levantamos, atravessamos a praça e damos numa avenida que contorna o campo, ao longo do arame farpado eletrificado. As sentinelas continuam nos mirantes. Apenas uma larga fossa nos separa do arame farpado. Espalhados por todo lado na avenida, montes de lixos e de cadáveres com as pernas retorcidas, sujeitos estirados ainda vivos, mas parecidos com os mortos, russos famintos nos fitando.

Os franceses do campo não nos deixam. Informaram que receberíamos pacotes da Cruz Vermelha: um para cada três. Os russos farejam o pacote que vamos ganhar e nos seguem. Eles não recebem pacotes da Cruz Vermelha. É preciso nos mantermos colados uns aos outros, aguentar firme, obedecer mesmo a um *serviço de ordem* se quisermos conservar a comida. Os camaradas do campo nos cercam, têm porretes. Os russos formam um círculo um pouco além do dos franceses. Estamos sentados no meio.

Os pacotes chegam. Um para três. Estou com Lanciaux e outro sujeito. Os russos se aproximam. Os colegas de Dachau erguem o porrete; os russos recuam. Dividimos o pacote: açúcar, carne, Phoscao,* cigarros. Nas mãos cinzentas, entre as pernas, os tesouros se amontoam. Tudo para nós. Os russos retornam, as mãos crispadas estendidas no vazio. Os franceses voltam a erguer o porrete. Os poloneses tomavam sopa grossa nas paradas de trem; nós olhávamos e depois mijávamos. Agora comemos. É nossa vez, nossa hora de comer. Comemos tudo ao mesmo tempo: carne, chocolate, carne, biscoitos, açúcar, geleias de frutas; temos a boca cheia de carne e de pó de Phoscao. Não termina nunca: ainda há muita coisa para comer, ainda temos comida empilhada no chão entre as pernas. Os russos permanecem imóveis sob o porrete, enquanto os franceses comem. É preciso deixar os franceses comerem, os franceses *alle Scheisse*, os franceses que comiam cascas, os franceses dos pontapés na bunda quando roubavam batatas do silo, os franceses a quem só se referiam como "esses franceses". Os franceses libertados também comem em nome dos que morreram de fome no vagão. Comem com raiva, desfrutam. O pacote está cheio de delícias para saborear, para desfrutar, para lembrar que havia carne na mesa. Entreolhamo-nos, os lábios lambuzados de açúcar e de gordura; abaixamos a cabeça e nos divertimos, mostrando uns aos outros as caixas de conservas já semivazias.

Os olhos dos russos fixam os pacotes, seguindo também os movimentos das mãos enfiando-se nos sacos e das bocas mastigando. Os colegas continuam a contê-los levantando vez por outra o porrete. Quanto aos franceses, comem. Um russo se agacha e rasteja em nossa direção, colando-se ao solo. Seus olhos falaram mais alto; ele avança em nossa direção como um cego, sob os porretes erguidos. Lançam-lhe uma lata vazia. Agarrando-a, ele lambe a lata.

A tortura dos russos ao nosso redor mal nos atinge. Estamos concentrados na comida. Eles, a ponto de atacar para comer, e só os colegas, o porrete erguido, podem nos proteger. E nós, nós

---

*Chocolate em pó. (*N. da T.*)

chegamos a um ponto em que é inimaginável dividir a comida com alguém, exceto com um colega do vagão.

Nuvens negras cobrem o sol. Continuamos deitados na avenida em meio ao lixo, em meio ao cinturão de barracas que contaminaríamos com nossos piolhos. Engolimos tão rápido que somos tomados pelo torpor. Mas não devemos dormir nem tampouco nos aventurar sozinhos na avenida, se quisermos conservar o que resta dos pacotes. As caras famintas dos russos continuam a nos rondar. Permanecemos soldados uns aos outros.

O céu está muito pesado, verde-escuro e amarelo no horizonte. Uma tempestade se forma. Ouve-se o troar do canhão. Está próximo.

Ponho um pouco de Phoscao numa gamela e a encho de água. A chuva começa a cair. Cobrimos a cabeça com a coberta. São as primeiras gotas grandes. Chove cada vez mais forte. Levanto-me e vou procurar um abrigo debaixo do rebordo do teto de uma barraca. Debaixo do braço esquerdo, carrego a caixa de papelão com os restos do meu um terço do pacote; na mão direita, seguro a gamela cheia de Phoscao. Agora a chuva cai em rajadas. Minha coberta se encharca e cobre meus olhos. Os outros também procuram abrigo. Estou atolado com minha caixa de papelão, minha gamela, minha coberta já encharcada de chuva. O céu está cada vez mais escuro. Empurrado, sigo à deriva. Os lugares cobertos já foram ocupados. Continuo procurando. Pou! Um violento empurrão. Alguma coisa é arrancada de meu braço esquerdo, a gamela cai, derrama. Petrificado, vejo sujeitos a meus pés raspando a terra com as unhas na tentativa de pegar o pó de cacau. Pedaços de açúcar estão espalhados ao meu redor; atracando-se, os russos se atiram sobre eles. O ataque foi tão violento que a caixa de papelão rasgou. Em poucos segundos, não há nada a recuperar. Engulo rápido os poucos goles de Phoscao que sobraram na gamela.

Fico ali, estupefato. Novamente nada mais tenho para comer. Exatamente como antes. Foi tudo rápido demais. Em uma hora, consegui receber mais do que esperávamos há quase um ano, comer e me descobrir exatamente como antes, mas desta vez por culpa única e exclusivamente minha. Meus colegas seguram com força suas caixas debaixo do braço. Meu braço esquerdo ainda está curvado; tenho diante de mim a gamela vazia como se ainda estivesse cheia. A chuva respinga em meu nariz. Não há para onde ir; fico na chuva. Uma catástrofe acaba de me acontecer. Minha gamela está vazia e eu também me sinto vazio. Fico ali parado feito um imbecil, a coberta sobre o nariz.

———

Ouvimos dizer que passaremos a noite do lado de fora. Desde o cair da tarde, nos amontoamos no colchão, numa massa compacta, e estendemos as cobertas sobre as cabeças, uma ao lado da outra, de modo a formarem um teto. Sentado entre as coxas de um colega, outro senta-se entre as minhas. Torpor debaixo das cobertas. A chuva não cessou desde a tardinha. Empurrando com as costas, procuramos o centro do agrupamento. Energia gasta com pequenos esforços abortados. Rancores logo abafados pela fadiga. Cada uma das suas pernas, dos seus braços, das suas costas. Todos inquietos, tentando abrigar todo o corpo.

Finalmente vêm nos anunciar que não ficaremos do lado de fora. Um bloco foi evacuado para alojar os transportes. Fica na extremidade do campo. Formamos uma coluna. Já é quase noite. Não vemos kapos alemães; são sempre os franceses que se encarregam de nós. Outro transporte, que chega de Buchenwald, uniu-se ao nosso. Somos agora bastante numerosos.

Ficamos muito tempo de pé aguardando, depois a coluna se põe em marcha e penetra na parte externa de um bloco. Chove. Ali, diante do bloco, ainda esperamos muito tempo, talvez uma hora. Jo fala comigo, mas já não consigo responder. A cabeça voltada para o chão, apoio a mão na parede da barraca e escorrego; para me levantar, estendo a mão e alguém me puxa; novamente escorrego. A cabeça pendente, a boca aberta, tento ficar de pé, imóvel, agarrado ao braço de Jo; minhas pernas tremem. O chão está encharcado, impossível deitar. Chamam os doentes. O que isso significa, *os doentes*? Alguns deixam a coluna; eu os sigo. No bloco, a luz elétrica cega. Franceses e belgas do campo estão ali, limpos, em roupa listrada de azul e branco reluzente.

Passamos diante deles, empurram-nos gentilmente na direção do dormitório, onde há fileiras de três andares de beliches separados por corredores. Um lugar vago no terceiro andar. Detenho-me e estendo a mão. Um rosto barbudo me sorri, sou içado pela mão. Ao levantar as pernas, esbarro no vizinho, mas ninguém tem sequer forças para reclamar. Estou deitado, encostado ao que sorriu e me suspendeu. Ele também acaba de chegar em um transporte. Estamos os dois pretos de sujeira, temos os mesmos olhos, não faz mal se nos encostarmos. Ele sorriu como se estivesse feliz, como se ali no beliche houvesse conquistado uma paz que gostaria, puxando-me pela mão, de me fazer alcançar. Poderia ter se queixado, mas seguramente também ele viera de longe demais para ainda conseguir reclamar.

Não apenas ficamos espremidos uns contra os outros em cada andar do beliche, mas ainda assim duas fileiras se enfrentam, as pernas emaranhadas umas nas outras. À minha frente jaz um homem de uns cinquenta anos. Tem a barba grisalha, um casacão preto sujo, uma faixa larga na cabeça revelando uma grande mancha de sangue negro já seco. Ele vem de Buchenwald; foi agredido por um SS no vagão. Não dorme, não se queixa. Suas pálpebras às vezes caem de repente, mas em seguida, lentamente, volta a abri-las.

Sufocamos espremidos neste bloco. Roçar as pernas umas nas outras descasca as feridas. A sujeira do corpo e da roupa derrete pouco a pouco, envenenando o corpo. Com o calor, os piolhos despertam vem a febre. Sufocamos, gritamos, pedimos:

— Água! Água!

Alguns choram. Braços se estendem, mãos se crispam na direção do corredor onde passa um francês de Dachau com um copo. Ele sobe no beliche, estende o copo na nossa direção. Um gole, mais um. Agarramos o copo. Sugamos a água.

O quarto parece uma garganta de gritos, de lamúrias. Os que não encontraram um lugar no beliche deitam-se no chão.

Ninguém dorme. Nesta primeira noite, o sono não chega. Somos todos levados por uma onda que não pode se quebrar nem se acalmar no sono. Sempre um grito sucede outro: uma lamúria, outra lamúria. Isso não vai ter fim.

---

28 de abril. É preciso sair para ganhar o caldo. Chuvisca e venta. Trememos. A temperatura esfriou com a chuva. Mais uma vez enfileirados diante do bloco. Quando o sol aparece, por mais fraco que seja, nos atormenta, e quando desaparece estamos enregelados. Esperamos muito tempo esse caldo, os ombros curvados, batendo o queixo. Ele chega, mas ainda é preciso lutar para recebê-lo enquanto está quente.

Depois de ter bebido, fui com Jo ao banheiro do bloco. Tiramos o paletó e a camisa. Tentei esfregar as mãos, mas não consegui manter os braços dobrados muito tempo; eles caíam. Então passei um pouco d'água no rosto, que continuou imundo. Jo esfregou minhas costas. Tremíamos de frio. Enxugamo-nos com as camisas grossas de sujeira e de cadáveres de piolhos.

Agora perambulamos do lado de fora; não temos autorização para entrar novamente no dormitório. Gostaria de poder me deitar, não importa onde, ficar esticado no calor. O médico do bloco está sobrecarregado e aconselha não ir ao *Revier* neste momento; seria uma imprudência.

O canhão está cada vez mais próximo; ao longe ouvimos as rajadas das primeiras metralhadoras. Amanhã, sem dúvida, chegarão aqui. É espantoso. Mas ainda tenho forças para me espantar? Ainda é preciso pagar. Entre hoje e amanhã — e mesmo depois — outros morrerão.

Dois sujeitos acabam de retirar mais um do bloco e estendê-lo numa extremidade perto do arame farpado, com a cabeça na sarjeta, ao lado de outro, ali colocado de manhã cedo. Quando caminhamos em sua direção, vemos duas formas escuras, as pernas dobradas; poderiam ter simplesmente se deitado, exaustos. À medida que avançamos na direção das pernas, elas crescem;

prestes a vê-las, nos detemos e voltamos sobre nossos passos. Jamais as alcançamos.

Como os outros, esta noite na barraca tinham se lamuriado e, pela manhã, foram encontrados mortos. Os dois que os carregavam pelos pés e pela cabeça diziam simplesmente "Cuidado!" para abrir passagem. Os quinhentos sujeitos esperando agora a sopa, ao caminhar, estendem o olhar na direção das duas cabeças na sarjeta, no lugar dos ratos mortos. A carroça virá. Os dois sujeitos robustos de luvas grossas — que não morrerão porque comem e comem porque é preciso que não morram para poderem levar os mortos — vão pegá-los pelos pés e pela cabeça e atirá-los na carroça; as pernas enrijecidas ficarão para fora.

———

A sirene soou o alerta. Tanques. As sentinelas continuam nas torres de vigia. Entramos no bloco formigante de gente. Ouvimos as metralhadoras aproximando-se. Talvez seja hoje.

O homem de cabeça enfaixada está enfraquecendo. Ninguém pode curá-lo; nada mais há a fazer. Sua ferida supura e ele sofre. De vez em quando, apoio meu pé no seu para me certificar de que ainda não morreu. Então ele se ergue ligeiramente, olha na direção do meu pé e volta a despencar.

Ontem me contou que outrora morava em Paris e era jornalista. Perguntei-lhe se podia me dizer seu nome.

— Isso não tem mais importância — respondeu.

———

Alguns pacotes foram roubados no bloco. Uma espécie de força policial foi organizada. Um sujeito gordo de barba assume o comando.

— É preciso quebrar a cara do ladrão! Se eu puser a mão em um deles... — diz, mostrando o punho fechado.

Parece que um jovem russo — os russos não recebiam nenhum pacote — tinha efetivamente roubado alguma coisa. O sujeito de barba tenta fazê-lo confessar. O russo nega. A voz do gordo aumenta de volume. O outro, magro, tem medo. Essa boa e velha moral se indigna e desabrocha na gordura. O homem é certamente muito forte. É um sujeito que comeu. Sua voz e sua animação são de um homem que sempre comeu. Aqui pesa sempre uma suspeita sobre um homem ainda forte. Sem dúvida, cada um de nós, se tivesse tido a chance que ele teve, poderia ser tão forte quanto ele. Aqui, entretanto, no meio dos outros, é impossível não ter vergonha das coxas, dos braços, das bochechas, quando ainda são gordos. Certamente esse sujeito insultando, ameaçando e sacudindo o russo age assim por nós. Porém, essa violência com alguém tão magro é um escândalo. Ele não nos defende com nossos meios, mas com a força de músculos de que ninguém aqui dispõe. E esse homem, sem dúvida útil e eficaz, não parece um dos nossos.

    O dormitório está estourando de tanta gente. A queixa da carga no porão eleva-se, inocente. Estamos todos imóveis. A modulação contínua dos gritos assemelha-se ao barulho do mar. Os que chegaram no transporte de Buchenwald são os mais fracos. Alguns, conduzidos às duchas, não se aguentavam de pé sob o jato e se deitavam no cimento. Outros, ainda mais fracos, caso isso fosse possível, eram levantados por enfermeiros, que os lavavam nas tinas d'água como se faz com as crianças.

Final do alerta. Ainda não foi desta vez. Nem decepcionados ficamos. Vou às latrinas. Para tanto, atravesso a sala onde ficam os funcionários do bloco. Chefe de bloco de Sarre, *Stubendienst* holandês, belga, francês, todos limpos, barbeados, com bochechas.

    As latrinas estão lotadas. Os cinco vasos ocupados. Todos têm diarreia. Batem com os pés e sacodem o que, sentado no vaso, de cabeça baixa, parece dormir. Um dos que esperam não aguenta mais: caga no escoadouro. Como não consegue manter-se agachado sozinho, estende a mão e um colega o segura.

    Um policial viu o sujeito.

— Seu asqueroso! Levanta, anda, vai limpar tudo!

O homem agachado não se move. Geme. O companheiro ainda o segura. Levanta-se com dificuldade. Sempre as coxas finas violeta e as pernas de varetas sobre as quais a camisa pende. Suas calças ficaram no chão, arrastam-se na merda. Com a cabeça, faz que "não" várias vezes, lentamente. Apesar de não ter lágrimas nos olhos, seu rosto chora. O policial de bochechas com o porrete se planta diante do "asqueroso" sem bochechas, o "asqueroso" que segura o ventre e que se agacha novamente, estendendo a mão. Já não há mão, ele cai na merda. Estou curvado sobre o ventre, sentado no vaso, e um sujeito bate no meu ombro, já com as calças semiarriadas. O policial tira o sujeito da merda.

— Vai se lavar, asqueroso!

O "asqueroso" apoia-se contra a parede, a cabeça tomba sobre o ombro. O outro continua batendo no meu ombro, suplicante:

— Camarada, camarada. — Permaneço surdo, grudado no vaso; a mão não larga mais o meu ombro. Levanto e ele imediatamente senta-se no vaso. Fico plantado à sua frente, esperando para voltar a ocupar o lugar.

Para entrar no dormitório, atravesso de novo a sala dos funcionários. Sentados à mesa, comem carne em conserva de garfo, em pratos de ferro, parecendo terem preparado um jantar. Reina a calma. A segunda gamela de sopa está em cima da mesa, já arrumada para o dia seguinte. Aqui, ninguém se precipita sobre a carne; engolem as porções umas após as outras, tranquilamente, mas sem excessiva lentidão. Não vigiam com os olhos a sopa reservada, podem mesmo deixá-la ao lado sem se torturarem. Aqui, são todos sensatos.

Eu passo. Caso me demorasse, provavelmente os incomodaria e um deles me diria: "Volte para o seu quarto!" Seria um sujeito de bochechas quem me diria isso. Entretanto, ele bem sabe como é no quarto; compreende que é possível alguém desejar um pouco de calma mesmo por um breve instante. Mas e se todo mundo fizesse o mesmo? Ele é o responsável, é preciso que tenha paz. É assim, é tudo muito lógico. É preciso que haja um chefe de bloco, um *Stubendienst*. Eles surgiram há muito tempo, não conhecemos essa época. Eles já foram um bem, uma oportunidade que não devia ser desperdiçada. E, se não tivesse sido desperdiçada, é provável que não estivéssemos mais ali — nem nós nem eles. Agora são uma necessidade e também uma fatalidade: sempre o único meio de resolver uma situação, mas também um produto dessa situação que criou, entre os detentos, diferenças agora ainda mais visíveis, mais cruéis. E por isso mesmo nos sentimos tentados a acreditar que eles abusam ainda mais da situação. A desigualdade é gritante. Entretanto, se reclamamos, se gritamos com eles, no momento exato em que o grito de revolta pode parecer perfeitamente justificado, em função mesmo da diferença entre sua aparência e a nossa, conservamos uma chance em duas de nos enganarmos, de sermos injustos. Mas eles correm o risco de serem ainda mais injustos. *É preciso que eles sejam bem mais "humanos" do que nós.*

Esta sala é tranquila; há um grande aquecedor sobre o qual tostam o pão. Aqui o barulho do mar chega abafado. Um sujeito está sentado em sua cama. Tira as calças; suas coxas são gordas e brancas. Tem a aparência de uma ama de leite gorda banhada em talco. Observo a carne, está tudo ali: as pregas entre a coxa e a nádega, a redondez das nádegas. Um corpo preservado. Conforto da carne mantida através de um tubo de gordura. Este homem sobreviveu enquanto se morria de fome. A coxa que tira das calças parece a de um ganso. A cara assemelha-se a uma nádega cuidada, rosada, de um rosa natural, não o rosa causado pelo frio ou pela fadiga, mas a rosa em flor. Poderíamos sem dúvida comer um homem desses. Fui lhe pedir fogo. Não quero entrar ainda no dormitório. Preparo-me para me sentar por um instante em sua cama. Ele me impede, sem grosseria; eu havia esquecido.

Os outros jantam. Não há outra coisa a fazer senão ir embora. Aproximo-me da porta do quarto; ainda hesito. Abro-a. Encontro-me em meu lugar de origem: fedor, queixas, corpos estirados, olhos revirados para o teto. À medida que avanço no corredor, o silêncio da sala se distancia. Subo para o meu lugar. Ele não existe mais. É preciso retomá-lo, empurrar quem se deitou de costas, reconquistar o espaço de meus quadris no beliche.

O homem de cabeça enfaixada ainda está semimorto. Seu vizinho permanece ao seu lado, erguendo-se vez por outra para lhe observar o rosto e verificar se já morreu; o que me estendeu a mão ontem à noite está perto de mim. Sociedade de pés e de quadris. Nenhum dos quatro tem forças para penetrar em nenhuma das vidas próximas. Perguntei o nome ao velho, pois poderia tê-lo conhecido. Ele não me disse. Não faço suposições. Durante um instante, experimentei algo em relação a ele que podia ser curiosidade, mas não durou. Quando quatro homens passam horas juntos se entreolhando sem trocar uma palavra, empurrando-se, chutando pés, pernas, quadris, ainda assim formam uma sociedade. Cada um tem um direito, o direito ao seu lugar, e não deve ser chocante que eu tenha empurrado as costas do meu vizinho para me deitar. Ele reclamou porque eu não devia ter descido; era para cagar, evidentemente, mas esbarrei nele ao subir. Além do mais, enquanto eu estava nas latrinas, ele se habituou ao meu lugar, ocupou os dois, podia deitar-se de costas. O que reclamou foi o mesmo que ontem estendeu a mão para me ajudar a subir. Sem dúvida é preciso fazer um esforço terrível ou estar moribundo para não reclamar. Não obstante, ontem ele sorria para mim e hoje me insulta. Passamos uma noite lado a lado e já nos repelimos. Minha barriga encostada em suas costas, as pernas coladas às suas, o lugar ao lado do seu. Talvez agora não me estendesse mais a mão. Apenas nos percebemos durante um segundo. Ontem à noite, ao chegar, sem dúvida eu sonhava, e ele também; era bom demais ter deixado o vagão, ter comido, estar tão perto do fim da guerra, deitar. Algo como uma imensa felicidade o levou a estender uma das mãos e sorrir. Guardei a lembrança: esticado ao seu lado, essas costas eram fraternais, eu me sentia quase envergonhado. Agora ele reclama. Acabou, nos usamos.

 Abandono dos queixos contra as costas. Cada um com seus piolhos. Cada um com suas pernas, suas coxas, suas velhas coxas feitas para se encostarem nas coxas de mulheres e bocas feitas para beijar.

 Como folhas secas, os mortos se desprendem e despencam desta árvore enorme.

29 de abril. O dia nasce, pálido. Os destroços saem pouco a pouco do escuro. No corredor do bloco, passos abafados dos primeiros que vão às latrinas. Não há mais chamada. Não se mexer. Não se quer outra coisa. Os que não se levantarem não receberão caldo. Azar. Permanecer deitado, não se mexer. Coloquei o nariz para fora há pouco quando fui mijar; voltei tiritando de frio. Não me mexerei mais. Que não me peçam nada, que me deixem aqui. Os piolhos esta noite me sugaram por muito tempo, depois se acalmaram. Sobre as faces, a luz do dia é de uma cor assustadora. Lentamente as pernas se desenlaçam, as listras se movem. Uma vida extenuada desde o despertar trata de abrir caminho. Nascimento de uma onda, espessa, lenta.

Ouvimos o som da metralhadora muito próximo. Sem dúvida será hoje.

Chegamos anteontem a Dachau. As silhuetas dos SS ainda estavam nas torres de vigia. Agora já não sei. Não há trabalho. Nem chamada. O tempo parou. Sem ordens. Sem previsões. Sem liberdade.

Pela primeira vez desde que Dachau existe, o relógio nazista se deteve. As barracas estão cheias de homens, o arame farpado ainda os cerca. Ainda trancados entre os muros, corpos apodrecem sem seus senhores. Maduros, maduros para morrer, maduros para ser livres. Maduro aquele que vai morrer e maduro aquele que sobreviverá. Maduros para terminar.

Deitado, imóvel, tem-se agora a sensação de que as coisas avançam em nossa direção a uma velocidade terrível. O menor sinal, uma cabeça que se levanta bruscamente, o menor grito pode assinalar o fim.

Ainda esperamos horas a fio. Depois, novamente a sopa lá fora. Tenho fome. Forço-me a descer do beliche. Novos mortos na sarjeta. O céu está cinzento, baixo. Aviões americanos sobrevoam o campo. As rajadas de metralhadoras voltam a se aproximar.

Mais aviões com estrelas. Crepitação das metralhadoras em volta do campo.

A bandeira branca flutua no campo. Os aviões sobrevoam baixinho. As torres de vigia estão vazias. Os aviões sobrevoam baixinho; todas as cabeças voltam-se na direção do céu. Os mortos abandonados na sarjeta. Os olhos permanecem colados aos aviões que descem cada vez mais baixo. Mais metralhadoras. O céu inteiro canta. Estamos quase lá. Não podemos estar mais perto. Novamente nos fazem entrar no bloco. Estirados de novo uns contra os outros. O teto do dormitório nos esmaga. Alguns não saíram para tomar a sopa, inclusive o velho com a cabeça enfaixada. Custou-me subir para o meu lugar. Minhas pernas me abandonam, meus pés e tornozelos começam a inchar. Lá fora, eu tiritava de frio, mas agora estou sufocando. A febre vai e vem. Os piolhos acordam. Não ouvimos mais os aviões daqui. Ainda as pernas entrelaçadas, os pontapés nas feridas. O velho tem os olhos quase fechados. Encosto o meu pé no seu:

— Vamos ser livres!

Ele tem que se preparar, permanecer vivo. Mesmo de tão longe, de lá onde se encontra, tem que saber.

Ele ergue as pálpebras, que tombam de imediato. Com a cabeça, faz que "não".

———

— Eles chegaram!

Eu me levanto.

Um capacete redondo passa no corredor, diante das janelas. O dormitório está esbaforido. Apoio-me sobre os cotovelos.

Estão gritando. Uma espécie de "Marselhesa" de vozes loucas espalha-se pelo bloco. Um sujeito grita no corredor, segurando a cabeça entre as mãos; parece enlouquecido.

— Mas vocês não se dão conta? Estamos livres, livres... — repete sem parar, batendo os pés, urrando.

Estendido sobre meu braço, acompanho com o olhar os capacetes passando pelo corredor. Apoio-me com todas as minhas forças, batendo nos pés do velho.

— Estamos livres! Veja, veja!

Bato com todas as minhas forças em seu pé. É preciso, sim, é preciso que ele veja. Ele tenta se erguer, se volta na direção do corredor, estica a cabeça. Os capacetes já passaram. Tarde demais; ele volta a se deitar.

Eu também me deito. Não pude cantar. Não pude saltar lá embaixo para ver os soldados. O velho e eu estamos praticamente sozinhos no beliche; os capacetes redondos deslizaram sob meus olhos e ele nem mesmo os viu.

A Libertação passou.

---

30 de abril. Dachau durou doze anos. Quando eu estava no ensino médio, este bloco onde estamos já existia e o arame farpado eletrificado também. Pela primeira vez desde 1933, soldados entraram aqui sem a intenção de praticar o mal. Distribuem cigarros e chocolate.

Podemos falar com os soldados. Eles respondem. Não precisamos tirar a boina diante deles. Estendem o pacote e nós pegamos e fumamos o cigarro. Eles não fazem perguntas. Agradecemos o cigarro e o chocolate. Eles viram o crematório e os mortos nos vagões. Sujeitos que eram irmãos daqueles que estão agora no crematório ou na sarjeta se aproximam e lhes pedem, não por gestos, mas através da voz, um cigarro. Às vezes, esses homens não ousam sequer pedir-lhes um cigarro de imediato. Começam perguntando ao soldado se ele é de Nova York ou de Boston. Tentam dizer em inglês que Nova York é linda, e o dizem em alemão. Quando o soldado pergunta se eles conhecem Paris, acreditando responder *yes*, dizem *ja*. Então sorriem e o soldado também.

Os soldados trazem consigo a metralhadora ou o fuzil. Estão posicionados nos cantos, nos corredores do campo, espalhados por toda parte. A guerra continua e, afinal de contas, aquilo é um campo. Há milhares de sujeitos lá dentro e é preciso soldados para vigiá-los.

Os sujeitos saem dos blocos, vão sentir um pouco o cheiro da Libertação. Os do nosso bloco não podem ir à grande praça do campo porque ainda carregam seus piolhos; os que ainda conseguem andar vão à avenida que ladeia os arames farpados. Queimam pilhas de lixo e, como faz frio, esquentam-se nas fogueiras. Os poucos soldados que estão deste lado já deram seus cigarros. Nada há a dizer ou a fazer. Olhamos os soldados e suas metralhadoras e nos esquentamos perto do lixo.

Os homens já retomaram contato com a gentileza. Cruzam de pertinho com os soldados americanos, olham seus uniformes. Os aviões que passam baixinho dão prazer de se ver. Estes homens podem dar a volta no campo se assim o desejarem, mas, se quisessem sair, lhes diriam — por enquanto — simplesmente: "É proibido, *queira* entrar."

Somos gentis com eles, e eles também são gentis. Quando alguém lhes diz: "Vocês vão comer", eles acreditam. Depois de ontem, não duvidam de mais nada. Entretanto, não se pode dizer que esses soldados tenham particular afeição por eles. São soldados. Vêm de longe, do Texas, por exemplo; já viram muitas coisas. Entretanto, não esperavam isso. Acabam de levantar a tampa de uma estranha panela. É uma cidade esquisita. Há mortos no chão, em meio ao lixo, e sujeitos passeando ao redor. Há quem olhe obstinadamente os soldados e quem, deitado no chão, de olhos abertos, não veja mais nada. Há também quem fale corretamente e saiba detalhes sobre a guerra e outros que se sentam ao lado do lixo, mantendo permanentemente a cabeça baixa.

Não há grande coisa a lhes dizer, devem pensar os soldados. Nós os libertamos. Somos seus músculos e seus fuzis, mas nada temos a dizer. É aterrorizador, sim; realmente, esses alemães são piores que bárbaros! *Frightful, yes, frightful!* Assustador, sim, realmente assustador.

Quando o soldado diz isso em voz alta, alguns tentam contar algumas coisas que aconteceram. A princípio, o soldado escuta, mas, como falam sem parar, em pouco tempo o soldado já não presta mais atenção.

Alguns balançam a cabeça e dão um sorrisinho olhando o soldado, de modo que este poderia supor que eles nutrem por ele certo desprezo. É que a ignorância do soldado surge, imensa. E, ao detento, sua própria experiência se revela pela primeira vez, em bloco, isolada de si mesmo. Diante do soldado, ele já sente doravante surgir sob essa reserva o sentimento de estar de posse de uma espécie de conhecimento infinito, intransmissível.

Outros ainda repetem com o soldado e no mesmo tom que ele: "Sim, é assustador!" Esses são bem mais humildes do que os que não falam. Repetindo a expressão do soldado, dão-lhe a entender que não há lugar para outro julgamento senão o que ele acaba de emitir; deixam-no acreditar que ele, o soldado recém-chegado, limpo e forte, captou com exatidão toda a realidade, pois eles mesmos, detentos, repetem com ele a mesma coisa, no mesmo tom de voz, e, de certa forma, aprovam seu veredicto.

Finalmente, alguns parecem ter esquecido tudo. Olham o soldado sem vê-lo.

Todas as histórias contadas são verdadeiras. Mas é preciso muita habilidade para transmitir uma parcela da verdade e, nessas histórias, falta esta habilidade para vencer a necessária incredulidade. Aqui, deveriam acreditar em tudo, mas a verdade pode ser mais cansativa de se ouvir do que uma invenção. Uma ponta de verdade bastaria, um exemplo, uma noção. Mas cada um aqui só tem um exemplo a propor e há milhares de homens. Os soldados passeiam em uma cidade onde todas as histórias deveriam ser unidas de uma ponta a outra, onde nada deveria ser negligenciado. Mas ninguém tem este vício. A maioria das consciências satisfaz-se rapidamente e, com algumas palavras, formam uma opinião definitiva acerca do desconhecido. Então terminam passando por nós à vontade, acostumando-se ao espetáculo desses milhares de mortos e moribundos. (Mesmo mais tarde, quando Dachau entrar em quarentena por causa do tifo, prenderão detentos que tentam a qualquer custo sair do campo.)

Inimaginável é uma palavra que não fragmenta, não restringe. É a palavra mais cômoda. Ao passear com esta palavra servindo de escudo, a palavra do vazio, o passo se firma, torna-se mais resoluto e a consciência se tranquiliza.

Devemos sair para ganhar sopa. Somos cerca de quinhentos a serem servidos. Vai demorar muito, não estamos agasalhados e o vento é frio. Vamos tiritar. Nem todos saem do dormitório; muitos ficam nos beliches. Temos duas opções: comer e morrer de frio ou passar fome e continuar no calor. Precisamos comer. Atravessamos lentamente a sala dos funcionários. A noite cai. Ninguém quer ir lá fora. Esperamos no corredor, grudados às latrinas, grudados uns aos outros. O *Stubendienst* flamengo e os guardas não conseguem nos obrigar a sair. Então, pegam um a um pelo braço e os empurram para fora. Mas os sujeitos voltam pela outra porta.

Gritamos:

— Não encostem na gente... Somos livres!

Obstinamo-nos a repetir:

— Somos livres, porra! Não encostem na gente!

— Fora! Fora! — retrucam os outros.

Não podemos ficar lá fora. Tudo, menos isso. Vamos nos esconder nas latrinas. Os oficiais berram. Não há apenas franceses entre nós, então nos empurram xingando em alemão.

— Seus filhos da puta! Somos livres... Falem em francês! — berram os colegas.

Um sujeito impossibilitado de se manter de pé cai estatelado no chão perto da parede.

— Os doentes para dentro! — diz um funcionário.

Todos se precipitam. Aquele que está caído no chão levanta-se penosamente.

— Você está doente? O que você tem?

— Não posso ficar lá fora, não consigo ficar em pé — diz ele.

— Fora daqui!
O sujeito continua encostado na porta de entrada. O *Stubendienst* flamengo o empurra.
— Não encoste em mim, porra!
— Não estou encostando, estou fazendo você sair.
— Não posso ficar lá fora.
— Então não vai comer.
A cabeça do sujeito pende sobre o ombro. Agarra-se à porta. Um guarda o empurra. Ele chora.
— Mas será que vocês não entendem que eu não aguento mais? — grita.
Ele caiu. Outros fingem cagar e permanecem sentados nas latrinas para não sair. Todos trememos, aglutinados. Pânico dos náufragos diante do frio. Não queremos mais saber se podemos ou não podemos sair. Não vai ter sopa? Azar. Permanecemos ali nas privadas, feito idiotas. Temos medo do frio.

Na sala reina a calma; o chefe do bloco, sentado à mesa, come tranquilamente.

Botamos os pulmões para fora de tanto gritar — como crianças furiosas a quem não dão ouvidos — que somos livres, livres para ficar no calor, livres para comer lá dentro... Não compreendemos, mas eles tampouco. Não suportamos mais que nos toquem, nos sentimos sagrados. Livres significa a reconquista de todos os nossos direitos, poder dizer "não" a tudo ou "sim" a tudo, como bem entendermos. Significa ter reconquistado, de um golpe, um poder que ninguém tem o direito de limitar.

Mas ainda tenho pulgas e estou repugnante, assim como meus companheiros; a visão que eles têm de nós não difere da que podiam ter anteontem. E é contra isso que berramos: não queremos mais ser tratados como éramos tratados anteontem; agora não há mais farrapos *sob* estes farrapos... E então? Então somos quinhentos neste bloco. É preciso um compromisso. Seria preciso consentir em um mínimo de disciplina. Mais do que nunca os funcionários deveriam empenhar-se para evitar que *cada um* — porque agora trata-se de pensar em cada um — sofra inutilmente. Mas alguns conservam o estilo de anteontem, e é isso o que nos enlouquece. Se é possível servir a sopa lá dentro, devem nos poupar de sair, pois trememos de frio lá fora.

Era possível. *Alle heraus!* A tão tentadora ordem a ser lançada a uma massa de quinhentos sujeitos foi contida. Tomamos sopa lá dentro. Não recuperei o meu lugar para dormir. Na verdade, outros chegaram e o dormitório está superlotado. Há cinco pessoas em cada espaço na cama, mas estes espaços, de fato, não são separados uns dos outros. Os três andares de beliches estão cheios. Tentei me esticar atravessado, entre as duas fileiras frente a frente. Pisava pernas e recebia pontapés. Ou então as pernas se esticavam sobre meu ventre e eu não podia suportá-las por muito tempo. Tentei de tudo para me deitar. Os sujeitos não reagiam. Não me insultavam, mas guardavam seu lugar. Se eu pisava em um pé, ele se retirava e automaticamente instalava-se sobre a minha barriga. Se eu tentava me deitar entre dois corpos, braços me empurravam e automaticamente me expulsavam. Por um momento, fiquei sentado entre as duas fileiras, como um imbecil. Eles não diziam nada. Esperavam que eu fosse embora. Jo também me olhava sem poder me ajudar; só tinha o seu lugar. Eu não podia permanecer sentado. Desci para o corredor do dormitório. O piso estava molhado, não pude me deitar no chão. Sentei-me num banco.

A luz agora está apagada. Tampouco posso me estirar sobre o banco, pois há outros sentados.

Ao meu lado, uma sombra e uma ponta vermelha de cigarro. De vez em quando, uma tragada ilumina uma boca e um nariz como um farol distante.

A brasa se afasta da boca, que então mergulha na escuridão. Ele se aproxima de mim. Não lhe dou atenção. Uma cotovelada em meu braço. A brasa se reaproxima. Aceito o cigarro. Dou duas tragadas. A mão o toma.

— Obrigado.

É a primeira palavra. Eu estava sozinho. Nem sequer sabia que ele existia. Por que este cigarro estendido na minha direção?

Não sei quem ele é. A brasa volta a avermelhar-se em sua boca, depois se afasta e novamente aproxima-se de mim. Uma tragada. Estamos juntos agora, ele e eu; fumamos o mesmo cigarro. Ele pergunta:

— *Franzose?*

E eu respondo:

— *Ja.*

Ele traga. Já é tarde. Não há mais nenhum barulho no dormitório. Os que estão no banco não dormem, mas se calam. Eu também lhe pergunto:

— *Rusky?*

— *Ja.*

Ele fala baixinho. A voz parece jovem. Eu não o vejo.

— *Wie alt?* (Qual a sua idade?)

— *Achtzehn.* (Dezoito.)

Ele arrasta um pouco o "r". Faz-se silêncio enquanto ele traga. Depois, estende-me o cigarro e some novamente no escuro. Pergunto de onde ele é.

— Sebastopol.

Sempre responde docilmente e aqui, na escuridão, é como se contasse sua vida.

O cigarro apagou. Eu não o vi. Amanhã não o reconhecerei. A sombra do seu corpo se inclinou. Um momento transcorre. Alguns roncos elevam-se do canto. Inclinei-me também. Nada mais existe senão o homem que eu não vejo. Minha mão repousa sobre seu ombro.

Digo em voz baixa:

— *Wir sind frei.* (Somos livres.)

Ele se levanta. Tenta me ver. Aperta-me a mão.

— *Ja.*

Paris, 1946-1947.

Este livro foi composto na tipologia Minion Pro
Regular, em corpo 11/14, e impresso em papel
off-white no Sistema Cameron da Divisão
Gráfica da Distribuidora Record.